电影频道
节目中心

YANYI HANGYE
CHANGYONG
FALÜ FAGUI
HUIBIAN

演艺行业
常用法律法规汇编

电影频道节目中心 编

中国法制出版社
CHINA LEGAL PUBLISHING HOUSE

主　　　编：曹寅　刘波
执 行 主 编：王平久　王国伟
编委会成员：胡智锋　杨武军　赵海成　李晓红
　　　　　　任彦宾　王凌　董瑞峰　李玮
　　　　　　王筱卉　王岩　段嵘　王程
　　　　　　赵璇　赵男　欧阳俊

目 录

第一章　宪法及相关法

中华人民共和国宪法（节录） ························· 3
　　（2018 年 3 月 11 日）*
中华人民共和国国旗法 ······························· 8
　　（2020 年 10 月 17 日）
中华人民共和国国歌法 ······························ 14
　　（2017 年 9 月 1 日）
中华人民共和国国徽法 ······························ 17
　　（2020 年 10 月 17 日）

第二章　演艺人员保护

（一）人格权保护

中华人民共和国民法典（节录） ······················ 25
　　（2020 年 5 月 28 日）

＊ 本目录中的时间为法律文件的公布时间或最后一次修正、修订的公布时间。

(二) 知识产权保护

中华人民共和国著作权法 ·················· 35
　　（2020 年 11 月 11 日）
互联网影视版权合作及保护规则 ············ 55
　　（2010 年 4 月 26 日）
国家版权局关于复制发行境外录音制品向著作权人付酬
　　有关问题的通知 ························ 59
　　（2000 年 9 月 13 日）

(三) 未成年人保护

中华人民共和国未成年人保护法（节录） ······ 61
　　（2020 年 10 月 17 日）
未成年人节目管理规定 ···················· 66
　　（2021 年 10 月 8 日）
文化和旅游部办公厅关于加强网络文化市场未成年
　　人保护工作的意见 ······················ 76
　　（2021 年 11 月 29 日）

第三章　广告宣传

中华人民共和国广告法（节录） ············ 83
　　（2021 年 4 月 29 日）
市场监管总局、中央网信办、文化和旅游部、广电总局、
　　银保监会、证监会、国家电影局关于进一步规范明星
　　广告代言活动的指导意见 ················ 94
　　（2022 年 10 月 31 日）
中华人民共和国英雄烈士保护法（节录） ······ 100
　　（2018 年 4 月 27 日）

宗教事务条例（节录） …………………………………… 103
  （2017年8月26日）

第四章 风险防范

（一）合同风险

中华人民共和国民法典（节录） ………………………… 107
  （2020年5月28日）

（二）税收风险

中华人民共和国税收征收管理法 ………………………… 131
  （2015年4月24日）

中华人民共和国个人所得税法 …………………………… 151
  （2018年8月31日）

中华人民共和国企业所得税法 …………………………… 160
  （2018年12月29日）

（三）治安管理与刑事风险

1. 治安管理

中华人民共和国治安管理处罚法（节录） ……………… 172
  （2012年10月26日）

2. 刑事风险

中华人民共和国刑法（节录） …………………………… 175
  （2020年12月26日）

最高人民法院、最高人民检察院、公安部关于办理醉酒
  驾驶机动车刑事案件适用法律若干问题的意见 ……… 182
  （2013年12月18日）

最高人民法院、最高人民检察院关于常见犯罪的量刑指导
　　意见（试行）（节录） ·················· 185
　　　　（2021 年 6 月 16 日）
中华人民共和国道路交通安全法（节录） ·············· 189
　　　　（2021 年 4 月 29 日）

第五章　演出活动

（一）综合性规定

营业性演出管理条例 ···························· 199
　　　　（2020 年 11 月 29 日）
营业性演出管理条例实施细则 ···················· 215
　　　　（2022 年 5 月 13 日）
娱乐场所管理条例 ···························· 226
　　　　（2020 年 11 月 29 日）

（二）演出活动审批

文化部关于加强演出市场有关问题管理的通知 ·········· 239
　　　　（2011 年 12 月 7 日）
营业性演出审批规范 ···························· 243
　　　　（2011 年 9 月 5 日）
文化和旅游部办公厅关于简化跨地区巡演审批程序的
　　通知 ···································· 247
　　　　（2021 年 9 月 29 日）
文化部办公厅关于开展涉外营业性演出审批公示工作的
　　通知 ···································· 249
　　　　（2014 年 12 月 15 日）

文化和旅游部办公厅关于进一步规范涉外营业性演出审批
　　工作的通知 ………………………………………… 252
　　（2019 年 3 月 7 日）
文化部涉外文化艺术表演及展览管理规定 …………… 254
　　（2004 年 7 月 1 日）
文化和旅游部关于深化"放管服"改革促进演出市场繁荣
　　发展的通知 ………………………………………… 266
　　（2020 年 9 月 14 日）

（三）不同类型演出活动

网络表演经营活动管理办法 …………………………… 270
　　（2016 年 12 月 2 日）
网络主播行为规范 ……………………………………… 276
　　（2022 年 6 月 8 日）
网络直播营销管理办法（试行） ……………………… 282
　　（2021 年 4 月 16 日）
国家广播电视总局网络视听节目管理司、中共中央宣传部
　　出版局关于加强网络视听节目平台游戏直播管理的
　　通知 ………………………………………………… 289
　　（2022 年 4 月 12 日）
文化和旅游部办公厅关于加强模仿秀营业性演出管理的
　　通知 ………………………………………………… 291
　　（2018 年 4 月 27 日）

第六章　演出经纪

演出经纪人员管理办法 ………………………………… 295
　　（2021 年 12 月 13 日）

演出经纪人员资格证管理规定（试行） ………………………… 299
　　（2022 年 9 月 16 日）
演出经纪人员继续教育实施意见 …………………………………… 301
　　（2022 年 9 月 16 日）
网络表演经纪机构管理办法 ………………………………………… 304
　　（2021 年 8 月 30 日）
文化和旅游部关于规范演出经纪行为加强演员管理促进
　　演出市场健康有序发展的通知 ………………………………… 308
　　（2021 年 9 月 29 日）
文化部关于规范营业性演出票务市场经营秩序的通知 ………… 313
　　（2017 年 7 月 6 日）

第七章　安全保障

(一) 安　全

中华人民共和国安全生产法（节录） ……………………………… 319
　　（2021 年 6 月 10 日）
中华人民共和国消防法（节录） …………………………………… 322
　　（2021 年 4 月 29 日）
大型群众性活动安全管理条例 ……………………………………… 324
　　（2007 年 9 月 14 日）

(二) 应　急

中华人民共和国突发事件应对法（节录） ………………………… 331
　　（2007 年 8 月 30 日）
文化市场突发事件应急管理办法（试行） ………………………… 334
　　（2012 年 8 月 14 日）

文化市场重大案件管理办法 …………………………………… 341
　（2012 年 7 月 30 日）

附录　行业自律规范

中国演出行业协会关于加强演艺人员经纪机构自律管理
　的公告 ……………………………………………………… 349
　（2021 年 9 月 2 日）
演出行业演艺人员从业自律管理办法（试行）…………… 350
　（2021 年 2 月 5 日）
中国文艺工作者职业道德公约 ……………………………… 357
　（2022 年 3 月 29 日）

第一章 宪法及相关法

中华人民共和国宪法（节录）

- 1982 年 12 月 4 日第五届全国人民代表大会第五次会议通过
- 1982 年 12 月 4 日全国人民代表大会公告公布施行
- 根据 1988 年 4 月 12 日第七届全国人民代表大会第一次会议通过的《中华人民共和国宪法修正案》、1993 年 3 月 29 日第八届全国人民代表大会第一次会议通过的《中华人民共和国宪法修正案》、1999 年 3 月 15 日第九届全国人民代表大会第二次会议通过的《中华人民共和国宪法修正案》、2004 年 3 月 14 日第十届全国人民代表大会第二次会议通过的《中华人民共和国宪法修正案》和 2018 年 3 月 11 日第十三届全国人民代表大会第一次会议通过的《中华人民共和国宪法修正案》修正

第二章 公民的基本权利和义务

第三十三条 凡具有中华人民共和国国籍的人都是中华人民共和国公民。

中华人民共和国公民在法律面前一律平等。

国家尊重和保障人权。

任何公民享有宪法和法律规定的权利，同时必须履行宪法和法律规定的义务。

第三十四条 中华人民共和国年满十八周岁的公民，不分民

族、种族、性别、职业、家庭出身、宗教信仰、教育程度、财产状况、居住期限，都有选举权和被选举权；但是依照法律被剥夺政治权利的人除外。

第三十五条 中华人民共和国公民有言论、出版、集会、结社、游行、示威的自由。

第三十六条 中华人民共和国公民有宗教信仰自由。

任何国家机关、社会团体和个人不得强制公民信仰宗教或者不信仰宗教，不得歧视信仰宗教的公民和不信仰宗教的公民。

国家保护正常的宗教活动。任何人不得利用宗教进行破坏社会秩序、损害公民身体健康、妨碍国家教育制度的活动。

宗教团体和宗教事务不受外国势力的支配。

第三十七条 中华人民共和国公民的人身自由不受侵犯。

任何公民，非经人民检察院批准或者决定或者人民法院决定，并由公安机关执行，不受逮捕。

禁止非法拘禁和以其他方法非法剥夺或者限制公民的人身自由，禁止非法搜查公民的身体。

第三十八条 中华人民共和国公民的人格尊严不受侵犯。禁止用任何方法对公民进行侮辱、诽谤和诬告陷害。

第三十九条 中华人民共和国公民的住宅不受侵犯。禁止非法搜查或者非法侵入公民的住宅。

第四十条 中华人民共和国公民的通信自由和通信秘密受法律的保护。除因国家安全或者追查刑事犯罪的需要，由公安机关或者检察机关依照法律规定的程序对通信进行检查外，任何组织或者个人不得以任何理由侵犯公民的通信自由和通信秘密。

第四十一条 中华人民共和国公民对于任何国家机关和国家工

作人员，有提出批评和建议的权利；对于任何国家机关和国家工作人员的违法失职行为，有向有关国家机关提出申诉、控告或者检举的权利，但是不得捏造或者歪曲事实进行诬告陷害。

对于公民的申诉、控告或者检举，有关国家机关必须查清事实，负责处理。任何人不得压制和打击报复。

由于国家机关和国家工作人员侵犯公民权利而受到损失的人，有依照法律规定取得赔偿的权利。

第四十二条 中华人民共和国公民有劳动的权利和义务。

国家通过各种途径，创造劳动就业条件，加强劳动保护，改善劳动条件，并在发展生产的基础上，提高劳动报酬和福利待遇。

劳动是一切有劳动能力的公民的光荣职责。国有企业和城乡集体经济组织的劳动者都应当以国家主人翁的态度对待自己的劳动。国家提倡社会主义劳动竞赛，奖励劳动模范和先进工作者。国家提倡公民从事义务劳动。

国家对就业前的公民进行必要的劳动就业训练。

第四十三条 中华人民共和国劳动者有休息的权利。

国家发展劳动者休息和休养的设施，规定职工的工作时间和休假制度。

第四十四条 国家依照法律规定实行企业事业组织的职工和国家机关工作人员的退休制度。退休人员的生活受到国家和社会的保障。

第四十五条 中华人民共和国公民在年老、疾病或者丧失劳动能力的情况下，有从国家和社会获得物质帮助的权利。国家发展为公民享受这些权利所需要的社会保险、社会救济和医疗卫生事业。

国家和社会保障残废军人的生活，抚恤烈士家属，优待军人家属。

国家和社会帮助安排盲、聋、哑和其他有残疾的公民的劳动、生活和教育。

第四十六条　中华人民共和国公民有受教育的权利和义务。

国家培养青年、少年、儿童在品德、智力、体质等方面全面发展。

第四十七条　中华人民共和国公民有进行科学研究、文学艺术创作和其他文化活动的自由。国家对于从事教育、科学、技术、文学、艺术和其他文化事业的公民的有益于人民的创造性工作，给以鼓励和帮助。

第四十八条　中华人民共和国妇女在政治的、经济的、文化的、社会的和家庭的生活等各方面享有同男子平等的权利。

国家保护妇女的权利和利益，实行男女同工同酬，培养和选拔妇女干部。

第四十九条　婚姻、家庭、母亲和儿童受国家的保护。

夫妻双方有实行计划生育的义务。

父母有抚养教育未成年子女的义务，成年子女有赡养扶助父母的义务。

禁止破坏婚姻自由，禁止虐待老人、妇女和儿童。

第五十条　中华人民共和国保护华侨的正当的权利和利益，保护归侨和侨眷的合法的权利和利益。

第五十一条　中华人民共和国公民在行使自由和权利的时候，不得损害国家的、社会的、集体的利益和其他公民的合法的自由和权利。

第五十二条　中华人民共和国公民有维护国家统一和全国各民族团结的义务。

第五十三条　中华人民共和国公民必须遵守宪法和法律，保守国家秘密，爱护公共财产，遵守劳动纪律，遵守公共秩序，尊重社会公德。

第五十四条　中华人民共和国公民有维护祖国的安全、荣誉和利益的义务，不得有危害祖国的安全、荣誉和利益的行为。

第五十五条　保卫祖国、抵抗侵略是中华人民共和国每一个公民的神圣职责。

依照法律服兵役和参加民兵组织是中华人民共和国公民的光荣义务。

第五十六条　中华人民共和国公民有依照法律纳税的义务。

中华人民共和国国旗法

·1990年6月28日第七届全国人民代表大会常务委员会第十四次会议通过

·根据2009年8月27日第十一届全国人民代表大会常务委员会第十次会议《关于修改部分法律的决定》第一次修正

·根据2020年10月17日第十三届全国人民代表大会常务委员会第二十二次会议《关于修改〈中华人民共和国国旗法〉的决定》第二次修正

第一条 为了维护国旗的尊严,规范国旗的使用,增强公民的国家观念,弘扬爱国主义精神,培育和践行社会主义核心价值观,根据宪法,制定本法。

第二条 中华人民共和国国旗是五星红旗。

中华人民共和国国旗按照中国人民政治协商会议第一届全体会议主席团公布的国旗制法说明制作。

第三条 国旗的通用尺度为国旗制法说明中所列明的五种尺度。特殊情况使用其他尺度的国旗,应当按照通用尺度成比例适当放大或者缩小。

国旗、旗杆的尺度比例应当适当,并与使用目的、周围建筑、周边环境相适应。

第四条 中华人民共和国国旗是中华人民共和国的象征和

标志。

每个公民和组织，都应当尊重和爱护国旗。

第五条 下列场所或者机构所在地，应当每日升挂国旗：

（一）北京天安门广场、新华门；

（二）中国共产党中央委员会，全国人民代表大会常务委员会，国务院，中央军事委员会，中国共产党中央纪律检查委员会、国家监察委员会，最高人民法院，最高人民检察院；

中国人民政治协商会议全国委员会；

（三）外交部；

（四）出境入境的机场、港口、火车站和其他边境口岸，边防海防哨所。

第六条 下列机构所在地应当在工作日升挂国旗：

（一）中国共产党中央各部门和地方各级委员会；

（二）国务院各部门；

（三）地方各级人民代表大会常务委员会；

（四）地方各级人民政府；

（五）中国共产党地方各级纪律检查委员会、地方各级监察委员会；

（六）地方各级人民法院和专门人民法院；

（七）地方各级人民检察院和专门人民检察院；

（八）中国人民政治协商会议地方各级委员会；

（九）各民主党派、各人民团体；

（十）中央人民政府驻香港特别行政区有关机构、中央人民政府驻澳门特别行政区有关机构。

学校除寒假、暑假和休息日外，应当每日升挂国旗。有条件的幼儿园参照学校的规定升挂国旗。

图书馆、博物馆、文化馆、美术馆、科技馆、纪念馆、展览馆、体育馆、青少年宫等公共文化体育设施应当在开放日升挂、悬挂国旗。

第七条 国庆节、国际劳动节、元旦、春节和国家宪法日等重要节日、纪念日，各级国家机关、各人民团体以及大型广场、公园等公共活动场所应当升挂国旗；企业事业组织，村民委员会、居民委员会，居民院（楼、小区）有条件的应当升挂国旗。

民族自治地方在民族自治地方成立纪念日和主要传统民族节日应当升挂国旗。

举行宪法宣誓仪式时，应当在宣誓场所悬挂国旗。

第八条 举行重大庆祝、纪念活动，大型文化、体育活动，大型展览会，可以升挂国旗。

第九条 国家倡导公民和组织在适宜的场合使用国旗及其图案，表达爱国情感。

公民和组织在网络中使用国旗图案，应当遵守相关网络管理规定，不得损害国旗尊严。

网络使用的国旗图案标准版本在中国人大网和中国政府网上发布。

第十条 外交活动以及国家驻外使馆领馆和其他外交代表机构升挂、使用国旗的办法，由外交部规定。

第十一条 中国人民解放军和中国人民武装警察部队升挂、使用国旗的办法，由中央军事委员会规定。

第十二条 民用船舶和进入中国领水的外国船舶升挂国旗的办法，由国务院交通主管部门规定。

执行出入境边防检查、边境管理、治安任务的船舶升挂国旗的办法，由国务院公安部门规定。

国家综合性消防救援队伍的船舶升挂国旗的办法，由国务院应急管理部门规定。

第十三条　依照本法第五条、第六条、第七条的规定升挂国旗的，应当早晨升起，傍晚降下。

依照本法规定应当升挂国旗的，遇有恶劣天气，可以不升挂。

第十四条　升挂国旗时，可以举行升旗仪式。

举行升旗仪式时，应当奏唱国歌。在国旗升起的过程中，在场人员应当面向国旗肃立，行注目礼或者按照规定要求敬礼，不得有损害国旗尊严的行为。

北京天安门广场每日举行升旗仪式。

学校除假期外，每周举行一次升旗仪式。

第十五条　下列人士逝世，下半旗志哀：

（一）中华人民共和国主席、全国人民代表大会常务委员会委员长、国务院总理、中央军事委员会主席；

（二）中国人民政治协商会议全国委员会主席；

（三）对中华人民共和国作出杰出贡献的人；

（四）对世界和平或者人类进步事业作出杰出贡献的人。

举行国家公祭仪式或者发生严重自然灾害、突发公共卫生事件以及其他不幸事件造成特别重大伤亡的，可以在全国范围内下半旗志哀，也可以在部分地区或者特定场所下半旗志哀。

依照本条第一款第三项、第四项和第二款的规定下半旗，由国务院有关部门或者省、自治区、直辖市人民政府报国务院决定。

依照本条规定下半旗的日期和场所，由国家成立的治丧机构或者国务院决定。

第十六条　下列人士逝世，举行哀悼仪式时，其遗体、灵柩或者骨灰盒可以覆盖国旗：

（一）本法第十五条第一款第一项至第三项规定的人士；

（二）烈士；

（三）国家规定的其他人士。

覆盖国旗时，国旗不得触及地面，仪式结束后应当将国旗收回保存。

第十七条　升挂国旗，应当将国旗置于显著的位置。

列队举持国旗和其他旗帜行进时，国旗应当在其他旗帜之前。

国旗与其他旗帜同时升挂时，应当将国旗置于中心、较高或者突出的位置。

在外事活动中同时升挂两个以上国家的国旗时，应当按照外交部的规定或者国际惯例升挂。

第十八条　在直立的旗杆上升降国旗，应当徐徐升降。升起时，必须将国旗升至杆顶；降下时，不得使国旗落地。

下半旗时，应当先将国旗升至杆顶，然后降至旗顶与杆顶之间的距离为旗杆全长的三分之一处；降下时，应当先将国旗升至杆顶，然后再降下。

第十九条　不得升挂或者使用破损、污损、褪色或者不合规格的国旗，不得倒挂、倒插或者以其他有损国旗尊严的方式升挂、使用国旗。

不得随意丢弃国旗。破损、污损、褪色或者不合规格的国旗应当按照国家有关规定收回、处置。大型群众性活动结束后，活动主办方应当收回或者妥善处置活动现场使用的国旗。

第二十条　国旗及其图案不得用作商标、授予专利权的外观设计和商业广告，不得用于私人丧事活动等不适宜的情形。

第二十一条　国旗应当作为爱国主义教育的重要内容。

中小学应当教育学生了解国旗的历史和精神内涵、遵守国旗升挂使用规范和升旗仪式礼仪。

新闻媒体应当积极宣传国旗知识，引导公民和组织正确使用国旗及其图案。

第二十二条　国务院办公厅统筹协调全国范围内国旗管理有关工作。地方各级人民政府统筹协调本行政区域内国旗管理有关工作。

各级人民政府市场监督管理部门对国旗的制作和销售实施监督管理。

县级人民政府确定的部门对本行政区域内国旗的升挂、使用和收回实施监督管理。

外交部、国务院交通主管部门、中央军事委员会有关部门对各自管辖范围内国旗的升挂、使用和收回实施监督管理。

第二十三条　在公众场合故意以焚烧、毁损、涂划、玷污、践踏等方式侮辱中华人民共和国国旗的，依法追究刑事责任；情节较轻的，由公安机关处以十五日以下拘留。

第二十四条　本法自1990年10月1日起施行。

中华人民共和国国歌法

- 2017年9月1日第十二届全国人民代表大会常务委员会第二十九次会议通过
- 2017年9月1日中华人民共和国主席令第75号公布
- 自2017年10月1日起施行

第一条 为了维护国歌的尊严,规范国歌的奏唱、播放和使用,增强公民的国家观念,弘扬爱国主义精神,培育和践行社会主义核心价值观,根据宪法,制定本法。

第二条 中华人民共和国国歌是《义勇军进行曲》。

第三条 中华人民共和国国歌是中华人民共和国的象征和标志。

一切公民和组织都应当尊重国歌,维护国歌的尊严。

第四条 在下列场合,应当奏唱国歌:

(一)全国人民代表大会会议和地方各级人民代表大会会议的开幕、闭幕;

中国人民政治协商会议全国委员会会议和地方各级委员会会议的开幕、闭幕;

(二)各政党、各人民团体的各级代表大会等;

(三)宪法宣誓仪式;

(四)升国旗仪式;

（五）各级机关举行或者组织的重大庆典、表彰、纪念仪式等；

（六）国家公祭仪式；

（七）重大外交活动；

（八）重大体育赛事；

（九）其他应当奏唱国歌的场合。

第五条　国家倡导公民和组织在适宜的场合奏唱国歌，表达爱国情感。

第六条　奏唱国歌，应当按照本法附件所载国歌的歌词和曲谱，不得采取有损国歌尊严的奏唱形式。

第七条　奏唱国歌时，在场人员应当肃立，举止庄重，不得有不尊重国歌的行为。

第八条　国歌不得用于或者变相用于商标、商业广告，不得在私人丧事活动等不适宜的场合使用，不得作为公共场所的背景音乐等。

第九条　外交活动中奏唱国歌的场合和礼仪，由外交部规定。军队奏唱国歌的场合和礼仪，由中央军事委员会规定。

第十条　在本法第四条规定的场合奏唱国歌，应当使用国歌标准演奏曲谱或者国歌官方录音版本。

外交部及驻外外交机构应当向有关国家外交部门和有关国际组织提供国歌标准演奏曲谱和国歌官方录音版本，供外交活动中使用。

国务院体育行政部门应当向有关国际体育组织和赛会主办方提供国歌标准演奏曲谱和国歌官方录音版本，供国际体育赛会使用。

国歌标准演奏曲谱、国歌官方录音版本由国务院确定的部门组织审定、录制，并在中国人大网和中国政府网上发布。

第十一条　国歌纳入中小学教育。

中小学应当将国歌作为爱国主义教育的重要内容，组织学生学唱国歌，教育学生了解国歌的历史和精神内涵、遵守国歌奏唱礼仪。

第十二条　新闻媒体应当积极开展对国歌的宣传，普及国歌奏唱礼仪知识。

第十三条　国庆节、国际劳动节等重要的国家法定节日、纪念日，中央和省、自治区、直辖市的广播电台、电视台应当按照国务院广播电视主管部门规定的时点播放国歌。

第十四条　县级以上各级人民政府及其有关部门在各自职责范围内，对国歌的奏唱、播放和使用进行监督管理。

第十五条　在公共场合，故意篡改国歌歌词、曲谱，以歪曲、贬损方式奏唱国歌，或者以其他方式侮辱国歌的，由公安机关处以警告或者十五日以下拘留；构成犯罪的，依法追究刑事责任。

第十六条　本法自 2017 年 10 月 1 日起施行。

中华人民共和国国徽法

·1991年3月2日第七届全国人民代表大会常务委员会第十八次会议通过

·根据2009年8月27日第十一届全国人民代表大会常务委员会第十次会议《关于修改部分法律的决定》第一次修正

·根据2020年10月17日第十三届全国人民代表大会常务委员会第二十二次会议《关于修改〈中华人民共和国国徽法〉的决定》第二次修正

第一条 为了维护国徽的尊严，正确使用国徽，增强公民的国家观念，弘扬爱国主义精神，培育和践行社会主义核心价值观，根据宪法，制定本法。

第二条 中华人民共和国国徽，中间是五星照耀下的天安门，周围是谷穗和齿轮。

中华人民共和国国徽按照1950年中央人民政府委员会通过的《中华人民共和国国徽图案》和中央人民政府委员会办公厅公布的《中华人民共和国国徽图案制作说明》制作。

第三条 中华人民共和国国徽是中华人民共和国的象征和标志。

一切组织和公民，都应当尊重和爱护国徽。

第四条 下列机构应当悬挂国徽：

（一）各级人民代表大会常务委员会；

（二）各级人民政府；

（三）中央军事委员会；

（四）各级监察委员会；

（五）各级人民法院和专门人民法院；

（六）各级人民检察院和专门人民检察院；

（七）外交部；

（八）国家驻外使馆、领馆和其他外交代表机构；

（九）中央人民政府驻香港特别行政区有关机构、中央人民政府驻澳门特别行政区有关机构。

国徽应当悬挂在机关正门上方正中处。

第五条　下列场所应当悬挂国徽：

（一）北京天安门城楼、人民大会堂；

（二）县级以上各级人民代表大会及其常务委员会会议厅，乡、民族乡、镇的人民代表大会会场；

（三）各级人民法院和专门人民法院的审判庭；

（四）宪法宣誓场所；

（五）出境入境口岸的适当场所。

第六条　下列机构的印章应当刻有国徽图案：

（一）全国人民代表大会常务委员会，国务院，中央军事委员会，国家监察委员会，最高人民法院，最高人民检察院；

（二）全国人民代表大会各专门委员会和全国人民代表大会常务委员会办公厅、工作委员会，国务院各部、各委员会、各直属机构、国务院办公厅以及国务院规定应当使用刻有国徽图案印章的办事机构，中央军事委员会办公厅以及中央军事委员会规定应当使用刻有国徽图案印章的其他机构；

（三）县级以上地方各级人民代表大会常务委员会、人民政府、监察委员会、人民法院、人民检察院，专门人民法院，专门人民检察院；

（四）国家驻外使馆、领馆和其他外交代表机构。

第七条　本法第六条规定的机构应当在其网站首页显著位置使用国徽图案。

网站使用的国徽图案标准版本在中国人大网和中国政府网上发布。

第八条　下列文书、出版物等应当印有国徽图案：

（一）全国人民代表大会常务委员会、中华人民共和国主席和国务院颁发的荣誉证书、任命书、外交文书；

（二）中华人民共和国主席、副主席，全国人民代表大会常务委员会委员长、副委员长，国务院总理、副总理、国务委员，中央军事委员会主席、副主席，国家监察委员会主任，最高人民法院院长和最高人民检察院检察长以职务名义对外使用的信封、信笺、请柬等；

（三）全国人民代表大会常务委员会公报、国务院公报、最高人民法院公报和最高人民检察院公报的封面；

（四）国家出版的法律、法规正式版本的封面。

第九条　标示国界线的界桩、界碑和标示领海基点方位的标志碑以及其他用于显示国家主权的标志物可以使用国徽图案。

中国人民银行发行的法定货币可以使用国徽图案。

第十条　下列证件、证照可以使用国徽图案：

（一）国家机关工作人员的工作证件、执法证件等；

（二）国家机关颁发的营业执照、许可证书、批准证书、资格证书、权利证书等；

（三）居民身份证，中华人民共和国护照等法定出入境证件。

国家机关和武装力量的徽章可以将国徽图案作为核心图案。

公民在庄重的场合可以佩戴国徽徽章，表达爱国情感。

第十一条　外事活动和国家驻外使馆、领馆以及其他外交代表机构对外使用国徽图案的办法，由外交部规定，报国务院批准后施行。

第十二条　在本法规定的范围以外需要悬挂国徽或者使用国徽图案的，由全国人民代表大会常务委员会办公厅或者国务院办公厅会同有关主管部门规定。

第十三条　国徽及其图案不得用于：

（一）商标、授予专利权的外观设计、商业广告；

（二）日常用品、日常生活的陈设布置；

（三）私人庆吊活动；

（四）国务院办公厅规定不得使用国徽及其图案的其他场合。

第十四条　不得悬挂破损、污损或者不合规格的国徽。

第十五条　国徽应当作为爱国主义教育的重要内容。

中小学应当教育学生了解国徽的历史和精神内涵。

新闻媒体应当积极宣传国徽知识，引导公民和组织正确使用国徽及其图案。

第十六条　悬挂的国徽由国家指定的企业统一制作，其直径的通用尺度为下列三种：

（一）一百厘米；

（二）八十厘米；

（三）六十厘米。

需要悬挂非通用尺度国徽的，应当按照通用尺度成比例适当放大或者缩小，并与使用目的、所在建筑物、周边环境相适应。

第十七条　国务院办公厅统筹协调全国范围内国徽管理有关工作。地方各级人民政府统筹协调本行政区域内国徽管理有关工作。

各级人民政府市场监督管理部门对国徽的制作和销售实施监督管理。

县级人民政府确定的部门对本行政区域内国徽的悬挂、使用和收回实施监督管理。

第十八条　在公共场合故意以焚烧、毁损、涂划、玷污、践踏等方式侮辱中华人民共和国国徽的，依法追究刑事责任；情节较轻的，由公安机关处以十五日以下拘留。

第十九条　本法自1991年10月1日起施行。

第二章 演艺人员保护

（一）人格权保护

中华人民共和国民法典（节录）

- 2020年5月28日第十三届全国人民代表大会第三次会议通过
- 2020年5月28日中华人民共和国主席令第45号公布
- 自2021年1月1日起施行

第四编 人 格 权

第一章 一 般 规 定

第九百八十九条 本编调整因人格权的享有和保护产生的民事关系。

第九百九十条 人格权是民事主体享有的生命权、身体权、健康权、姓名权、名称权、肖像权、名誉权、荣誉权、隐私权等权利。

除前款规定的人格权外，自然人享有基于人身自由、人格尊严产生的其他人格权益。

第九百九十一条 民事主体的人格权受法律保护，任何组织或者个人不得侵害。

第九百九十二条　人格权不得放弃、转让或者继承。

第九百九十三条　民事主体可以将自己的姓名、名称、肖像等许可他人使用，但是依照法律规定或者根据其性质不得许可的除外。

第九百九十四条　死者的姓名、肖像、名誉、荣誉、隐私、遗体等受到侵害的，其配偶、子女、父母有权依法请求行为人承担民事责任；死者没有配偶、子女且父母已经死亡的，其他近亲属有权依法请求行为人承担民事责任。

第九百九十五条　人格权受到侵害的，受害人有权依照本法和其他法律的规定请求行为人承担民事责任。受害人的停止侵害、排除妨碍、消除危险、消除影响、恢复名誉、赔礼道歉请求权，不适用诉讼时效的规定。

第九百九十六条　因当事人一方的违约行为，损害对方人格权并造成严重精神损害，受损害方选择请求其承担违约责任的，不影响受损害方请求精神损害赔偿。

第九百九十七条　民事主体有证据证明行为人正在实施或者即将实施侵害其人格权的违法行为，不及时制止将使其合法权益受到难以弥补的损害的，有权依法向人民法院申请采取责令行为人停止有关行为的措施。

第九百九十八条　认定行为人承担侵害除生命权、身体权和健康权外的人格权的民事责任，应当考虑行为人和受害人的职业、影响范围、过错程度，以及行为的目的、方式、后果等因素。

第九百九十九条　为公共利益实施新闻报道、舆论监督等行为的，可以合理使用民事主体的姓名、名称、肖像、个人信息等；使用不合理侵害民事主体人格权的，应当依法承担民事责任。

第一千条　行为人因侵害人格权承担消除影响、恢复名誉、赔礼道歉等民事责任的，应当与行为的具体方式和造成的影响范围相当。

行为人拒不承担前款规定的民事责任的，人民法院可以采取在报刊、网络等媒体上发布公告或者公布生效裁判文书等方式执行，产生的费用由行为人负担。

第一千零一条　对自然人因婚姻家庭关系等产生的身份权利的保护，适用本法第一编、第五编和其他法律的相关规定；没有规定的，可以根据其性质参照适用本编人格权保护的有关规定。

第二章　生命权、身体权和健康权

第一千零二条　自然人享有生命权。自然人的生命安全和生命尊严受法律保护。任何组织或者个人不得侵害他人的生命权。

第一千零三条　自然人享有身体权。自然人的身体完整和行动自由受法律保护。任何组织或者个人不得侵害他人的身体权。

第一千零四条　自然人享有健康权。自然人的身心健康受法律保护。任何组织或者个人不得侵害他人的健康权。

第一千零五条　自然人的生命权、身体权、健康权受到侵害或者处于其他危难情形的，负有法定救助义务的组织或者个人应当及时施救。

第一千零六条　完全民事行为能力人有权依法自主决定无偿捐献其人体细胞、人体组织、人体器官、遗体。任何组织或者个人不得强迫、欺骗、利诱其捐献。

完全民事行为能力人依据前款规定同意捐献的，应当采用书面形式，也可以订立遗嘱。

自然人生前未表示不同意捐献的,该自然人死亡后,其配偶、成年子女、父母可以共同决定捐献,决定捐献应当采用书面形式。

第一千零七条 禁止以任何形式买卖人体细胞、人体组织、人体器官、遗体。

违反前款规定的买卖行为无效。

第一千零八条 为研制新药、医疗器械或者发展新的预防和治疗方法,需要进行临床试验的,应当依法经相关主管部门批准并经伦理委员会审查同意,向受试者或者受试者的监护人告知试验目的、用途和可能产生的风险等详细情况,并经其书面同意。

进行临床试验的,不得向受试者收取试验费用。

第一千零九条 从事与人体基因、人体胚胎等有关的医学和科研活动,应当遵守法律、行政法规和国家有关规定,不得危害人体健康,不得违背伦理道德,不得损害公共利益。

第一千零一十条 违背他人意愿,以言语、文字、图像、肢体行为等方式对他人实施性骚扰的,受害人有权依法请求行为人承担民事责任。

机关、企业、学校等单位应当采取合理的预防、受理投诉、调查处置等措施,防止和制止利用职权、从属关系等实施性骚扰。

第一千零一十一条 以非法拘禁等方式剥夺、限制他人的行动自由,或者非法搜查他人身体的,受害人有权依法请求行为人承担民事责任。

第三章 姓名权和名称权

第一千零一十二条 自然人享有姓名权,有权依法决定、使用、变更或者许可他人使用自己的姓名,但是不得违背公序良俗。

第一千零一十三条　法人、非法人组织享有名称权，有权依法决定、使用、变更、转让或者许可他人使用自己的名称。

第一千零一十四条　任何组织或者个人不得以干涉、盗用、假冒等方式侵害他人的姓名权或者名称权。

第一千零一十五条　自然人应当随父姓或者母姓，但是有下列情形之一的，可以在父姓和母姓之外选取姓氏：

（一）选取其他直系长辈血亲的姓氏；

（二）因由法定扶养人以外的人扶养而选取扶养人姓氏；

（三）有不违背公序良俗的其他正当理由。

少数民族自然人的姓氏可以遵从本民族的文化传统和风俗习惯。

第一千零一十六条　自然人决定、变更姓名，或者法人、非法人组织决定、变更、转让名称的，应当依法向有关机关办理登记手续，但是法律另有规定的除外。

民事主体变更姓名、名称的，变更前实施的民事法律行为对其具有法律约束力。

第一千零一十七条　具有一定社会知名度，被他人使用足以造成公众混淆的笔名、艺名、网名、译名、字号、姓名和名称的简称等，参照适用姓名权和名称权保护的有关规定。

第四章　肖　像　权

第一千零一十八条　自然人享有肖像权，有权依法制作、使用、公开或者许可他人使用自己的肖像。

肖像是通过影像、雕塑、绘画等方式在一定载体上所反映的特定自然人可以被识别的外部形象。

第一千零一十九条　任何组织或者个人不得以丑化、污损，或者利用信息技术手段伪造等方式侵害他人的肖像权。未经肖像权人同意，不得制作、使用、公开肖像权人的肖像，但是法律另有规定的除外。

未经肖像权人同意，肖像作品权利人不得以发表、复制、发行、出租、展览等方式使用或者公开肖像权人的肖像。

第一千零二十条 合理实施下列行为的，可以不经肖像权人同意：

（一）为个人学习、艺术欣赏、课堂教学或者科学研究，在必要范围内使用肖像权人已经公开的肖像；

（二）为实施新闻报道，不可避免地制作、使用、公开肖像权人的肖像；

（三）为依法履行职责，国家机关在必要范围内制作、使用、公开肖像权人的肖像；

（四）为展示特定公共环境，不可避免地制作、使用、公开肖像权人的肖像；

（五）为维护公共利益或者肖像权人合法权益，制作、使用、公开肖像权人的肖像的其他行为。

第一千零二十一条 当事人对肖像许可使用合同中关于肖像使用条款的理解有争议的，应当作出有利于肖像权人的解释。

第一千零二十二条 当事人对肖像许可使用期限没有约定或者约定不明确的，任何一方当事人可以随时解除肖像许可使用合同，但是应当在合理期限之前通知对方。

当事人对肖像许可使用期限有明确约定，肖像权人有正当理由的，可以解除肖像许可使用合同，但是应当在合理期限之前通知对方。因解除合同造成对方损失的，除不可归责于肖像权人的事由外，应当赔偿损失。

第一千零二十三条 对姓名等的许可使用，参照适用肖像许可使用的有关规定。

对自然人声音的保护，参照适用肖像权保护的有关规定。

第五章 名誉权和荣誉权

第一千零二十四条 民事主体享有名誉权。任何组织或者个人不得以侮辱、诽谤等方式侵害他人的名誉权。

名誉是对民事主体的品德、声望、才能、信用等的社会评价。

第一千零二十五条 行为人为公共利益实施新闻报道、舆论监督等行为，影响他人名誉的，不承担民事责任，但是有下列情形之一的除外：

（一）捏造、歪曲事实；

（二）对他人提供的严重失实内容未尽到合理核实义务；

（三）使用侮辱性言辞等贬损他人名誉。

第一千零二十六条 认定行为人是否尽到前条第二项规定的合理核实义务，应当考虑下列因素：

（一）内容来源的可信度；

（二）对明显可能引发争议的内容是否进行了必要的调查；

（三）内容的时限性；

（四）内容与公序良俗的关联性；

（五）受害人名誉受贬损的可能性；

（六）核实能力和核实成本。

第一千零二十七条 行为人发表的文学、艺术作品以真人真事或者特定人为描述对象，含有侮辱、诽谤内容，侵害他人名誉权的，受害人有权依法请求该行为人承担民事责任。

行为人发表的文学、艺术作品不以特定人为描述对象，仅其中的情节与该特定人的情况相似的，不承担民事责任。

第一千零二十八条　民事主体有证据证明报刊、网络等媒体报道的内容失实，侵害其名誉权的，有权请求该媒体及时采取更正或者删除等必要措施。

第一千零二十九条　民事主体可以依法查询自己的信用评价；发现信用评价不当的，有权提出异议并请求采取更正、删除等必要措施。信用评价人应当及时核查，经核查属实的，应当及时采取必要措施。

第一千零三十条　民事主体与征信机构等信用信息处理者之间的关系，适用本编有关个人信息保护的规定和其他法律、行政法规的有关规定。

第一千零三十一条　民事主体享有荣誉权。任何组织或者个人不得非法剥夺他人的荣誉称号，不得诋毁、贬损他人的荣誉。

获得的荣誉称号应当记载而没有记载的，民事主体可以请求记载；获得的荣誉称号记载错误的，民事主体可以请求更正。

第六章　隐私权和个人信息保护

第一千零三十二条　自然人享有隐私权。任何组织或者个人不得以刺探、侵扰、泄露、公开等方式侵害他人的隐私权。

隐私是自然人的私人生活安宁和不愿为他人知晓的私密空间、私密活动、私密信息。

第一千零三十三条　除法律另有规定或者权利人明确同意外，任何组织或者个人不得实施下列行为：

（一）以电话、短信、即时通讯工具、电子邮件、传单等方式侵扰他人的私人生活安宁；

（二）进入、拍摄、窥视他人的住宅、宾馆房间等私密空间；

（三）拍摄、窥视、窃听、公开他人的私密活动；

（四）拍摄、窥视他人身体的私密部位；

（五）处理他人的私密信息；

（六）以其他方式侵害他人的隐私权。

第一千零三十四条　自然人的个人信息受法律保护。

个人信息是以电子或者其他方式记录的能够单独或者与其他信息结合识别特定自然人的各种信息，包括自然人的姓名、出生日期、身份证件号码、生物识别信息、住址、电话号码、电子邮箱、健康信息、行踪信息等。

个人信息中的私密信息，适用有关隐私权的规定；没有规定的，适用有关个人信息保护的规定。

第一千零三十五条　处理个人信息的，应当遵循合法、正当、必要原则，不得过度处理，并符合下列条件：

（一）征得该自然人或者其监护人同意，但是法律、行政法规另有规定的除外；

（二）公开处理信息的规则；

（三）明示处理信息的目的、方式和范围；

（四）不违反法律、行政法规的规定和双方的约定。

个人信息的处理包括个人信息的收集、存储、使用、加工、传输、提供、公开等。

第一千零三十六条　处理个人信息，有下列情形之一的，行为人不承担民事责任：

（一）在该自然人或者其监护人同意的范围内合理实施的行为；

（二）合理处理该自然人自行公开的或者其他已经合法公开的信息，但是该自然人明确拒绝或者处理该信息侵害其重大利益的除外；

（三）为维护公共利益或者该自然人合法权益，合理实施的其他行为。

第一千零三十七条　自然人可以依法向信息处理者查阅或者复制其个人信息；发现信息有错误的，有权提出异议并请求及时采取更正等必要措施。

自然人发现信息处理者违反法律、行政法规的规定或者双方的约定处理其个人信息的，有权请求信息处理者及时删除。

第一千零三十八条　信息处理者不得泄露或者篡改其收集、存储的个人信息；未经自然人同意，不得向他人非法提供其个人信息，但是经过加工无法识别特定个人且不能复原的除外。

信息处理者应当采取技术措施和其他必要措施，确保其收集、存储的个人信息安全，防止信息泄露、篡改、丢失；发生或者可能发生个人信息泄露、篡改、丢失的，应当及时采取补救措施，按照规定告知自然人并向有关主管部门报告。

第一千零三十九条　国家机关、承担行政职能的法定机构及其工作人员对于履行职责过程中知悉的自然人的隐私和个人信息，应当予以保密，不得泄露或者向他人非法提供。

（二）知识产权保护

中华人民共和国著作权法

·1990年9月7日第七届全国人民代表大会常务委员会第十五次会议通过

·根据2001年10月27日第九届全国人民代表大会常务委员会第二十四次会议《关于修改〈中华人民共和国著作权法〉的决定》第一次修正

·根据2010年2月26日第十一届全国人民代表大会常务委员会第十三次会议《关于修改〈中华人民共和国著作权法〉的决定》第二次修正

·根据2020年11月11日第十三届全国人民代表大会常务委员会第二十三次会议《关于修改〈中华人民共和国著作权法〉的决定》第三次修正

第一章 总 则

第一条 为保护文学、艺术和科学作品作者的著作权，以及与著作权有关的权益，鼓励有益于社会主义精神文明、物质文明建设的作品的创作和传播，促进社会主义文化和科学事业的发展与繁荣，根据宪法制定本法。

第二条 中国公民、法人或者非法人组织的作品，不论是否发表，依照本法享有著作权。

外国人、无国籍人的作品根据其作者所属国或者经常居住地国同中国签订的协议或者共同参加的国际条约享有的著作权，受本法保护。

外国人、无国籍人的作品首先在中国境内出版的，依照本法享有著作权。

未与中国签订协议或者共同参加国际条约的国家的作者以及无国籍人的作品首次在中国参加的国际条约的成员国出版的，或者在成员国和非成员国同时出版的，受本法保护。

第三条 本法所称的作品，是指文学、艺术和科学领域内具有独创性并能以一定形式表现的智力成果，包括：

（一）文字作品；

（二）口述作品；

（三）音乐、戏剧、曲艺、舞蹈、杂技艺术作品；

（四）美术、建筑作品；

（五）摄影作品；

（六）视听作品；

（七）工程设计图、产品设计图、地图、示意图等图形作品和模型作品；

（八）计算机软件；

（九）符合作品特征的其他智力成果。

第四条 著作权人和与著作权有关的权利人行使权利，不得违反宪法和法律，不得损害公共利益。国家对作品的出版、传播依法进行监督管理。

第五条 本法不适用于：

（一）法律、法规，国家机关的决议、决定、命令和其他具有立法、行政、司法性质的文件，及其官方正式译文；

（二）单纯事实消息；

（三）历法、通用数表、通用表格和公式。

第六条 民间文学艺术作品的著作权保护办法由国务院另行规定。

第七条 国家著作权主管部门负责全国的著作权管理工作；县级以上地方主管著作权的部门负责本行政区域的著作权管理工作。

第八条 著作权人和与著作权有关的权利人可以授权著作权集体管理组织行使著作权或者与著作权有关的权利。依法设立的著作权集体管理组织是非营利法人，被授权后可以以自己的名义为著作权人和与著作权有关的权利人主张权利，并可以作为当事人进行涉及著作权或者与著作权有关的权利的诉讼、仲裁、调解活动。

著作权集体管理组织根据授权向使用者收取使用费。使用费的收取标准由著作权集体管理组织和使用者代表协商确定，协商不成的，可以向国家著作权主管部门申请裁决，对裁决不服的，可以向人民法院提起诉讼；当事人也可以直接向人民法院提起诉讼。

著作权集体管理组织应当将使用费的收取和转付、管理费的提取和使用、使用费的未分配部分等总体情况定期向社会公布，并应当建立权利信息查询系统，供权利人和使用者查询。国家著作权主管部门应当依法对著作权集体管理组织进行监督、管理。

著作权集体管理组织的设立方式、权利义务、使用费的收取和分配，以及对其监督和管理等由国务院另行规定。

第二章 著 作 权

第一节 著作权人及其权利

第九条 著作权人包括：

（一）作者；

（二）其他依照本法享有著作权的自然人、法人或者非法人组织。

第十条　著作权包括下列人身权和财产权：

（一）发表权，即决定作品是否公之于众的权利；

（二）署名权，即表明作者身份，在作品上署名的权利；

（三）修改权，即修改或者授权他人修改作品的权利；

（四）保护作品完整权，即保护作品不受歪曲、篡改的权利；

（五）复制权，即以印刷、复印、拓印、录音、录像、翻录、翻拍、数字化等方式将作品制作一份或者多份的权利；

（六）发行权，即以出售或者赠与方式向公众提供作品的原件或者复制件的权利；

（七）出租权，即有偿许可他人临时使用视听作品、计算机软件的原件或者复制件的权利，计算机软件不是出租的主要标的的除外；

（八）展览权，即公开陈列美术作品、摄影作品的原件或者复制件的权利；

（九）表演权，即公开表演作品，以及用各种手段公开播送作品的表演的权利；

（十）放映权，即通过放映机、幻灯机等技术设备公开再现美术、摄影、视听作品等的权利；

（十一）广播权，即以有线或者无线方式公开传播或者转播作品，以及通过扩音器或者其他传送符号、声音、图像的类似工具向公众传播广播的作品的权利，但不包括本款第十二项规定的权利；

（十二）信息网络传播权，即以有线或者无线方式向公众提供，使公众可以在其选定的时间和地点获得作品的权利；

（十三）摄制权，即以摄制视听作品的方法将作品固定在载体上的权利；

（十四）改编权，即改变作品，创作出具有独创性的新作品的权利；

（十五）翻译权，即将作品从一种语言文字转换成另一种语言文字的权利；

（十六）汇编权，即将作品或者作品的片段通过选择或者编排，汇集成新作品的权利；

（十七）应当由著作权人享有的其他权利。

著作权人可以许可他人行使前款第五项至第十七项规定的权利，并依照约定或者本法有关规定获得报酬。

著作权人可以全部或者部分转让本条第一款第五项至第十七项规定的权利，并依照约定或者本法有关规定获得报酬。

第二节　著作权归属

第十一条　著作权属于作者，本法另有规定的除外。

创作作品的自然人是作者。

由法人或者非法人组织主持，代表法人或者非法人组织意志创作，并由法人或者非法人组织承担责任的作品，法人或者非法人组织视为作者。

第十二条　在作品上署名的自然人、法人或者非法人组织为作者，且该作品上存在相应权利，但有相反证明的除外。

作者等著作权人可以向国家著作权主管部门认定的登记机构办理作品登记。

与著作权有关的权利参照适用前两款规定。

第十三条　改编、翻译、注释、整理已有作品而产生的作品，其著作权由改编、翻译、注释、整理人享有，但行使著作权时不得侵犯原作品的著作权。

第十四条 两人以上合作创作的作品，著作权由合作作者共同享有。没有参加创作的人，不能成为合作作者。

合作作品的著作权由合作作者通过协商一致行使；不能协商一致，又无正当理由的，任何一方不得阻止他方行使除转让、许可他人专有使用、出质以外的其他权利，但是所得收益应当合理分配给所有合作作者。

合作作品可以分割使用的，作者对各自创作的部分可以单独享有著作权，但行使著作权时不得侵犯合作作品整体的著作权。

第十五条 汇编若干作品、作品的片段或者不构成作品的数据或者其他材料，对其内容的选择或者编排体现独创性的作品，为汇编作品，其著作权由汇编人享有，但行使著作权时，不得侵犯原作品的著作权。

第十六条 使用改编、翻译、注释、整理、汇编已有作品而产生的作品进行出版、演出和制作录音录像制品，应当取得该作品的著作权人和原作品的著作权人许可，并支付报酬。

第十七条 视听作品中的电影作品、电视剧作品的著作权由制作者享有，但编剧、导演、摄影、作词、作曲等作者享有署名权，并有权按照与制作者签订的合同获得报酬。

前款规定以外的视听作品的著作权归属由当事人约定；没有约定或者约定不明确的，由制作者享有，但作者享有署名权和获得报酬的权利。

视听作品中的剧本、音乐等可以单独使用的作品的作者有权单独行使其著作权。

第十八条　自然人为完成法人或者非法人组织工作任务所创作的作品是职务作品，除本条第二款的规定以外，著作权由作者享有，但法人或者非法人组织有权在其业务范围内优先使用。作品完成两年内，未经单位同意，作者不得许可第三人以与单位使用的相同方式使用该作品。

有下列情形之一的职务作品，作者享有署名权，著作权的其他权利由法人或者非法人组织享有，法人或者非法人组织可以给予作者奖励：

（一）主要是利用法人或者非法人组织的物质技术条件创作，并由法人或者非法人组织承担责任的工程设计图、产品设计图、地图、示意图、计算机软件等职务作品；

（二）报社、期刊社、通讯社、广播电台、电视台的工作人员创作的职务作品；

（三）法律、行政法规规定或者合同约定著作权由法人或者非法人组织享有的职务作品。

第十九条　受委托创作的作品，著作权的归属由委托人和受托人通过合同约定。合同未作明确约定或者没有订立合同的，著作权属于受托人。

第二十条　作品原件所有权的转移，不改变作品著作权的归属，但美术、摄影作品原件的展览权由原件所有人享有。

作者将未发表的美术、摄影作品的原件所有权转让给他人，受让人展览该原件不构成对作者发表权的侵犯。

第二十一条　著作权属于自然人的，自然人死亡后，其本法第十条第一款第五项至第十七项规定的权利在本法规定的保护期内，依法转移。

著作权属于法人或者非法人组织的，法人或者非法人组织变更、终止后，其本法第十条第一款第五项至第十七项规定的权利在本法规定的保护期内，由承受其权利义务的法人或者非法人组织享有；没有承受其权利义务的法人或者非法人组织的，由国家享有。

第三节 权利的保护期

第二十二条 作者的署名权、修改权、保护作品完整权的保护期不受限制。

第二十三条 自然人的作品，其发表权、本法第十条第一款第五项至第十七项规定的权利的保护期为作者终生及其死亡后五十年，截止于作者死亡后第五十年的 12 月 31 日；如果是合作作品，截止于最后死亡的作者死亡后第五十年的 12 月 31 日。

法人或者非法人组织的作品、著作权（署名权除外）由法人或者非法人组织享有的职务作品，其发表权的保护期为五十年，截止于作品创作完成后第五十年的 12 月 31 日；本法第十条第一款第五项至第十七项规定的权利的保护期为五十年，截止于作品首次发表后第五十年的 12 月 31 日，但作品自创作完成后五十年内未发表的，本法不再保护。

视听作品，其发表权的保护期为五十年，截止于作品创作完成后第五十年的 12 月 31 日；本法第十条第一款第五项至第十七项规定的权利的保护期为五十年，截止于作品首次发表后第五十年的 12 月 31 日，但作品自创作完成后五十年内未发表的，本法不再保护。

第四节 权利的限制

第二十四条 在下列情况下使用作品，可以不经著作权人许可，不向其支付报酬，但应当指明作者姓名或者名称、作品名称，并且不得影响该作品的正常使用，也不得不合理地损害著作权人的合法权益：

（一）为个人学习、研究或者欣赏，使用他人已经发表的作品；

（二）为介绍、评论某一作品或者说明某一问题，在作品中适当引用他人已经发表的作品；

（三）为报道新闻，在报纸、期刊、广播电台、电视台等媒体中不可避免地再现或者引用已经发表的作品；

（四）报纸、期刊、广播电台、电视台等媒体刊登或者播放其他报纸、期刊、广播电台、电视台等媒体已经发表的关于政治、经济、宗教问题的时事性文章，但著作权人声明不许刊登、播放的除外；

（五）报纸、期刊、广播电台、电视台等媒体刊登或者播放在公众集会上发表的讲话，但作者声明不许刊登、播放的除外；

（六）为学校课堂教学或者科学研究，翻译、改编、汇编、播放或者少量复制已经发表的作品，供教学或者科研人员使用，但不得出版发行；

（七）国家机关为执行公务在合理范围内使用已经发表的作品；

（八）图书馆、档案馆、纪念馆、博物馆、美术馆、文化馆等为陈列或者保存版本的需要，复制本馆收藏的作品；

（九）免费表演已经发表的作品，该表演未向公众收取费用，也未向表演者支付报酬，且不以营利为目的；

（十）对设置或者陈列在公共场所的艺术作品进行临摹、绘画、摄影、录像；

（十一）将中国公民、法人或者非法人组织已经发表的以国家通用语言文字创作的作品翻译成少数民族语言文字作品在国内出版发行；

（十二）以阅读障碍者能够感知的无障碍方式向其提供已经发表的作品；

(十三)法律、行政法规规定的其他情形。

前款规定适用于对与著作权有关的权利的限制。

第二十五条　为实施义务教育和国家教育规划而编写出版教科书，可以不经著作权人许可，在教科书中汇编已经发表的作品片段或者短小的文字作品、音乐作品或者单幅的美术作品、摄影作品、图形作品，但应当按照规定向著作权人支付报酬，指明作者姓名或者名称、作品名称，并且不得侵犯著作权人依照本法享有的其他权利。

前款规定适用于对与著作权有关的权利的限制。

第三章　著作权许可使用和转让合同

第二十六条　使用他人作品应当同著作权人订立许可使用合同，本法规定可以不经许可的除外。

许可使用合同包括下列主要内容：

(一)许可使用的权利种类；

(二)许可使用的权利是专有使用权或者非专有使用权；

(三)许可使用的地域范围、期间；

(四)付酬标准和办法；

(五)违约责任；

(六)双方认为需要约定的其他内容。

第二十七条　转让本法第十条第一款第五项至第十七项规定的权利，应当订立书面合同。

权利转让合同包括下列主要内容：

(一)作品的名称；

(二)转让的权利种类、地域范围；

(三)转让价金；

（四）交付转让价金的日期和方式；

（五）违约责任；

（六）双方认为需要约定的其他内容。

第二十八条　以著作权中的财产权出质的，由出质人和质权人依法办理出质登记。

第二十九条　许可使用合同和转让合同中著作权人未明确许可、转让的权利，未经著作权人同意，另一方当事人不得行使。

第三十条　使用作品的付酬标准可以由当事人约定，也可以按照国家著作权主管部门会同有关部门制定的付酬标准支付报酬。当事人约定不明确的，按照国家著作权主管部门会同有关部门制定的付酬标准支付报酬。

第三十一条　出版者、表演者、录音录像制作者、广播电台、电视台等依照本法有关规定使用他人作品的，不得侵犯作者的署名权、修改权、保护作品完整权和获得报酬的权利。

第四章　与著作权有关的权利

第一节　图书、报刊的出版

第三十二条　图书出版者出版图书应当和著作权人订立出版合同，并支付报酬。

第三十三条　图书出版者对著作权人交付出版的作品，按照合同约定享有的专有出版权受法律保护，他人不得出版该作品。

第三十四条　著作权人应当按照合同约定期限交付作品。图书出版者应当按照合同约定的出版质量、期限出版图书。

图书出版者不按照合同约定期限出版，应当依照本法第六十一条的规定承担民事责任。

图书出版者重印、再版作品的，应当通知著作权人，并支付报酬。图书脱销后，图书出版者拒绝重印、再版的，著作权人有权终止合同。

第三十五条 著作权人向报社、期刊社投稿的，自稿件发出之日起十五日内未收到报社通知决定刊登的，或者自稿件发出之日起三十日内未收到期刊社通知决定刊登的，可以将同一作品向其他报社、期刊社投稿。双方另有约定的除外。

作品刊登后，除著作权人声明不得转载、摘编的外，其他报刊可以转载或者作为文摘、资料刊登，但应当按照规定向著作权人支付报酬。

第三十六条 图书出版者经作者许可，可以对作品修改、删节。

报社、期刊社可以对作品作文字性修改、删节。对内容的修改，应当经作者许可。

第三十七条 出版者有权许可或者禁止他人使用其出版的图书、期刊的版式设计。

前款规定的权利的保护期为十年，截止于使用该版式设计的图书、期刊首次出版后第十年的12月31日。

第二节 表 演

第三十八条 使用他人作品演出，表演者应当取得著作权人许可，并支付报酬。演出组织者组织演出，由该组织者取得著作权人许可，并支付报酬。

第三十九条 表演者对其表演享有下列权利：

（一）表明表演者身份；

（二）保护表演形象不受歪曲；

（三）许可他人从现场直播和公开传送其现场表演，并获得报酬；

（四）许可他人录音录像，并获得报酬；

（五）许可他人复制、发行、出租录有其表演的录音录像制品，并获得报酬；

（六）许可他人通过信息网络向公众传播其表演，并获得报酬。

被许可人以前款第三项至第六项规定的方式使用作品，还应当取得著作权人许可，并支付报酬。

第四十条 演员为完成本演出单位的演出任务进行的表演为职务表演，演员享有表明身份和保护表演形象不受歪曲的权利，其他权利归属由当事人约定。当事人没有约定或者约定不明确的，职务表演的权利由演出单位享有。

职务表演的权利由演员享有的，演出单位可以在其业务范围内免费使用该表演。

第四十一条 本法第三十九条第一款第一项、第二项规定的权利的保护期不受限制。

本法第三十九条第一款第三项至第六项规定的权利的保护期为五十年，截止于该表演发生后第五十年的12月31日。

第三节 录音录像

第四十二条 录音录像制作者使用他人作品制作录音录像制品，应当取得著作权人许可，并支付报酬。

录音制作者使用他人已经合法录制为录音制品的音乐作品制作录音制品，可以不经著作权人许可，但应当按照规定支付报酬；著作权人声明不许使用的不得使用。

第四十三条　录音录像制作者制作录音录像制品，应当同表演者订立合同，并支付报酬。

第四十四条　录音录像制作者对其制作的录音录像制品，享有许可他人复制、发行、出租、通过信息网络向公众传播并获得报酬的权利；权利的保护期为五十年，截止于该制品首次制作完成后第五十年的 12 月 31 日。

被许可人复制、发行、通过信息网络向公众传播录音录像制品，应当同时取得著作权人、表演者许可，并支付报酬；被许可人出租录音录像制品，还应当取得表演者许可，并支付报酬。

第四十五条　将录音制品用于有线或者无线公开传播，或者通过传送声音的技术设备向公众公开播送的，应当向录音制作者支付报酬。

第四节　广播电台、电视台播放

第四十六条　广播电台、电视台播放他人未发表的作品，应当取得著作权人许可，并支付报酬。

广播电台、电视台播放他人已发表的作品，可以不经著作权人许可，但应当按照规定支付报酬。

第四十七条　广播电台、电视台有权禁止未经其许可的下列行为：

（一）将其播放的广播、电视以有线或者无线方式转播；

（二）将其播放的广播、电视录制以及复制；

（三）将其播放的广播、电视通过信息网络向公众传播。

广播电台、电视台行使前款规定的权利，不得影响、限制或者侵害他人行使著作权或者与著作权有关的权利。

本条第一款规定的权利的保护期为五十年，截止于该广播、电视首次播放后第五十年的 12 月 31 日。

第四十八条　电视台播放他人的视听作品、录像制品，应当取得视听作品著作权人或者录像制作者许可，并支付报酬；播放他人的录像制品，还应当取得著作权人许可，并支付报酬。

第五章　著作权和与著作权有关的权利的保护

第四十九条　为保护著作权和与著作权有关的权利，权利人可以采取技术措施。

未经权利人许可，任何组织或者个人不得故意避开或者破坏技术措施，不得以避开或者破坏技术措施为目的制造、进口或向公众提供有关装置或者部件，不得故意为他人避开或者破坏技术措施提供技术服务。但是，法律、行政法规规定可以避开的情形除外。

本法所称的技术措施，是指用于防止、限制未经权利人许可浏览、欣赏作品、表演、录音录像制品或者通过信息网络向公众提供作品、表演、录音录像制品的有效技术、装置或者部件。

第五十条　下列情形可以避开技术措施，但不得向他人提供避开技术措施的技术、装置或者部件，不得侵犯权利人依法享有的其他权利：

（一）为学校课堂教学或者科学研究，提供少量已经发表的作品，供教学或者科研人员使用，而该作品无法通过正常途径获取；

（二）不以营利为目的，以阅读障碍者能够感知的无障碍方式向其提供已经发表的作品，而该作品无法通过正常途径获取；

（三）国家机关依照行政、监察、司法程序执行公务；

（四）对计算机及其系统或者网络的安全性能进行测试；

（五）进行加密研究或者计算机软件反向工程研究。

前款规定适用于对与著作权有关的权利的限制。

第五十一条　未经权利人许可，不得进行下列行为：

（一）故意删除或者改变作品、版式设计、表演、录音录像制品或者广播、电视上的权利管理信息，但由于技术上的原因无法避免的除外；

（二）知道或者应当知道作品、版式设计、表演、录音录像制品或者广播、电视上的权利管理信息未经许可被删除或者改变，仍然向公众提供。

第五十二条　有下列侵权行为的，应当根据情况，承担停止侵害、消除影响、赔礼道歉、赔偿损失等民事责任：

（一）未经著作权人许可，发表其作品的；

（二）未经合作作者许可，将与他人合作创作的作品当作自己单独创作的作品发表的；

（三）没有参加创作，为谋取个人名利，在他人作品上署名的；

（四）歪曲、篡改他人作品的；

（五）剽窃他人作品的；

（六）未经著作权人许可，以展览、摄制视听作品的方法使用作品，或者以改编、翻译、注释等方式使用作品的，本法另有规定的除外；

（七）使用他人作品，应当支付报酬而未支付的；

（八）未经视听作品、计算机软件、录音录像制品的著作权人、表演者或者录音录像制作者许可，出租其作品或者录音录像制品的原件或者复制件的，本法另有规定的除外；

（九）未经出版者许可，使用其出版的图书、期刊的版式设计的；

（十）未经表演者许可，从现场直播或者公开传送其现场表演，或者录制其表演的；

（十一）其他侵犯著作权以及与著作权有关的权利的行为。

第五十三条 有下列侵权行为的，应当根据情况，承担本法第五十二条规定的民事责任；侵权行为同时损害公共利益的，由主管著作权的部门责令停止侵权行为，予以警告，没收违法所得，没收、无害化销毁处理侵权复制品以及主要用于制作侵权复制品的材料、工具、设备等，违法经营额五万元以上的，可以并处违法经营额一倍以上五倍以下的罚款；没有违法经营额、违法经营额难以计算或者不足五万元的，可以并处二十五万元以下的罚款；构成犯罪的，依法追究刑事责任：

（一）未经著作权人许可，复制、发行、表演、放映、广播、汇编、通过信息网络向公众传播其作品的，本法另有规定的除外；

（二）出版他人享有专有出版权的图书的；

（三）未经表演者许可，复制、发行录有其表演的录音录像制品，或者通过信息网络向公众传播其表演的，本法另有规定的除外；

（四）未经录音录像制作者许可，复制、发行、通过信息网络向公众传播其制作的录音录像制品的，本法另有规定的除外；

（五）未经许可，播放、复制或者通过信息网络向公众传播广播、电视的，本法另有规定的除外；

（六）未经著作权人或者与著作权有关的权利人许可，故意避开或者破坏技术措施的，故意制造、进口或者向他人提供主要用于避开、破坏技术措施的装置或者部件的，或者故意为他人避开或者破坏技术措施提供技术服务的，法律、行政法规另有规定的除外；

（七）未经著作权人或者与著作权有关的权利人许可，故意删除或者改变作品、版式设计、表演、录音录像制品或者广播、电视上的权利管理信息的，知道或者应当知道作品、版式设计、表演、录音录像制品或者广播、电视上的权利管理信息未经许可被删除或者改变，仍然向公众提供的，法律、行政法规另有规定的除外；

（八）制作、出售假冒他人署名的作品的。

第五十四条 侵犯著作权或者与著作权有关的权利的，侵权人应当按照权利人因此受到的实际损失或者侵权人的违法所得给予赔偿；权利人的实际损失或者侵权人的违法所得难以计算的，可以参照该权利使用费给予赔偿。对故意侵犯著作权或者与著作权有关的权利，情节严重的，可以在按照上述方法确定数额的一倍以上五倍以下给予赔偿。

权利人的实际损失、侵权人的违法所得、权利使用费难以计算的，由人民法院根据侵权行为的情节，判决给予五百元以上五百万元以下的赔偿。

赔偿数额还应当包括权利人为制止侵权行为所支付的合理开支。

人民法院为确定赔偿数额，在权利人已经尽了必要举证责任，而与侵权行为相关的账簿、资料等主要由侵权人掌握的，可以责令侵权人提供与侵权行为相关的账簿、资料等；侵权人不提供，或者提供虚假的账簿、资料等的，人民法院可以参考权利人的主张和提供的证据确定赔偿数额。

人民法院审理著作权纠纷案件，应权利人请求，对侵权复制品，除特殊情况外，责令销毁；对主要用于制造侵权复制品的材料、工具、设备等，责令销毁，且不予补偿；或者在特殊情况下，责令禁止前述材料、工具、设备等进入商业渠道，且不予补偿。

第五十五条 主管著作权的部门对涉嫌侵犯著作权和与著作权有关的权利的行为进行查处时，可以询问有关当事人，调查与涉嫌违法行为有关的情况；对当事人涉嫌违法行为的场所和物品实施现场检查；查阅、复制与涉嫌违法行为有关的合同、发票、账簿以及其他有关资料；对于涉嫌违法行为的场所和物品，可以查封或者扣押。

主管著作权的部门依法行使前款规定的职权时，当事人应当予以协助、配合，不得拒绝、阻挠。

第五十六条　著作权人或者与著作权有关的权利人有证据证明他人正在实施或者即将实施侵犯其权利、妨碍其实现权利的行为，如不及时制止将会使其合法权益受到难以弥补的损害的，可以在起诉前依法向人民法院申请采取财产保全、责令作出一定行为或者禁止作出一定行为等措施。

第五十七条　为制止侵权行为，在证据可能灭失或者以后难以取得的情况下，著作权人或者与著作权有关的权利人可以在起诉前依法向人民法院申请保全证据。

第五十八条　人民法院审理案件，对于侵犯著作权或者与著作权有关的权利的，可以没收违法所得、侵权复制品以及进行违法活动的财物。

第五十九条　复制品的出版者、制作者不能证明其出版、制作有合法授权的，复制品的发行者或者视听作品、计算机软件、录音录像制品的复制品的出租者不能证明其发行、出租的复制品有合法来源的，应当承担法律责任。

在诉讼程序中，被诉侵权人主张其不承担侵权责任的，应当提供证据证明已经取得权利人的许可，或者具有本法规定的不经权利人许可而可以使用的情形。

第六十条　著作权纠纷可以调解，也可以根据当事人达成的书面仲裁协议或者著作权合同中的仲裁条款，向仲裁机构申请仲裁。

当事人没有书面仲裁协议，也没有在著作权合同中订立仲裁条款的，可以直接向人民法院起诉。

第六十一条　当事人因不履行合同义务或者履行合同义务不符合约定而承担民事责任，以及当事人行使诉讼权利、申请保全等，适用有关法律的规定。

第六章　附　　则

第六十二条　本法所称的著作权即版权。

第六十三条　本法第二条所称的出版，指作品的复制、发行。

第六十四条　计算机软件、信息网络传播权的保护办法由国务院另行规定。

第六十五条　摄影作品，其发表权、本法第十条第一款第五项至第十七项规定的权利的保护期在 2021 年 6 月 1 日前已经届满，但依据本法第二十三条第一款的规定仍在保护期内的，不再保护。

第六十六条　本法规定的著作权人和出版者、表演者、录音录像制作者、广播电台、电视台的权利，在本法施行之日尚未超过本法规定的保护期的，依照本法予以保护。

本法施行前发生的侵权或者违约行为，依照侵权或者违约行为发生时的有关规定处理。

第六十七条　本法自 1991 年 6 月 1 日起施行。

互联网影视版权合作及保护规则

·中国互联网协会网络版权工作委员会、中国电影著作权协会、中国广播电视协会电视制片委员会2010年4月26日发布

为推动互联网播出影视节目的规范发展，推进影视节目的网络版权保护，建立有序的电影电视节目网络播出版权交易市场，促进电影电视制片和网络播出两个行业的合作与发展，遵照"互利共赢、规范管理、诚实守信"的基本原则，中国互联网协会网络版权工作委员会与中国电影著作权协会、中国广播电视协会电视制片委员会联合制定此规则。

一、本规则所称电影电视制片单位是指签署本规则的中国电影著作权协会和中国广播电视协会电视制片委员会各成员单位，网络播出单位是指利用互联网播出技术提供影视作品播放、且签署本规则的互联网运营单位。

二、中国互联网协会网络版权工作委员会与中国电影著作权协会、中国广播电视协会电视制片委员会派出代表，组成网络影视发展CEO联席会，由该联席会确定本规则的有关细节。CEO联席会建立长效机制，设立网络影视发展CEO联席会秘书处，秘书处由中国互联网协会网络版权工作委员会及中国电影著作权协会、中国广播电视协会电视制片委员会派出专职人员负责秘书处日常工作。

三、影视制片行业承诺规范交易，以合理公允的市场价格促进

广播影视节目在互联网的传播，不进行哄抬价格、重复授权、虚假授权等不当交易行为，不当行为由相关细则进行规定；如出现细则规定禁止的情况，由影视行业协会内部通报或发布黑名单，并上报影视制片主管部门。

四、三方行业协会应积极沟通建立公平合理的影视节目网络传播方式和价格制度规则。

五、网络播出单位承诺在思想认识、公司制度建设、技术开发等方面切实采取措施加强版权保护，依照我国法律、法规规定的权利义务合法经营，维护互联网产业健康发展。网络播出单位应就版权保护采取切实可行的行动和措施。就此的自律行动包括但不限于：

（一）各方协会将定期发布版权信息公告，主要包括：版权权属信息、版权授权信息、版权保护信息。

（二）网络播出单位承诺不通过任何方式播出各方协会联合公告的版权保护信息中未经授权的影视作品，同时限制此类作品的网络用户上传等行为。

（三）网络播出单位承诺：对事先已告知被盗版的影视作品坚决实行屏蔽；对是否构成盗版的影视作品难以确认的，在知悉各方协会公告信息内容之后立即进行删除或屏蔽等处理。

（四）网络播出单位承诺在提供广播影视节目网络播放时，主要以在线观看服务为主。如果未获得版权人的下载服务授权，在播出时必须采取必要的版权保护措施。

（五）其它必要的版权保护措施。三方行业协会将进一步确定上述内容具体执行方式的相关细节，并定期就执行情况进行监督。

六、三方行业协会在版权保护中采取更加务实有效的措施，共同探讨建立黑名单公示制度。包括但不限于：

（一）影视制片单位在诉讼前向三方行业协会举报涉嫌侵权的网络播出单位及涉嫌侵权详细信息，包括权属信息、侵权信息的截屏或其他证据文件等。

（二）三方行业协会共同审查涉嫌侵权的情况，并敦促争议各方快速落实解决方案。

（三）三方行业协会对执行不力的单位给予内部警告，违规情节严重的单位将被列入黑名单，向社会公布。

（四）三方行业协会对于不能履行本规则第四条承诺的网络播出单位进行警告，并列入黑名单。

（五）三方行业协会以共同名义在中国互联网协会网络版权工作委员会官网（www.iscu.cn）与电视制片委员会官方网站（www.ctvcc.com）公示进入黑名单的单位。可能被黑名单公示的单位包括：签署本规则的网络播出单位和影视制片单位以及相关版权保护和交易可能涉及的任何第三方，也包括虽未签署本规则、但经三方协会确认严重侵犯版权的网络播出单位和影视制片单位等。

（六）对列入黑名单 15 日后，仍无改善的严重侵权的网络播出单位，三方行业协会将向政府有关主管机关提交行政处罚的建议。

七、三方行业协会加强与会员单位在版权保护方面的沟通协调，设立专门的版权公告联络人制度，定期收集整理版权授权及维权状况。三方行业协会对于对外授权、达成独家合作的影视作品定期发布版权公告，公告指定媒体为中国互联网协会网络版权工作委员会官网（www.iscu.cn）。

八、三方行业协会应就上述版权合作及保护进一步确定详细可行的规则。同时，推进有关立法的进一步完善。

九、三方行业协会的签约成员单位同意提供必要的推进此规则需要的使用经费，作为版权保护与发展的公益性基金。

十、三方行业协会将在签署规则后，由网络影视发展 CEO 联席会具体制定相关操作细则，包括：

（一）黑名单实施细则；

（二）版权作品采购规范；

（三）版权保护与发展公益基金的收取与使用办法；

（四）三方行业机构对版权传播纠纷的内部调解与确认机制；

（五）三方行业协会版权公告联络人定期沟通机制。

十一、此规则将由签约单位签署后正式生效。

十二、此规则的最终解释权归中国互联网协会网络版权工作委员会与中国电影著作权协会、中国广播电视协会电视制片委员会。

国家版权局关于复制发行境外录音制品向著作权人付酬有关问题的通知

- 2000年9月13日发布
- 国权〔2000〕38号

各省、自治区、直辖市版权局：

近年来，国内音像出版单位和其他单位引进境外录音制品在境内复制发行时，因授权方和引进方在授权合同中未约定向词曲作品著作权人付酬事项，引起了不必要的纷争。为避免今后再发生此类纠纷，进一步规范引进境外录音制品合同，经研究，就有关事宜通知如下：

一、音像出版单位或其他单位在引进境外录音制品时，应在授权合同中就向音乐作品的著作权人付酬事宜与授权方做出明确约定。

二、凡在合同中约定由引进方（包括音像出版单位或其他单位）向境外录音制品中的词曲著作权人付酬，词曲著作权人是中国音乐著作权协会会员的，或词曲著作权人所属的集体管理协会与中国音乐著作权协会签订相互代理协议的，引进方应将使用报酬支付给中国音乐著作权协会。词曲著作权人不属于中国音乐著作权协会管理范围的，引进方应直接向词曲著作权人付酬或委托著作权集体管理组织代办为转付。

三、引进方支付报酬的标准按国家版权局颁发的《录音法定许可付酬标准暂行规定》和《关于录音法定许可付酬标准暂行规定的补充通知》中规定的标准支付。

请各地版权局将本通知转发当地音像出版单位,并认真检查执行情况。

（三）未成年人保护

中华人民共和国未成年人保护法（节录）

- 1991年9月4日第七届全国人民代表大会常务委员会第二十一次会议通过
- 2006年12月29日第十届全国人民代表大会常务委员会第二十五次会议第一次修订
- 根据2012年10月26日第十一届全国人民代表大会常务委员会第二十九次会议《关于修改〈中华人民共和国未成年人保护法〉的决定》修正
- 2020年10月17日第十三届全国人民代表大会常务委员会第二十二次会议第二次修订
- 2020年10月17日中华人民共和国主席令第57号公布
- 自2021年6月1日起施行

第四十四条　爱国主义教育基地、图书馆、青少年宫、儿童活动中心、儿童之家应当对未成年人免费开放；博物馆、纪念馆、科技馆、展览馆、美术馆、文化馆、社区公益性互联网上网服务场所以及影剧院、体育场馆、动物园、植物园、公园等场所，应当按照有关规定对未成年人免费或者优惠开放。

国家鼓励爱国主义教育基地、博物馆、科技馆、美术馆等公共场馆开设未成年人专场，为未成年人提供有针对性的服务。

国家鼓励国家机关、企业事业单位、部队等开发自身教育资源，设立未成年人开放日，为未成年人主题教育、社会实践、职业体验等提供支持。

国家鼓励科研机构和科技类社会组织对未成年人开展科学普及活动。

……

第四十八条　国家鼓励创作、出版、制作和传播有利于未成年人健康成长的图书、报刊、电影、广播电视节目、舞台艺术作品、音像制品、电子出版物和网络信息等。

第四十九条　新闻媒体应当加强未成年人保护方面的宣传，对侵犯未成年人合法权益的行为进行舆论监督。新闻媒体采访报道涉及未成年人事件应当客观、审慎和适度，不得侵犯未成年人的名誉、隐私和其他合法权益。

第五十条　禁止制作、复制、出版、发布、传播含有宣扬淫秽、色情、暴力、邪教、迷信、赌博、引诱自杀、恐怖主义、分裂主义、极端主义等危害未成年人身心健康内容的图书、报刊、电影、广播电视节目、舞台艺术作品、音像制品、电子出版物和网络信息等。

第五十一条　任何组织或者个人出版、发布、传播的图书、报刊、电影、广播电视节目、舞台艺术作品、音像制品、电子出版物或者网络信息，包含可能影响未成年人身心健康内容的，应当以显著方式作出提示。

第五十二条　禁止制作、复制、发布、传播或者持有有关未成年人的淫秽色情物品和网络信息。

第五十三条 任何组织或者个人不得刊登、播放、张贴或者散发含有危害未成年人身心健康内容的广告；不得在学校、幼儿园播放、张贴或者散发商业广告；不得利用校服、教材等发布或者变相发布商业广告。

……

第五十八条 学校、幼儿园周边不得设置营业性娱乐场所、酒吧、互联网上网服务营业场所等不适宜未成年人活动的场所。营业性歌舞娱乐场所、酒吧、互联网上网服务营业场所等不适宜未成年人活动场所的经营者，不得允许未成年人进入；游艺娱乐场所设置的电子游戏设备，除国家法定节假日外，不得向未成年人提供。经营者应当在显著位置设置未成年人禁入、限入标志；对难以判明是否是未成年人的，应当要求其出示身份证件。

……

第六十一条 任何组织或者个人不得招用未满十六周岁未成年人，国家另有规定的除外。

营业性娱乐场所、酒吧、互联网上网服务营业场所等不适宜未成年人活动的场所不得招用已满十六周岁的未成年人。

招用已满十六周岁未成年人的单位和个人应当执行国家在工种、劳动时间、劳动强度和保护措施等方面的规定，不得安排其从事过重、有毒、有害等危害未成年人身心健康的劳动或者危险作业。

任何组织或者个人不得组织未成年人进行危害其身心健康的表演等活动。经未成年人的父母或者其他监护人同意，未成年人参与演出、节目制作等活动，活动组织方应当根据国家有关规定，保障未成年人合法权益。

……

第六十五条　国家鼓励和支持有利于未成年人健康成长的网络内容的创作与传播，鼓励和支持专门以未成年人为服务对象、适合未成年人身心健康特点的网络技术、产品、服务的研发、生产和使用。

……

第六十七条　网信部门会同公安、文化和旅游、新闻出版、电影、广播电视等部门根据保护不同年龄阶段未成年人的需要，确定可能影响未成年人身心健康网络信息的种类、范围和判断标准。

第六十八条　新闻出版、教育、卫生健康、文化和旅游、网信等部门应当定期开展预防未成年人沉迷网络的宣传教育，监督网络产品和服务提供者履行预防未成年人沉迷网络的义务，指导家庭、学校、社会组织互相配合，采取科学、合理的方式对未成年人沉迷网络进行预防和干预。

任何组织或者个人不得以侵害未成年人身心健康的方式对未成年人沉迷网络进行干预。

……

第七十四条　网络产品和服务提供者不得向未成年人提供诱导其沉迷的产品和服务。

网络游戏、网络直播、网络音视频、网络社交等网络服务提供者应当针对未成年人使用其服务设置相应的时间管理、权限管理、消费管理等功能。

以未成年人为服务对象的在线教育网络产品和服务，不得插入网络游戏链接，不得推送广告等与教学无关的信息。

……

第七十六条 网络直播服务提供者不得为未满十六周岁的未成年人提供网络直播发布者账号注册服务；为年满十六周岁的未成年人提供网络直播发布者账号注册服务时，应当对其身份信息进行认证，并征得其父母或者其他监护人同意。

未成年人节目管理规定

·2019年3月29日国家广播电视总局令第3号公布
·根据2021年10月8日《国家广播电视总局关于第三批修改的部门规章的决定》修正

第一章 总 则

第一条 为了规范未成年人节目，保护未成年人身心健康，保障未成年人合法权益，教育引导未成年人，培育和弘扬社会主义核心价值观，根据《中华人民共和国未成年人保护法》《广播电视管理条例》等法律、行政法规，制定本规定。

第二条 从事未成年人节目的制作、传播活动，适用本规定。

本规定所称未成年人节目，包括未成年人作为主要参与者或者以未成年人为主要接收对象的广播电视节目和网络视听节目。

第三条 从事未成年人节目制作、传播活动，应当以培养能够担当民族复兴大任的时代新人为着眼点，以培育和弘扬社会主义核心价值观为根本任务，弘扬中华优秀传统文化、革命文化和社会主义先进文化，坚持创新发展，增强原创能力，自觉保护未成年人合法权益，尊重未成年人发展和成长规律，促进未成年人健康成长。

第四条 未成年人节目管理工作应当坚持正确导向，注重保护尊重未成年人的隐私和人格尊严等合法权益，坚持教育保护并重，实行社会共治，防止未成年人节目出现商业化、成人化和过度娱乐化倾向。

第五条　国务院广播电视主管部门负责全国未成年人节目的监督管理工作。

县级以上地方人民政府广播电视主管部门负责本行政区域内未成年人节目的监督管理工作。

第六条　广播电视和网络视听行业组织应当结合行业特点，依法制定未成年人节目行业自律规范，加强职业道德教育，切实履行社会责任，促进业务交流，维护成员合法权益。

第七条　广播电视主管部门对在培育和弘扬社会主义核心价值观、强化正面教育、贴近现实生活、创新内容形式、产生良好社会效果等方面表现突出的未成年人节目，以及在未成年人节目制作、传播活动中做出突出贡献的组织、个人，按照有关规定予以表彰、奖励。

第二章　节目规范

第八条　国家支持、鼓励含有下列内容的未成年人节目的制作、传播：

（一）培育和弘扬社会主义核心价值观；

（二）弘扬中华优秀传统文化、革命文化和社会主义先进文化；

（三）引导树立正确的世界观、人生观、价值观；

（四）发扬中华民族传统家庭美德，树立优良家风；

（五）符合未成年人身心发展规律和特点；

（六）保护未成年人合法权益和情感，体现人文关怀；

（七）反映未成年人健康生活和积极向上的精神面貌；

（八）普及自然和社会科学知识；

（九）其他符合国家支持、鼓励政策的内容。

第九条 未成年人节目不得含有下列内容：

（一）渲染暴力、血腥、恐怖，教唆犯罪或者传授犯罪方法；

（二）除健康、科学的性教育之外的涉性话题、画面；

（三）肯定、赞许未成年人早恋；

（四）诋毁、歪曲或者以不当方式表现中华优秀传统文化、革命文化、社会主义先进文化；

（五）歪曲民族历史或者民族历史人物，歪曲、丑化、亵渎、否定英雄烈士事迹和精神；

（六）宣扬、美化、崇拜曾经对我国发动侵略战争和实施殖民统治的国家、事件、人物；

（七）宣扬邪教、迷信或者消极颓废的思想观念；

（八）宣扬或者肯定不良的家庭观、婚恋观、利益观；

（九）过分强调或者过度表现财富、家庭背景、社会地位；

（十）介绍或者展示自杀、自残和其他易被未成年人模仿的危险行为及游戏项目等；

（十一）表现吸毒、滥用麻醉药品、精神药品和其他违禁药物；

（十二）表现吸烟、售烟和酗酒；

（十三）表现违反社会公共道德、扰乱社会秩序等不良举止行为；

（十四）渲染帮会、黑社会组织的各类仪式；

（十五）宣传、介绍不利于未成年人身心健康的网络游戏；

（十六）法律、行政法规禁止的其他内容。

以科普、教育、警示为目的，制作、传播的节目中确有必要出现上述内容的，应当根据节目内容采取明显图像或者声音等方式予以提示，在显著位置设置明确提醒，并对相应画面、声音进行技术处理，避免过分展示。

第十条　不得制作、传播利用未成年人或者未成年人角色进行商业宣传的非广告类节目。

制作、传播未成年人参与的歌唱类选拔节目、真人秀节目、访谈脱口秀节目应当符合国务院广播电视主管部门的要求。

第十一条　广播电视播出机构、网络视听节目服务机构、节目制作机构应当根据不同年龄段未成年人身心发展状况，制作、传播相应的未成年人节目，并采取明显图像或者声音等方式予以提示。

第十二条　邀请未成年人参与节目制作，应当事先经其法定监护人同意。不得以恐吓、诱骗或者收买等方式迫使、引诱未成年人参与节目制作。

制作未成年人节目应当保障参与制作的未成年人人身和财产安全，以及充足的学习和休息时间。

第十三条　未成年人节目制作过程中，不得泄露或者质问、引诱未成年人泄露个人及其近亲属的隐私信息，不得要求未成年人表达超过其判断能力的观点。

对确需报道的未成年人违法犯罪案件，不得披露犯罪案件中未成年人当事人的姓名、住所、照片、图像等个人信息，以及可能推断出未成年人当事人身份的资料。对于不可避免含有上述内容的画面和声音，应当采取技术处理，达到不可识别的标准。

第十四条　邀请未成年人参与节目制作，其服饰、表演应当符合未成年人年龄特征和时代特点，不得诱导未成年人谈论名利、情爱等话题。

未成年人节目不得宣扬童星效应或者包装、炒作明星子女。

第十五条　未成年人节目应当严格控制设置竞赛排名，不得设置过高物质奖励，不得诱导未成年人现场拉票或者询问未成年人失败退出的感受。

情感故事类、矛盾调解类等节目应当尊重和保护未成年人情感，不得就家庭矛盾纠纷采访未成年人，不得要求未成年人参与节目录制和现场调解，避免未成年人亲眼目睹家庭矛盾冲突和情感纠纷。

未成年人节目不得以任何方式对未成年人进行品行、道德方面的测试，放大不良现象和非理性情绪。

第十六条　未成年人节目的主持人应当依法取得职业资格，言行妆容不得引起未成年人心理不适，并在节目中切实履行引导把控职责。

未成年人节目设置嘉宾，应当按照国务院广播电视主管部门的规定，将道德品行作为首要标准，严格遴选、加强培训，不得选用因丑闻劣迹、违法犯罪等行为造成不良社会影响的人员，并提高基层群众作为节目嘉宾的比重。

第十七条　国产原创未成年人节目应当积极体现中华文化元素，使用外国的人名、地名、服装、形象、背景等应当符合剧情需要。

未成年人节目中的用语用字应当符合有关通用语言文字的法律规定。

第十八条　未成年人节目前后播出广告或者播出过程中插播广告，应当遵守下列规定：

（一）未成年人专门频率、频道、专区、链接、页面不得播出医疗、药品、保健食品、医疗器械、化妆品、酒类、美容广告、不利于未成年人身心健康的网络游戏广告，以及其他不适宜未成年人观看的广告，其他未成年人节目前后不得播出上述广告；

（二）针对不满十四周岁的未成年人的商品或者服务的广告，不得含有劝诱其要求家长购买广告商品或者服务、可能引发其模仿不安全行为的内容；

（三）不得利用不满十周岁的未成年人作为广告代言人；

（四）未成年人广播电视节目每小时播放广告不得超过12分钟；

（五）未成年人网络视听节目播出或者暂停播出过程中，不得插播、展示广告，内容切换过程中的广告时长不得超过30秒。

第三章 传 播 规 范

第十九条 未成年人专门频率、频道应当通过自制、外购、节目交流等多种方式，提高制作、播出未成年人节目的能力，提升节目质量和频率、频道专业化水平，满足未成年人收听收看需求。

网络视听节目服务机构应当以显著方式在显著位置对所传播的未成年人节目建立专区，专门播放适宜未成年人收听收看的节目。

未成年人专门频率频道、网络专区不得播出未成年人不宜收听收看的节目。

第二十条 广播电视播出机构、网络视听节目服务机构对所播出的录播或者用户上传的未成年人节目，应当按照有关规定履行播前审查义务；对直播节目，应当采取直播延时、备用节目替换等必要的技术手段，确保所播出的未成年人节目中不得含有本规定第九条第一款禁止内容。

第二十一条 广播电视播出机构、网络视听节目服务机构应当建立未成年人保护专员制度，安排具有未成年人保护工作经验或者教育背景的人员专门负责未成年人节目、广告的播前审查，并对不适合未成年人收听收看的节目、广告提出调整播出时段或者暂缓播出的建议，暂缓播出的建议由有关节目审查部门组织专家论证后实施。

第二十二条　广播电视播出机构、网络视听节目服务机构在未成年人节目播出过程中，应当至少每隔30分钟在显著位置发送易于辨认的休息提示信息。

第二十三条　广播电视播出机构在法定节假日和学校寒暑假每日8：00至23：00，以及法定节假日和学校寒暑假之外时间每日15：00至22：00，播出的节目应当适宜所有人群收听收看。

未成年人专门频率频道全天播出未成年人节目的比例应当符合国务院广播电视主管部门的要求，在每日17：00-22：00之间应当播出国产动画片或者其他未成年人节目，不得播出影视剧以及引进节目，确需在这一时段播出优秀未成年人影视剧的，应当符合国务院广播电视主管部门的要求。

未成年人专门频率频道、网络专区每日播出或者可供点播的国产动画片和引进动画片的比例应当符合国务院广播电视主管部门的规定。

第二十四条　网络用户上传含有未成年人形象、信息的节目且未经未成年人法定监护人同意的，未成年人的法定监护人有权通知网络视听节目服务机构采取删除、屏蔽、断开链接等必要措施。网络视听节目服务机构接到通知并确认其身份后应当及时采取相关措施。

第二十五条　网络视听节目服务机构应当对网络用户上传的未成年人节目建立公众监督举报制度。在接到公众书面举报后经审查发现节目含有本规定第九条第一款禁止内容或者属于第十条第一款禁止节目类型的，网络视听节目服务机构应当及时采取删除、屏蔽、断开链接等必要措施。

第二十六条 广播电视播出机构、网络视听节目服务机构应当建立由未成年人保护专家、家长代表、教师代表等组成的未成年人节目评估委员会，定期对未成年人节目、广告进行播前、播中、播后评估。必要时，可以邀请未成年人参加评估。评估意见应当作为节目继续播出或者调整的重要依据，有关节目审查部门应当对是否采纳评估意见作出书面说明。

第二十七条 广播电视播出机构、网络视听节目服务机构应当建立未成年人节目社会评价制度，并以适当方式及时公布所评价节目的改进情况。

第二十八条 广播电视播出机构、网络视听节目服务机构应当就未成年人保护情况每年度向当地人民政府广播电视主管部门提交书面年度报告。

评估委员会工作情况、未成年人保护专员履职情况和社会评价情况应当作为年度报告的重要内容。

第四章　监　督　管　理

第二十九条 广播电视主管部门应当建立健全未成年人节目监听监看制度，运用日常监听监看、专项检查、实地抽查等方式，加强对未成年人节目的监督管理。

第三十条 广播电视主管部门应当设立未成年人节目违法行为举报制度，公布举报电话、邮箱等联系方式。

任何单位或者个人有权举报违反本规定的未成年人节目。广播电视主管部门接到举报，应当记录并及时依法调查、处理；对不属于本部门职责范围的，应当及时移送有关部门。

第三十一条 全国性广播电视、网络视听行业组织应当依据本规定，制定未成年人节目内容审核具体行业标准，加强从业人员培训，并就培训情况向国务院广播电视主管部门提交书面年度报告。

第五章 法律责任

第三十二条 违反本规定，制作、传播含有本规定第九条第一款禁止内容的未成年人节目的，或者在以科普、教育、警示为目的制作的节目中，包含本规定第九条第一款禁止内容但未设置明确提醒、进行技术处理的，或者制作、传播本规定第十条禁止的未成年人节目类型的，依照《广播电视管理条例》第四十九条的规定予以处罚。

第三十三条 违反本规定，播放、播出广告的时间超过规定或者播出国产动画片和引进动画片的比例不符合国务院广播电视主管部门规定的，依照《广播电视管理条例》第五十条的规定予以处罚。

第三十四条 违反本规定第十一条至第十七条、第十九条至第二十二条、第二十三条第一款和第二款、第二十四条至第二十八条的规定，由县级以上人民政府广播电视主管部门责令限期改正，给予警告，可以并处三万元以下的罚款。

违反第十八条第一项至第三项的规定，由有关部门依法予以处罚。

第三十五条 广播电视节目制作经营机构、广播电视播出机构、网络视听节目服务机构违反本规定，其主管部门或者有权处理单位，应当依法对负有责任的主管人员或者直接责任人员给予处分、处理；造成严重社会影响的，广播电视主管部门可以向被处罚单位的主管部门或者有权处理单位通报情况，提出对负有责任的主管人员或者直接责任人员的处分、处理建议，并可函询后续处分、处理结果。

第三十六条 广播电视主管部门工作人员滥用职权、玩忽职守、徇私舞弊或者未依照本规定履行职责的，对负有责任的主管人员和直接责任人员依法给予处分。

第六章 附 则

第三十七条 本规定所称网络视听节目服务机构，是指互联网视听节目服务机构和专网及定向传播视听节目服务机构。

本规定所称学校寒暑假是指广播电视播出机构所在地、网络视听节目服务机构注册地教育行政部门规定的时间段。

第三十八条 未构成本规定所称未成年人节目，但节目中含有未成年人形象、信息等内容，有关内容规范和法律责任参照本规定执行。

第三十九条 本规定自 2019 年 4 月 30 日起施行。

文化和旅游部办公厅关于加强网络文化市场未成年人保护工作的意见

- 2021 年 11 月 29 日公布施行
- 办市场发〔2021〕211 号

各省、自治区、直辖市文化和旅游厅（局），新疆生产建设兵团文化体育广电和旅游局：

近年来，网络表演、网络音乐、网络动漫、网络演出剧（节）目、网络艺术品等网络文化市场快速发展，创造了良好的社会效益和经济效益，丰富了群众文化生活，拉动了数字经济发展。同时，在发展过程中，部分网络文化平台存在"儿童邪典"内容、利用"网红儿童"牟利等不良现象和问题，对未成年人价值观产生错误影响，严重妨害未成年人健康成长。为贯彻落实《中华人民共和国未成年人保护法》，深入推进文娱领域综合治理，加强未成年人网络保护，保障未成年人在网络空间的合法权益，特制定如下工作意见。

一、强化思想政治引领

1. 加强思想政治教育。建立健全网络文化市场从业人员培训培养机制，统筹线上线下教育资源，改进课程设置、优化教学内容，强化党史、新中国史、改革开放史、社会主义发展史学习，引导从业人员自觉践行社会主义核心价值观，牢固树立未成年人保护理念，主动提升网络文化产品社会效益，着力护航未成年人健康成长。

2. 加强法治观念教育。落实"谁执法、谁普法"普法责任制要求，在网络文化市场行业管理、执法的过程中开展未成年人保护法治宣传，以案说法、以案释法，用管理实践、执法案例强化教育警示效果，切实增强网络文化市场主体遵规守法、合法经营的意识。

3. 加强网络素养教育。指导网络文化市场主体加强未成年人及家长网络素养宣传教育，增强未成年人科学、文明、安全、合理使用网络的意识和能力。监督网络文化产品和服务提供者履行预防未成年人沉迷网络的义务，指导相关企业、行业组织互相配合，采取科学、合理的方式对未成年人沉迷网络进行预防和干预。

二、压实市场主体责任

4. 切实强化用户识别。督促网络文化市场主体提高识别未实名认证未成年人用户账号能力，通过用户观看内容分析、行为特征研判等方法，强化对未成年用户的识别、引导和管理。要求网络文化服务提供者不得为未满十六周岁的未成年人提供网络直播发布者账号注册服务，对年满十六周岁的未成年人提供注册服务应当依法认证身份信息并征得监护人同意。

5. 严格保护个人信息。指导网络文化市场主体建立健全未成年人个人信息保护机制，提高信息保护制度化、规范化、法治化水平。通过网络处理未成年人个人信息，应当遵循合法、正当、必要和诚信原则，有效落实《中华人民共和国未成年人保护法》《中华人民共和国个人信息保护法》关于处理、更正、删除未成年人信息的要求。接到遭受网络欺凌的未成年人及其父母或者其他监护人的通知后，应当及时采取必要的措施制止网络欺凌行为，防止信息扩散。

6. 坚决阻断有害内容。督促网络文化市场主体加强网络内容建设，探索建立未成年人不适宜接触内容的审核判断标准，持续提升违法违规内容模型识别能力，提高人工审核专业性和有效性，及时有力屏蔽、清理涉邪典、色情、非法传教、危险行为、不良价值观等有害内容。禁止直播间通过展示低俗图片、"福利"、"资料"等暗示性信息和电话号码、微信号、二维码等私密联系方式诱导未成年前往获取有害内容。

7. 严禁借"网红儿童"牟利。严管严控未成年人参与网络表演，对出现未成年人单独出镜或者由成年人携带出镜超过一定时长且经核定为借助未成年人积累人气、谋取利益的直播间或者短视频账号，或者利用儿童模特摆出不雅姿势、做性暗示动作等吸引流量、带货牟利的账号依法予以严肃处理。

8. 有效规范"金钱打赏"。网络文化市场主体不得以打赏排名、虚假宣传等方式炒作网络表演者收入，不得以虚假消费、带头打赏等方式诱导未成年人用户消费。引导网络文化市场主体依法对未成年人充值打赏权限进行规范，推动建立并优化未成年人借助成年人账号充值打赏的识别认定机制，加大电子证据综合分析采集力度，实现快处快赔。

9. 持续优化功能设置。指导网络文化市场主体依法建立"未成年人保护模式"，针对未成年人使用其服务设置密码锁、时间锁、消费限制、行为追踪以及卸载重装继承（防绕开）等保护机制，及时防堵盗用、冒用、借用账号等漏洞。开发利用"监护人独立授权"等功能，更好地支持家长和平台共同管理和保障未成年人健康上网。

三、加大行业监管力度

10. 着力规范行政审批。落实"放管服"改革要求，落实新修订的《经营性互联网文化单位审批业务手册》，进一步规范网络文化单位经营许可审批，加强进口互联网文化产品内容审查。落实《营业性演出管理条例》《网络表演经纪机构管理办法》，规范演出经纪机构行政审批，进一步明确演出经纪机构在经纪行为、演出内容安排、粉丝引导等方面的工作职责，提高经纪人员业务能力和经纪服务质量。

11. 研究完善监管制度。加强网络文化市场调查研究，发挥专家学者"外脑"作用，密切关注市场和技术发展变化，及时跟踪研判相关产品和服务内容，监测行业动向和发展趋势，开展网络文化市场未成年人保护工作前瞻性研究，制定可能影响未成年人身心健康的信息的辨识要素、标准和尺度，提高有害内容识别有效性，完善相关监管要求。

12. 切实畅通举报渠道。充分发挥全国文化市场举报平台作用，加强网络文化市场举报受理。指导网络文化市场主体严格落实实名认证，增加"包含不适内容"的快捷举报反馈按钮，进一步增强违法违规内容的可追责性。鼓励网络文化企业设置外部举报奖励机制，开通未成年人保护相关的专项举报入口。

13. 持续强化巡查执法。强化网络文化市场事前事中监管，加强对网络文化企业内容审核的指导和监督，持续开展网络巡查和随机抽查。强化网络文化市场执法，落实《关于在文化市场执法领域加强〈中华人民共和国未成年人保护法〉贯彻实施工作的通知》，及时查办案件，公开宣传典型案例，提高执法透明度和公信力。不定期开展网络文化市场涉未成年人不良信息清理整治专项行动，对举报较多的网络文化经营单位，要加强检查、重点监管、从严查处。

14. 加大信用监管力度。持续开展《文化和旅游市场信用管理规定》内容解读和宣贯。依法依规将符合条件的网络文化市场主体及从业人员认定为文化市场失信主体，并实施信用管理。将失信信息作为相关行政管理、公共服务等的参考依据。

四、优化网络内容建设

15. 增强正向价值引导。发挥榜样力量，加强正面典型宣传，在坚决处置炫富拜金、奢靡享乐、卖惨"审丑"等不良内容的基础上，积极组织策划系列正能量传播项目，制作推广一批宣传功勋人物、尊崇英雄模范的优秀作品，鼓励平台企业对积极弘扬正能量的网络主播、从业人员给予更多机会和流量，引导未成年人树立正确价值观。

16. 丰富优质内容供给。持续加大"未成年人模式"下内容池的优质内容供给，搭建适龄化、多样化的内容体系，探索与高校、科研机构、文博机构、艺术机构等合作打造适合未成年人年龄阶段、满足未成年人成长需求的优质内容，充实未成年人的精神生活。多措并举鼓励和引导未成年人用户消费有信息价值、探索价值的网络文化内容。

五、指导加强行业自律

17. 积极开展道德评议。积极发挥行业协会作用，制定网络文化市场从业人员自律管理办法，加强行业职业道德委员会建设，明确工作程序、积极开展道德评议，及时对违法失德人员及纵容违法失德行为的行业企业、从业人员进行行业联合抵制。

18. 规范网络主播管理。指导有关行业协会依据《网络主播警示和复出管理规范》建立跨平台联动处置机制，对发布含有严重违法违规、违背公序良俗且社会影响恶劣音视频内容的网络主播采取警示措施，从源头切断"问题主播"传播有害信息路径。

第三章 广告宣传

中华人民共和国广告法（节录）

·1994 年 10 月 27 日第八届全国人民代表大会常务委员会第十次会议通过

·2015 年 4 月 24 日第十二届全国人民代表大会常务委员会第十四次会议修订

·根据 2018 年 10 月 26 日第十三届全国人民代表大会常务委员会第六次会议《关于修改〈中华人民共和国野生动物保护法〉等十五部法律的决定》第一次修正

·根据 2021 年 4 月 29 日第十三届全国人民代表大会常务委员会第二十八次会议《关于修改〈中华人民共和国道路交通安全法〉等八部法律的决定》第二次修正

第一章 总　　则

第一条　为了规范广告活动，保护消费者的合法权益，促进广告业的健康发展，维护社会经济秩序，制定本法。

第二条　在中华人民共和国境内，商品经营者或者服务提供者通过一定媒介和形式直接或者间接地介绍自己所推销的商品或者服务的商业广告活动，适用本法。

本法所称广告主，是指为推销商品或者服务，自行或者委托他人设计、制作、发布广告的自然人、法人或者其他组织。

本法所称广告经营者，是指接受委托提供广告设计、制作、代理服务的自然人、法人或者其他组织。

本法所称广告发布者，是指为广告主或者广告主委托的广告经营者发布广告的自然人、法人或者其他组织。

本法所称广告代言人，是指广告主以外的，在广告中以自己的名义或者形象对商品、服务作推荐、证明的自然人、法人或者其他组织。

第三条　广告应当真实、合法，以健康的表现形式表达广告内容，符合社会主义精神文明建设和弘扬中华民族优秀传统文化的要求。

第四条　广告不得含有虚假或者引人误解的内容，不得欺骗、误导消费者。

广告主应当对广告内容的真实性负责。

第五条　广告主、广告经营者、广告发布者从事广告活动，应当遵守法律、法规，诚实信用，公平竞争。

第六条　国务院市场监督管理部门主管全国的广告监督管理工作，国务院有关部门在各自的职责范围内负责广告管理相关工作。

县级以上地方市场监督管理部门主管本行政区域的广告监督管理工作，县级以上地方人民政府有关部门在各自的职责范围内负责广告管理相关工作。

第七条　广告行业组织依照法律、法规和章程的规定，制定行业规范，加强行业自律，促进行业发展，引导会员依法从事广告活动，推动广告行业诚信建设。

第二章　广告内容准则

第八条　广告中对商品的性能、功能、产地、用途、质量、成分、价格、生产者、有效期限、允诺等或者对服务的内容、提供者、形式、质量、价格、允诺等有表示的，应当准确、清楚、明白。

广告中表明推销的商品或者服务附带赠送的，应当明示所附带赠送商品或者服务的品种、规格、数量、期限和方式。

法律、行政法规规定广告中应当明示的内容，应当显著、清晰表示。

第九条　广告不得有下列情形：

（一）使用或者变相使用中华人民共和国的国旗、国歌、国徽，军旗、军歌、军徽；

（二）使用或者变相使用国家机关、国家机关工作人员的名义或者形象；

（三）使用"国家级"、"最高级"、"最佳"等用语；

（四）损害国家的尊严或者利益，泄露国家秘密；

（五）妨碍社会安定，损害社会公共利益；

（六）危害人身、财产安全，泄露个人隐私；

（七）妨碍社会公共秩序或者违背社会良好风尚；

（八）含有淫秽、色情、赌博、迷信、恐怖、暴力的内容；

（九）含有民族、种族、宗教、性别歧视的内容；

（十）妨碍环境、自然资源或者文化遗产保护；

（十一）法律、行政法规规定禁止的其他情形。

第十条　广告不得损害未成年人和残疾人的身心健康。

第十一条　广告内容涉及的事项需要取得行政许可的，应当与许可的内容相符合。

广告使用数据、统计资料、调查结果、文摘、引用语等引证内容的，应当真实、准确，并表明出处。引证内容有适用范围和有效期限的，应当明确表示。

第十二条　广告中涉及专利产品或者专利方法的，应当标明专利号和专利种类。

未取得专利权的，不得在广告中谎称取得专利权。

禁止使用未授予专利权的专利申请和已经终止、撤销、无效的专利作广告。

第十三条　广告不得贬低其他生产经营者的商品或者服务。

第十四条　广告应当具有可识别性，能够使消费者辨明其为广告。

大众传播媒介不得以新闻报道形式变相发布广告。通过大众传播媒介发布的广告应当显著标明"广告"，与其他非广告信息相区别，不得使消费者产生误解。

广播电台、电视台发布广告，应当遵守国务院有关部门关于时长、方式的规定，并应当对广告时长作出明显提示。

第十五条　麻醉药品、精神药品、医疗用毒性药品、放射性药品等特殊药品，药品类易制毒化学品，以及戒毒治疗的药品、医疗器械和治疗方法，不得作广告。

前款规定以外的处方药，只能在国务院卫生行政部门和国务院药品监督管理部门共同指定的医学、药学专业刊物上作广告。

第十六条　医疗、药品、医疗器械广告不得含有下列内容：

（一）表示功效、安全性的断言或者保证；

（二）说明治愈率或者有效率；

（三）与其他药品、医疗器械的功效和安全性或者其他医疗机构比较；

（四）利用广告代言人作推荐、证明；

（五）法律、行政法规规定禁止的其他内容。

药品广告的内容不得与国务院药品监督管理部门批准的说明书不一致，并应当显著标明禁忌、不良反应。处方药广告应当显著标明"本广告仅供医学药学专业人士阅读"，非处方药广告应当显著标明"请按药品说明书或者在药师指导下购买和使用"。

推荐给个人自用的医疗器械的广告，应当显著标明"请仔细阅读产品说明书或者在医务人员的指导下购买和使用"。医疗器械产品注册证明文件中有禁忌内容、注意事项的，广告中应当显著标明"禁忌内容或者注意事项详见说明书"。

第十七条　除医疗、药品、医疗器械广告外，禁止其他任何广告涉及疾病治疗功能，并不得使用医疗用语或者易使推销的商品与药品、医疗器械相混淆的用语。

第十八条　保健食品广告不得含有下列内容：

（一）表示功效、安全性的断言或者保证；

（二）涉及疾病预防、治疗功能；

（三）声称或者暗示广告商品为保障健康所必需；

（四）与药品、其他保健食品进行比较；

（五）利用广告代言人作推荐、证明；

（六）法律、行政法规规定禁止的其他内容。

保健食品广告应当显著标明"本品不能代替药物"。

第十九条　广播电台、电视台、报刊音像出版单位、互联网信息服务提供者不得以介绍健康、养生知识等形式变相发布医疗、药品、医疗器械、保健食品广告。

第二十条　禁止在大众传播媒介或者公共场所发布声称全部或者部分替代母乳的婴儿乳制品、饮料和其他食品广告。

第二十一条　农药、兽药、饲料和饲料添加剂广告不得含有下列内容：

（一）表示功效、安全性的断言或者保证；

（二）利用科研单位、学术机构、技术推广机构、行业协会或者专业人士、用户的名义或者形象作推荐、证明；

（三）说明有效率；

（四）违反安全使用规程的文字、语言或者画面；

（五）法律、行政法规规定禁止的其他内容。

第二十二条　禁止在大众传播媒介或者公共场所、公共交通工具、户外发布烟草广告。禁止向未成年人发送任何形式的烟草广告。

禁止利用其他商品或者服务的广告、公益广告，宣传烟草制品名称、商标、包装、装潢以及类似内容。

烟草制品生产者或者销售者发布的迁址、更名、招聘等启事中，不得含有烟草制品名称、商标、包装、装潢以及类似内容。

第二十三条　酒类广告不得含有下列内容：

（一）诱导、怂恿饮酒或者宣传无节制饮酒；

（二）出现饮酒的动作；

（三）表现驾驶车、船、飞机等活动；

（四）明示或者暗示饮酒有消除紧张和焦虑、增加体力等功效。

第二十四条　教育、培训广告不得含有下列内容：

（一）对升学、通过考试、获得学位学历或者合格证书，或者对教育、培训的效果作出明示或者暗示的保证性承诺；

（二）明示或者暗示有相关考试机构或者其工作人员、考试命题人员参与教育、培训；

（三）利用科研单位、学术机构、教育机构、行业协会、专业人士、受益者的名义或者形象作推荐、证明。

第二十五条　招商等有投资回报预期的商品或者服务广告，应当对可能存在的风险以及风险责任承担有合理提示或者警示，并不得含有下列内容：

（一）对未来效果、收益或者与其相关的情况作出保证性承诺，明示或者暗示保本、无风险或者保收益等，国家另有规定的除外；

（二）利用学术机构、行业协会、专业人士、受益者的名义或者形象作推荐、证明。

第二十六条　房地产广告，房源信息应当真实，面积应当表明为建筑面积或者套内建筑面积，并不得含有下列内容：

（一）升值或者投资回报的承诺；

（二）以项目到达某一具体参照物的所需时间表示项目位置；

（三）违反国家有关价格管理的规定；

（四）对规划或者建设中的交通、商业、文化教育设施以及其他市政条件作误导宣传。

第二十七条　农作物种子、林木种子、草种子、种畜禽、水产苗种和种养殖广告关于品种名称、生产性能、生长量或者产量、品质、抗性、特殊使用价值、经济价值、适宜种植或者养殖的范围和条件等方面的表述应当真实、清楚、明白，并不得含有下列内容：

（一）作科学上无法验证的断言；

（二）表示功效的断言或者保证；

（三）对经济效益进行分析、预测或者作保证性承诺；

（四）利用科研单位、学术机构、技术推广机构、行业协会或者专业人士、用户的名义或者形象作推荐、证明。

第二十八条　广告以虚假或者引人误解的内容欺骗、误导消费者的，构成虚假广告。

广告有下列情形之一的，为虚假广告：

（一）商品或者服务不存在的；

（二）商品的性能、功能、产地、用途、质量、规格、成分、价格、生产者、有效期限、销售状况、曾获荣誉等信息，或者服务的内容、提供者、形式、质量、价格、销售状况、曾获荣誉等信息，以及与商品或者服务有关的允诺等信息与实际情况不符，对购买行为有实质性影响的；

（三）使用虚构、伪造或者无法验证的科研成果、统计资料、调查结果、文摘、引用语等信息作证明材料的；

（四）虚构使用商品或者接受服务的效果的；

（五）以虚假或者引人误解的内容欺骗、误导消费者的其他情形。

第三章　广告行为规范

第二十九条　广播电台、电视台、报刊出版单位从事广告发布业务的，应当设有专门从事广告业务的机构，配备必要的人员，具有与发布广告相适应的场所、设备。

……

第三十三条　广告主或者广告经营者在广告中使用他人名义或者形象的，应当事先取得其书面同意；使用无民事行为能力人、限制民事行为能力人的名义或者形象的，应当事先取得其监护人的书面同意。

……

第三十八条　广告代言人在广告中对商品、服务作推荐、证明，应当依据事实，符合本法和有关法律、行政法规规定，并不得为其未使用过的商品或者未接受过的服务作推荐、证明。

不得利用不满十周岁的未成年人作为广告代言人。

对在虚假广告中作推荐、证明受到行政处罚未满三年的自然人、法人或者其他组织，不得利用其作为广告代言人。

第三十九条　不得在中小学校、幼儿园内开展广告活动，不得利用中小学生和幼儿的教材、教辅材料、练习册、文具、教具、校服、校车等发布或者变相发布广告，但公益广告除外。

第四十条　在针对未成年人的大众传播媒介上不得发布医疗、药品、保健食品、医疗器械、化妆品、酒类、美容广告，以及不利于未成年人身心健康的网络游戏广告。

针对不满十四周岁的未成年人的商品或者服务的广告不得含有下列内容：

（一）劝诱其要求家长购买广告商品或者服务；

（二）可能引发其模仿不安全行为。

……

第五十六条　违反本法规定，发布虚假广告，欺骗、误导消费者，使购买商品或者接受服务的消费者的合法权益受到损害的，由广告主依法承担民事责任。广告经营者、广告发布者不能提供广告主的真实名称、地址和有效联系方式的，消费者可以要求广告经营者、广告发布者先行赔偿。

关系消费者生命健康的商品或者服务的虚假广告，造成消费者损害的，其广告经营者、广告发布者、广告代言人应当与广告主承担连带责任。

前款规定以外的商品或者服务的虚假广告，造成消费者损害的，其广告经营者、广告发布者、广告代言人，明知或者应知广告虚假仍设计、制作、代理、发布或者作推荐、证明的，应当与广告主承担连带责任。

……

第五十八条　有下列行为之一的，由市场监督管理部门责令停止发布广告，责令广告主在相应范围内消除影响，处广告费用一倍以上三倍以下的罚款，广告费用无法计算或者明显偏低的，处十万元以上二十万元以下的罚款；情节严重的，处广告费用三倍以上五倍以下的罚款，广告费用无法计算或者明显偏低的，处二十万元以上一百万元以下的罚款，可以吊销营业执照，并由广告审查机关撤销广告审查批准文件、一年内不受理其广告审查申请：

（一）违反本法第十六条规定发布医疗、药品、医疗器械广告的；

（二）违反本法第十七条规定，在广告中涉及疾病治疗功能，以及使用医疗用语或者易使推销的商品与药品、医疗器械相混淆的用语的；

（三）违反本法第十八条规定发布保健食品广告的；

（四）违反本法第二十一条规定发布农药、兽药、饲料和饲料添加剂广告的；

（五）违反本法第二十三条规定发布酒类广告的；

（六）违反本法第二十四条规定发布教育、培训广告的；

（七）违反本法第二十五条规定发布招商等有投资回报预期的商品或者服务广告的；

（八）违反本法第二十六条规定发布房地产广告的；

（九）违反本法第二十七条规定发布农作物种子、林木种子、草种子、种畜禽、水产苗种和种养殖广告的；

（十）违反本法第三十八条第二款规定，利用不满十周岁的未成年人作为广告代言人的；

（十一）违反本法第三十八条第三款规定，利用自然人、法人或者其他组织作为广告代言人的；

（十二）违反本法第三十九条规定，在中小学校、幼儿园内或

者利用与中小学生、幼儿有关的物品发布广告的;

（十三）违反本法第四十条第二款规定，发布针对不满十四周岁的未成年人的商品或者服务的广告的;

（十四）违反本法第四十六条规定，未经审查发布广告的。

医疗机构有前款规定违法行为，情节严重的，除由市场监督管理部门依照本法处罚外，卫生行政部门可以吊销诊疗科目或者吊销医疗机构执业许可证。

广告经营者、广告发布者明知或者应知有本条第一款规定违法行为仍设计、制作、代理、发布的，由市场监督管理部门没收广告费用，并处广告费用一倍以上三倍以下的罚款，广告费用无法计算或者明显偏低的，处十万元以上二十万元以下的罚款；情节严重的，处广告费用三倍以上五倍以下的罚款，广告费用无法计算或者明显偏低的，处二十万元以上一百万元以下的罚款，并可以由有关部门暂停广告发布业务、吊销营业执照。

……

第六十一条　广告代言人有下列情形之一的，由市场监督管理部门没收违法所得，并处违法所得一倍以上二倍以下的罚款：

（一）违反本法第十六条第一款第四项规定，在医疗、药品、医疗器械广告中作推荐、证明的;

（二）违反本法第十八条第一款第五项规定，在保健食品广告中作推荐、证明的;

（三）违反本法第三十八条第一款规定，为其未使用过的商品或者未接受过的服务作推荐、证明的;

（四）明知或者应知广告虚假仍在广告中对商品、服务作推荐、证明的。

市场监管总局、中央网信办、文化和旅游部、广电总局、银保监会、证监会、国家电影局关于进一步规范明星广告代言活动的指导意见

· 2022 年 10 月 31 日公布

各省、自治区、直辖市和新疆生产建设兵团市场监管局（厅、委）、网信办、文化和旅游厅（局）、广播电视局（文化体育广电和旅游局）、银保监局、证监局、电影主管部门：

近年来，部分知名艺人、娱乐明星、网络红人等（以下统称明星）违法代言、虚假代言甚至在代言活动中宣扬错误观念；部分企业信奉流量至上，选用违法失德明星为产品代言；个别媒体把关不严，放任违法失德明星参与广告代言活动。这些广告代言领域乱象严重侵害消费者权益、扰乱市场秩序、污染社会风气，人民群众反映强烈。为坚持正确广告宣传导向、廓清行业风气、营造良好社会环境、维护广告市场秩序、保障消费者合法权益，根据《中华人民共和国广告法》等法律法规，现就进一步规范明星广告代言活动提出如下意见。

一、总体要求

以习近平新时代中国特色社会主义思想为指导，坚持以社会主义核心价值观为引领，坚持问题导向、标本兼治、依法依规、积极稳妥，强化行业管理、加强监督检查、严格信用监管、倡导社会共

治、做好宣传引导，切实清理明星广告代言全链条各环节乱象，规范明星、企业、媒体各方行为，有力维护市场秩序，营造广告领域清朗风气。

二、规范明星广告代言行为

各相关部门要进一步明确明星广告代言行为规则，加强广告导向监管，强化明星自我约束，规范明星广告代言行为。

（一）坚持正确导向。明星在广告代言活动中应当自觉践行社会主义核心价值观，代言活动应当符合社会公德和传统美德。不得发布有损国家尊严或者利益的言论；不得实施妨碍社会安定和社会公共秩序的言行；不得宣扬淫秽、色情、赌博、迷信、恐怖、暴力等内容；不得宣扬民族、种族、宗教及性别歧视；不得炒作隐私；不得宣扬奢靡浪费、拜金主义、娱乐至上等错误观念和畸形审美；不得以饰演的党和国家领导人、革命领袖、英雄模范等形象或近似形象进行广告代言（以饰演的其他影视剧角色形象进行广告代言的，应当取得影视剧版权方授权许可）；不得宣扬其他违背社会良好风尚的言论和观念。

（二）做好事前把关。明星在为商品或者服务（以下统称商品）开展广告代言活动前，应当对被代言企业和代言商品进行充分了解，查阅被代言企业登记注册信息、相关资质审批情况、企业信用记录、代言商品的商品说明书（服务流程）以及涉及消费者权利义务的合同条款和交易条件等信息，审看相关广告脚本。明星应当妥善记录对被代言企业信息了解情况、对商品体验和使用情况，保管相关广告代言合同以及代言商品消费票据等资料，建立承接广告代言档案。

（三）依法诚信代言。明星应当严格遵守相关法律法规规定，做到依法、依规、诚信开展广告代言活动。不得为法律禁止生产、销售的产品（含禁止提供的服务）进行广告代言；不得为未使用过的商品（未接受过的服务）作推荐、证明；不得为无证经营的市场主体或者其他应取得审批资质但未经审批的企业进行广告代言；不得为烟草及烟草制品（含电子烟）、校外培训、医疗、药品、医疗器械、保健食品和特殊医学用途配方食品进行广告代言；不得违反其他法律法规对广告宣传的有关规定。广告代言过程中，不得泄露国家秘密或者个人隐私；不得夸大商品功效；不得引用无从考证的数据；不得对其他经营者进行商业诋毁；不得对产品的价格、优惠条件等作引人误解的宣传；不得对资产管理产品直接或者变相宣传、承诺保本保收益或者以预测投资业绩等方式暗示保本、无风险、保收益等；不得对借贷类金融产品一味宣传低门槛、低利率、轻松贷，引发消费者误解。

三、规范企业选用明星开展广告活动

各相关部门要加强对企业的监督管理，压实企业主体责任，规范企业广告代言活动。

（一）确保广告内容真实。企业选用明星进行广告代言，应当向明星提供相关广告脚本并对广告内容的真实性、合法性负责。金融产品广告，应当主动、充分披露产品信息和揭示风险，严格遵守金融行业管理部门有关金融产品营销的规定。相关商品关系消费者生命健康安全的，企业要主动向拟选用的广告代言人提示代言风险。企业提供给代言明星体验、使用的商品，在质量、价格、交易条件和服务品质等方面应当与提供给消费者的保持一致。

（二）妥善选用明星代言。企业选用代言明星前，应当对明星从业情况、个人信用等进行充分了解，注重经济效益和社会效益的统一，自觉抵制选用违法失德明星作为广告代言人。严格遵守广告法律法规规定，不得选用因代言虚假广告被行政处罚未满三年的明星作为广告代言人。

（三）严格遵守禁止性规定。企业不得选用不满十周岁的未成年人作为广告代言人,未成年人保护法律法规及直播营销管理相关规定对广告代言人年龄限制另有规定的,从其规定。从事医疗、药品、医疗器械、保健食品等行业的企业不得利用广告代言人进行广告宣传。不得发布面向中小学(含幼儿园)校外培训广告,从事其他教育、培训行业的企业不得利用专业人士或者受益人开展广告代言活动。从事农药、兽药、饲料、饲料添加剂、农作物种子、林木种子、草种子、种畜禽、水产苗种和种养殖行业的企业不得利用专业人士从事广告代言活动。

四、严格明星代言广告发布管理

各相关部门要加强对广告发布单位的监督管理,督促广告发布单位加强广告审查和内容管理,坚决遏制违法失德明星广告代言行为。

(一)严格内部审核。报纸、期刊、广播、电视、电影、互联网等广告发布载体运营单位要依法妥善制作和保管广告发布档案,建立健全广告发布内部审核制度,加大对明星代言广告内容审核力度,坚决纠正违反正确导向、借敏感话题炒作、庸俗低俗媚俗等不良广告信息,及时停止发布违法失德明星代言的广告。

(二)加强节(栏)目和直播管理。各类媒体单位要严格落实节(栏)目管理制度,依法依规加强直播管理,严禁违法失德明星通过参加访谈、综艺节目、直播等方式变相开展广告代言活动。

五、精准执法、严格监管

(一)准确认定明星广告代言行为。除明星作为广告主为自己生产或者销售的商品进行广告推介外,明星在商业广告中通过形象展示、语言、文字、动作等对商品或者服务进行推荐或者证明,应当依法认定为广告代言行为。广播广告虽不出现明星形象,但表明明星姓名并以明星名义推介商品的,应当认定明星进行了广告代言。明星以扮演的影视剧角色在广告中对商品进行推介的,应当认定明星本人进行了广告代言。明星为推荐、证明商品,在参加娱乐节目、访谈节目、网络直播过程中对商品进行介绍，构成广告代言行为。企业冒用明星名义或者盗用明星形象进行广告宣传的，不属于广告代言行为。

（二）准确认定选用违法失德明星广告代言情形。企业明知、应知明星发表过错误政治言论或者其他违背社会主义核心价值观言论造成恶劣社会影响，仍选用明星进行广告代言的，应当根据事实情节，认定相关广告妨碍社会安定、妨碍社会公共秩序。企业明知、应知明星存在吸毒、赌博、酒驾、强制猥亵、偷漏税、诈骗、证券内幕交易等违法犯罪行为造成恶劣社会影响，仍选用明星进行广告代言的，应当根据事实情节，认定相关广告违背社会良好风尚。

（三）准确把握广告代言人对被代言商品的使用义务。明星本人应当充分使用代言商品，保证在使用时间或者数量上足以产生日常消费体验；象征性购买或者使用代言商品不应认定为广告代言人已经依法履行使用商品的义务。明星为婴幼儿专用或者异性用商品代言的，应当由明星近亲属充分、合理使用该商品。明星在广告代言期内，应当以合理的频率、频次持续使用代言商品。对于电子产品、汽车等技术迭代速度较快的商品，明星仅使用某品牌的某一代次商品，不得为该品牌其他代次商品代言。明星以品牌"体验官""推荐官""形象大使"等名义为企业或者品牌整体形象进行广告代言的，广告中应当标明或者说明明星使用的该企业或者品牌的商品名称。

（四）依法追究广告代言违法行为各方主体责任。相关部门要加强广告代言活动全链条监管，严厉查处明星代言的虚假违法广告，依法追究广告主、广告经营者、广告发布者、广告代言人以及相关互联网信息服务提供者的法律责任。对于明星虚假、违法代言的，要坚决依法处罚到明星本人，不得以处罚明星经纪公司替代对明星的处罚。明星经纪公司参与广告代言活动的，作为广告经营者承担法律责任。对于明星虚假、违法代言情节恶劣的，要加强公开曝光，依法依规列入个人诚信记录，加强失信联合惩戒。明星虚假、违法代言后，及时、主动向消费者承担民事赔偿责任的，可以依法从轻、减轻处罚。

六、强化组织领导

（一）提高政治站位。相关部门要进一步提高政治判断力、政治领悟力、政治执行力，从贯彻以人民为中心发展理念和推进精神文明建设的高度，切实加大对明星广告代言行为的规范力度，做到守土有责、守土负责、守土尽责，推动明星广告代言乱象得到根本治理，维护社会良好风尚，增强人民群众的获得感。

（二）加强部门配合。要充分发挥整治虚假违法广告联席会议功能，加大联合约谈、联合执法、联合曝光、联合惩戒工作力度，发挥协同监管作用，提升监管效能。要充分依托文娱领域综合治理工作机制，强化教育引导、行业管理、事中事后监管、明星自我约束协同发力，建立多领域、跨部门协同合作工作格局。要加强与公安、税务等部门的沟通协作，在明星广告代言监管工作中发现涉及偷漏税或者其他违法犯罪行为的，及时移送有关部门处理。

（三）强化多方共治。相关部门要强化对明星等相关群体的教育、引导和管理，加大对艺术团体、网络表演经纪机构的指导力度，支持艺术团体、网络表演经纪机构加强对本单位所属明星从事广告代言活动的管理，探索对明星广告代言合同、相关广告脚本进行备案管理。加强对金融机构和金融营销活动的监管，引导和规范金融机构选用明星开展广告代言的有关行为。支持有关群团组织、行业协会发挥教育、引导、自律作用，鼓励有关行业道德委员会依法依规对明星广告代言等活动开展道德评议、评价活动，发挥道德约束惩戒功能。督促明星、企业、媒体开展自查整改，切实承担维护广告市场秩序主体责任。

中华人民共和国英雄烈士保护法（节录）

- 2018年4月27日第十三届全国人民代表大会常务委员会第二次会议通过
- 2018年4月27日中华人民共和国主席令第5号公布
- 自2018年5月1日起施行

第二条　国家和人民永远尊崇、铭记英雄烈士为国家、人民和民族作出的牺牲和贡献。

近代以来，为了争取民族独立和人民解放，实现国家富强和人民幸福，促进世界和平和人类进步而毕生奋斗、英勇献身的英雄烈士，功勋彪炳史册，精神永垂不朽。

第三条　英雄烈士事迹和精神是中华民族的共同历史记忆和社会主义核心价值观的重要体现。

国家保护英雄烈士，对英雄烈士予以褒扬、纪念，加强对英雄烈士事迹和精神的宣传、教育，维护英雄烈士尊严和合法权益。

全社会都应当崇尚、学习、捍卫英雄烈士。

……

第二十二条　禁止歪曲、丑化、亵渎、否定英雄烈士事迹和精神。

英雄烈士的姓名、肖像、名誉、荣誉受法律保护。任何组织和个人不得在公共场所、互联网或者利用广播电视、电影、出版物等，以侮辱、诽谤或者其他方式侵害英雄烈士的姓名、肖像、名誉、荣誉。任何组织和个人不得将英雄烈士的姓名、肖像用于或者变相用于商标、商业广告，损害英雄烈士的名誉、荣誉。

公安、文化、新闻出版、广播电视、电影、网信、市场监督管理、负责英雄烈士保护工作的部门发现前款规定行为的，应当依法及时处理。

第二十三条　网信和电信、公安等有关部门在对网络信息进行依法监督管理工作中，发现发布或者传输以侮辱、诽谤或者其他方式侵害英雄烈士的姓名、肖像、名誉、荣誉的信息的，应当要求网络运营者停止传输，采取消除等处置措施和其他必要措施；对来源于中华人民共和国境外的上述信息，应当通知有关机构采取技术措施和其他必要措施阻断传播。

网络运营者发现其用户发布前款规定的信息的，应当立即停止传输该信息，采取消除等处置措施，防止信息扩散，保存有关记录，并向有关主管部门报告。网络运营者未采取停止传输、消除等处置措施的，依照《中华人民共和国网络安全法》的规定处罚。

第二十四条　任何组织和个人有权对侵害英雄烈士合法权益和其他违反本法规定的行为，向负责英雄烈士保护工作的部门、网信、公安等有关部门举报，接到举报的部门应当依法及时处理。

第二十五条　对侵害英雄烈士的姓名、肖像、名誉、荣誉的行为，英雄烈士的近亲属可以依法向人民法院提起诉讼。

英雄烈士没有近亲属或者近亲属不提起诉讼的，检察机关依法对侵害英雄烈士的姓名、肖像、名誉、荣誉，损害社会公共利益的行为向人民法院提起诉讼。

负责英雄烈士保护工作的部门和其他有关部门在履行职责过程中发现第一款规定的行为，需要检察机关提起诉讼的，应当向检察机关报告。

英雄烈士近亲属依照第一款规定提起诉讼的,法律援助机构应当依法提供法律援助服务。

第二十六条 以侮辱、诽谤或者其他方式侵害英雄烈士的姓名、肖像、名誉、荣誉,损害社会公共利益的,依法承担民事责任;构成违反治安管理行为的,由公安机关依法给予治安管理处罚;构成犯罪的,依法追究刑事责任。

第二十七条 在英雄烈士纪念设施保护范围内从事有损纪念英雄烈士环境和氛围的活动的,纪念设施保护单位应当及时劝阻;不听劝阻的,由县级以上地方人民政府负责英雄烈士保护工作的部门、文物主管部门按照职责规定给予批评教育,责令改正;构成违反治安管理行为的,由公安机关依法给予治安管理处罚。

亵渎、否定英雄烈士事迹和精神,宣扬、美化侵略战争和侵略行为,寻衅滋事,扰乱公共秩序,构成违反治安管理行为的,由公安机关依法给予治安管理处罚;构成犯罪的,依法追究刑事责任。

第二十八条 侵占、破坏、污损英雄烈士纪念设施的,由县级以上人民政府负责英雄烈士保护工作的部门责令改正;造成损失的,依法承担民事责任;被侵占、破坏、污损的纪念设施属于文物保护单位的,依照《中华人民共和国文物保护法》的规定处罚;构成违反治安管理行为的,由公安机关依法给予治安管理处罚;构成犯罪的,依法追究刑事责任。

第二十九条 县级以上人民政府有关部门及其工作人员在英雄烈士保护工作中滥用职权、玩忽职守、徇私舞弊的,对直接负责的主管人员和其他直接责任人员,依法给予处分;构成犯罪的,依法追究刑事责任。

宗教事务条例（节录）

- 2004年11月30日中华人民共和国国务院令第426号公布
- 2017年6月14日国务院第176次常务会议修订通过
- 2017年8月26日中华人民共和国国务院令第686号公布
- 自2018年2月1日起施行

第四条　国家依法保护正常的宗教活动，积极引导宗教与社会主义社会相适应，维护宗教团体、宗教院校、宗教活动场所和信教公民的合法权益。

宗教团体、宗教院校、宗教活动场所和信教公民应当遵守宪法、法律、法规和规章，践行社会主义核心价值观，维护国家统一、民族团结、宗教和睦与社会稳定。

任何组织或者个人不得利用宗教进行危害国家安全、破坏社会秩序、损害公民身体健康、妨碍国家教育制度，以及其他损害国家利益、社会公共利益和公民合法权益等违法活动。

任何组织或者个人不得在不同宗教之间、同一宗教内部以及信教公民与不信教公民之间制造矛盾与冲突，不得宣扬、支持、资助宗教极端主义，不得利用宗教破坏民族团结、分裂国家和进行恐怖活动。

第四章 风险防范

（一）合同风险

中华人民共和国民法典（节录）

- 2020年5月28日第十三届全国人民代表大会第三次会议通过
- 2020年5月28日中华人民共和国主席令第45号公布
- 自2021年1月1日起施行

第三编　合　　同

第二章　合同的订立

第四百六十九条　当事人订立合同，可以采用书面形式、口头形式或者其他形式。

书面形式是合同书、信件、电报、电传、传真等可以有形地表现所载内容的形式。

以电子数据交换、电子邮件等方式能够有形地表现所载内容，并可以随时调取查用的数据电文，视为书面形式。

第四百七十条　合同的内容由当事人约定，一般包括下列条款：

（一）当事人的姓名或者名称和住所；

（二）标的；

（三）数量；

（四）质量；

（五）价款或者报酬；

（六）履行期限、地点和方式；

（七）违约责任；

（八）解决争议的方法。

当事人可以参照各类合同的示范文本订立合同。

第四百七十一条　当事人订立合同，可以采取要约、承诺方式或者其他方式。

第四百七十二条　要约是希望与他人订立合同的意思表示，该意思表示应当符合下列条件：

（一）内容具体确定；

（二）表明经受要约人承诺，要约人即受该意思表示约束。

第四百七十三条　要约邀请是希望他人向自己发出要约的表示。拍卖公告、招标公告、招股说明书、债券募集办法、基金招募说明书、商业广告和宣传、寄送的价目表等为要约邀请。

商业广告和宣传的内容符合要约条件的，构成要约。

第四百七十四条　要约生效的时间适用本法第一百三十七条的规定。

第四百七十五条　要约可以撤回。要约的撤回适用本法第一百四十一条的规定。

第四百七十六条　要约可以撤销，但是有下列情形之一的除外：

（一）要约人以确定承诺期限或者其他形式明示要约不可撤销；

（二）受要约人有理由认为要约是不可撤销的，并已经为履行合同做了合理准备工作。

第四百七十七条　撤销要约的意思表示以对话方式作出的，该意思表示的内容应当在受要约人作出承诺之前为受要约人所知道；撤销要约的意思表示以非对话方式作出的，应当在受要约人作出承诺之前到达受要约人。

第四百七十八条　有下列情形之一的，要约失效：

（一）要约被拒绝；

（二）要约被依法撤销；

（三）承诺期限届满，受要约人未作出承诺；

（四）受要约人对要约的内容作出实质性变更。

第四百七十九条　承诺是受要约人同意要约的意思表示。

第四百八十条　承诺应当以通知的方式作出；但是，根据交易习惯或者要约表明可以通过行为作出承诺的除外。

第四百八十一条　承诺应当在要约确定的期限内到达要约人。

要约没有确定承诺期限的，承诺应当依照下列规定到达：

（一）要约以对话方式作出的，应当即时作出承诺；

（二）要约以非对话方式作出的，承诺应当在合理期限内到达。

第四百八十二条　要约以信件或者电报作出的，承诺期限自信件载明的日期或者电报交发之日开始计算。信件未载明日期的，自投寄该信件的邮戳日期开始计算。要约以电话、传真、电子邮件等快速通讯方式作出的，承诺期限自要约到达受要约人时开始计算。

第四百八十三条　承诺生效时合同成立，但是法律另有规定或者当事人另有约定的除外。

第四百八十四条　以通知方式作出的承诺，生效的时间适用本法第一百三十七条的规定。

承诺不需要通知的，根据交易习惯或者要约的要求作出承诺的行为时生效。

第四百八十五条　承诺可以撤回。承诺的撤回适用本法第一百四十一条的规定。

第四百八十六条　受要约人超过承诺期限发出承诺，或者在承诺期限内发出承诺，按照通常情形不能及时到达要约人的，为新要约；但是，要约人及时通知受要约人该承诺有效的除外。

第四百八十七条　受要约人在承诺期限内发出承诺，按照通常情形能够及时到达要约人，但是因其他原因致使承诺到达要约人时超过承诺期限的，除要约人及时通知受要约人因承诺超过期限不接受该承诺外，该承诺有效。

第四百八十八条　承诺的内容应当与要约的内容一致。受要约人对要约的内容作出实质性变更的，为新要约。有关合同标的、数量、质量、价款或者报酬、履行期限、履行地点和方式、违约责任和解决争议方法等的变更，是对要约内容的实质性变更。

第四百八十九条　承诺对要约的内容作出非实质性变更的，除要约人及时表示反对或者要约表明承诺不得对要约的内容作出任何变更外，该承诺有效，合同的内容以承诺的内容为准。

第四百九十条　当事人采用合同书形式订立合同的，自当事人均签名、盖章或者按指印时合同成立。在签名、盖章或者按指印之前，当事人一方已经履行主要义务，对方接受时，该合同成立。

法律、行政法规规定或者当事人约定合同应当采用书面形式订立，当事人未采用书面形式但是一方已经履行主要义务，对方接受时，该合同成立。

第四百九十一条 当事人采用信件、数据电文等形式订立合同要求签订确认书的，签订确认书时合同成立。

当事人一方通过互联网等信息网络发布的商品或者服务信息符合要约条件的，对方选择该商品或者服务并提交订单成功时合同成立，但是当事人另有约定的除外。

第四百九十二条 承诺生效的地点为合同成立的地点。

采用数据电文形式订立合同的，收件人的主营业地为合同成立的地点；没有主营业地的，其住所地为合同成立的地点。当事人另有约定的，按照其约定。

第四百九十三条 当事人采用合同书形式订立合同的，最后签名、盖章或者按指印的地点为合同成立的地点，但是当事人另有约定的除外。

第四百九十四条 国家根据抢险救灾、疫情防控或者其他需要下达国家订货任务、指令性任务的，有关民事主体之间应当依照有关法律、行政法规规定的权利和义务订立合同。

依照法律、行政法规的规定负有发出要约义务的当事人，应当及时发出合理的要约。

依照法律、行政法规的规定负有作出承诺义务的当事人，不得拒绝对方合理的订立合同要求。

第四百九十五条 当事人约定在将来一定期限内订立合同的认购书、订购书、预订书等，构成预约合同。

当事人一方不履行预约合同约定的订立合同义务的，对方可以请求其承担预约合同的违约责任。

第四百九十六条 格式条款是当事人为了重复使用而预先拟定，并在订立合同时未与对方协商的条款。

采用格式条款订立合同的，提供格式条款的一方应当遵循公平原则确定当事人之间的权利和义务，并采取合理的方式提示对方注意免除或者减轻其责任等与对方有重大利害关系的条款，按照对方的要求，对该条款予以说明。提供格式条款的一方未履行提示或者说明义务，致使对方没有注意或者理解与其有重大利害关系的条款的，对方可以主张该条款不成为合同的内容。

第四百九十七条　有下列情形之一的，该格式条款无效：

（一）具有本法第一编第六章第三节和本法第五百零六条规定的无效情形；

（二）提供格式条款一方不合理地免除或者减轻其责任、加重对方责任、限制对方主要权利；

（三）提供格式条款一方排除对方主要权利。

第四百九十八条　对格式条款的理解发生争议的，应当按照通常理解予以解释。对格式条款有两种以上解释的，应当作出不利于提供格式条款一方的解释。格式条款和非格式条款不一致的，应当采用非格式条款。

第四百九十九条　悬赏人以公开方式声明对完成特定行为的人支付报酬的，完成该行为的人可以请求其支付。

第五百条　当事人在订立合同过程中有下列情形之一，造成对方损失的，应当承担赔偿责任：

（一）假借订立合同，恶意进行磋商；

（二）故意隐瞒与订立合同有关的重要事实或者提供虚假情况；

（三）有其他违背诚信原则的行为。

第五百零一条　当事人在订立合同过程中知悉的商业秘密或者其他应当保密的信息，无论合同是否成立，不得泄露或者不正当地使用；泄露、不正当地使用该商业秘密或者信息，造成对方损失的，应当承担赔偿责任。

第三章 合同的效力

第五百零二条 依法成立的合同，自成立时生效，但是法律另有规定或者当事人另有约定的除外。

依照法律、行政法规的规定，合同应当办理批准等手续的，依照其规定。未办理批准等手续影响合同生效的，不影响合同中履行报批等义务条款以及相关条款的效力。应当办理申请批准等手续的当事人未履行义务的，对方可以请求其承担违反该义务的责任。

依照法律、行政法规的规定，合同的变更、转让、解除等情形应当办理批准等手续的，适用前款规定。

第五百零三条 无权代理人以被代理人的名义订立合同，被代理人已经开始履行合同义务或者接受相对人履行的，视为对合同的追认。

第五百零四条 法人的法定代表人或者非法人组织的负责人超越权限订立的合同，除相对人知道或者应当知道其超越权限外，该代表行为有效，订立的合同对法人或者非法人组织发生效力。

第五百零五条 当事人超越经营范围订立的合同的效力，应当依照本法第一编第六章第三节和本编的有关规定确定，不得仅以超越经营范围确认合同无效。

第五百零六条 合同中的下列免责条款无效：
（一）造成对方人身损害的；
（二）因故意或者重大过失造成对方财产损失的。

第五百零七条 合同不生效、无效、被撤销或者终止的，不影响合同中有关解决争议方法的条款的效力。

第五百零八条 本编对合同的效力没有规定的，适用本法第一编第六章的有关规定。

第四章 合同的履行

第五百零九条 当事人应当按照约定全面履行自己的义务。

当事人应当遵循诚信原则，根据合同的性质、目的和交易习惯履行通知、协助、保密等义务。

当事人在履行合同过程中，应当避免浪费资源、污染环境和破坏生态。

第五百一十条 合同生效后，当事人就质量、价款或者报酬、履行地点等内容没有约定或者约定不明确的，可以协议补充；不能达成补充协议的，按照合同相关条款或者交易习惯确定。

第五百一十一条 当事人就有关合同内容约定不明确，依据前条规定仍不能确定的，适用下列规定：

（一）质量要求不明确的，按照强制性国家标准履行；没有强制性国家标准的，按照推荐性国家标准履行；没有推荐性国家标准的，按照行业标准履行；没有国家标准、行业标准的，按照通常标准或者符合合同目的的特定标准履行。

（二）价款或者报酬不明确的，按照订立合同时履行地的市场价格履行；依法应当执行政府定价或者政府指导价的，依照规定履行。

（三）履行地点不明确，给付货币的，在接受货币一方所在地履行；交付不动产的，在不动产所在地履行；其他标的，在履行义务一方所在地履行。

(四)履行期限不明确的,债务人可以随时履行,债权人也可以随时请求履行,但是应当给对方必要的准备时间。

(五)履行方式不明确的,按照有利于实现合同目的的方式履行。

(六)履行费用的负担不明确的,由履行义务一方负担;因债权人原因增加的履行费用,由债权人负担。

第五百一十二条 通过互联网等信息网络订立的电子合同的标的为交付商品并采用快递物流方式交付的,收货人的签收时间为交付时间。电子合同的标的为提供服务的,生成的电子凭证或者实物凭证中载明的时间为提供服务时间;前述凭证没有载明时间或者载明时间与实际提供服务时间不一致的,以实际提供服务的时间为准。

电子合同的标的物为采用在线传输方式交付的,合同标的物进入对方当事人指定的特定系统且能够检索识别的时间为交付时间。

电子合同当事人对交付商品或者提供服务的方式、时间另有约定的,按照其约定。

第五百一十三条 执行政府定价或者政府指导价的,在合同约定的交付期限内政府价格调整时,按照交付时的价格计价。逾期交付标的物的,遇价格上涨时,按照原价格执行;价格下降时,按照新价格执行。逾期提取标的物或者逾期付款的,遇价格上涨时,按照新价格执行;价格下降时,按照原价格执行。

第五百一十四条 以支付金钱为内容的债,除法律另有规定或者当事人另有约定外,债权人可以请求债务人以实际履行地的法定货币履行。

第五百一十五条 标的有多项而债务人只需履行其中一项的,

债务人享有选择权；但是，法律另有规定、当事人另有约定或者另有交易习惯的除外。

享有选择权的当事人在约定期限内或者履行期限届满未作选择，经催告后在合理期限内仍未选择的，选择权转移至对方。

第五百一十六条　当事人行使选择权应当及时通知对方，通知到达对方时，标的确定。标的确定后不得变更，但是经对方同意的除外。

可选择的标的发生不能履行情形的，享有选择权的当事人不得选择不能履行的标的，但是该不能履行的情形是由对方造成的除外。

第五百一十七条　债权人为二人以上，标的可分，按照份额各自享有债权的，为按份债权；债务人为二人以上，标的可分，按照份额各自负担债务的，为按份债务。

按份债权人或者按份债务人的份额难以确定的，视为份额相同。

第五百一十八条　债权人为二人以上，部分或者全部债权人均可以请求债务人履行债务的，为连带债权；债务人为二人以上，债权人可以请求部分或者全部债务人履行全部债务的，为连带债务。

连带债权或者连带债务，由法律规定或者当事人约定。

第五百一十九条　连带债务人之间的份额难以确定的，视为份额相同。

实际承担债务超过自己份额的连带债务人，有权就超出部分在其他连带债务人未履行的份额范围内向其追偿，并相应地享有债权人的权利，但是不得损害债权人的利益。其他连带债务人对债权人的抗辩，可以向该债务人主张。

被追偿的连带债务人不能履行其应分担份额的，其他连带债务人应当在相应范围内按比例分担。

第五百二十条　部分连带债务人履行、抵销债务或者提存标的物的，其他债务人对债权人的债务在相应范围内消灭；该债务人可以依据前条规定向其他债务人追偿。

部分连带债务人的债务被债权人免除的，在该连带债务人应当承担的份额范围内，其他债务人对债权人的债务消灭。

部分连带债务人的债务与债权人的债权同归于一人的，在扣除该债务人应当承担的份额后，债权人对其他债务人的债权继续存在。

债权人对部分连带债务人的给付受领迟延的，对其他连带债务人发生效力。

第五百二十一条　连带债权人之间的份额难以确定的，视为份额相同。

实际受领债权的连带债权人，应当按比例向其他连带债权人返还。

连带债权参照适用本章连带债务的有关规定。

第五百二十二条　当事人约定由债务人向第三人履行债务，债务人未向第三人履行债务或者履行债务不符合约定的，应当向债权人承担违约责任。

法律规定或者当事人约定第三人可以直接请求债务人向其履行债务，第三人未在合理期限内明确拒绝，债务人未向第三人履行债务或者履行债务不符合约定的，第三人可以请求债务人承担违约责任；债务人对债权人的抗辩，可以向第三人主张。

第五百二十三条　当事人约定由第三人向债权人履行债务，第三人不履行债务或者履行债务不符合约定的，债务人应当向债权人承担违约责任。

第五百二十四条　债务人不履行债务，第三人对履行该债务具有合法利益的，第三人有权向债权人代为履行；但是，根据债务性质、按照当事人约定或者依照法律规定只能由债务人履行的除外。

债权人接受第三人履行后，其对债务人的债权转让给第三人，但是债务人和第三人另有约定的除外。

第五百二十五条　当事人互负债务，没有先后履行顺序的，应当同时履行。一方在对方履行之前有权拒绝其履行请求。一方在对方履行债务不符合约定时，有权拒绝其相应的履行请求。

第五百二十六条　当事人互负债务，有先后履行顺序，应当先履行债务一方未履行的，后履行一方有权拒绝其履行请求。先履行一方履行债务不符合约定的，后履行一方有权拒绝其相应的履行请求。

第五百二十七条　应当先履行债务的当事人，有确切证据证明对方有下列情形之一的，可以中止履行：

（一）经营状况严重恶化；

（二）转移财产、抽逃资金，以逃避债务；

（三）丧失商业信誉；

（四）有丧失或者可能丧失履行债务能力的其他情形。

当事人没有确切证据中止履行的，应当承担违约责任。

第五百二十八条　当事人依据前条规定中止履行的，应当及时通知对方。对方提供适当担保的，应当恢复履行。中止履行后，对方在合理期限内未恢复履行能力且未提供适当担保的，视为以自己的行为表明不履行主要债务，中止履行的一方可以解除合同并可以请求对方承担违约责任。

第五百二十九条 债权人分立、合并或者变更住所没有通知债务人，致使履行债务发生困难的，债务人可以中止履行或者将标的物提存。

第五百三十条 债权人可以拒绝债务人提前履行债务，但是提前履行不损害债权人利益的除外。

债务人提前履行债务给债权人增加的费用，由债务人负担。

第五百三十一条 债权人可以拒绝债务人部分履行债务，但是部分履行不损害债权人利益的除外。

债务人部分履行债务给债权人增加的费用，由债务人负担。

第五百三十二条 合同生效后，当事人不得因姓名、名称的变更或者法定代表人、负责人、承办人的变动而不履行合同义务。

第五百三十三条 合同成立后，合同的基础条件发生了当事人在订立合同时无法预见的、不属于商业风险的重大变化，继续履行合同对于当事人一方明显不公平的，受不利影响的当事人可以与对方重新协商；在合理期限内协商不成的，当事人可以请求人民法院或者仲裁机构变更或者解除合同。

人民法院或者仲裁机构应当结合案件的实际情况，根据公平原则变更或者解除合同。

第五百三十四条 对当事人利用合同实施危害国家利益、社会公共利益行为的，市场监督管理和其他有关行政主管部门依照法律、行政法规的规定负责监督处理。

第五章　合同的保全

第五百三十五条 因债务人怠于行使其债权或者与该债权有关的从权利，影响债权人的到期债权实现的，债权人可以向人民法院请求以自己的名义代位行使债务人对相对人的权利，但是该权利专属于债务人自身的除外。

代位权的行使范围以债权人的到期债权为限。债权人行使代位权的必要费用，由债务人负担。

相对人对债务人的抗辩，可以向债权人主张。

第五百三十六条　债权人的债权到期前，债务人的债权或者与该债权有关的从权利存在诉讼时效期间即将届满或者未及时申报破产债权等情形，影响债权人的债权实现的，债权人可以代位向债务人的相对人请求其向债务人履行、向破产管理人申报或者作出其他必要的行为。

第五百三十七条　人民法院认定代位权成立的，由债务人的相对人向债权人履行义务，债权人接受履行后，债权人与债务人、债务人与相对人之间相应的权利义务终止。债务人对相对人的债权或者与该债权有关的从权利被采取保全、执行措施，或者债务人破产的，依照相关法律的规定处理。

第五百三十八条　债务人以放弃其债权、放弃债权担保、无偿转让财产等方式无偿处分财产权益，或者恶意延长其到期债权的履行期限，影响债权人的债权实现的，债权人可以请求人民法院撤销债务人的行为。

第五百三十九条　债务人以明显不合理的低价转让财产、以明显不合理的高价受让他人财产或者为他人的债务提供担保，影响债权人的债权实现，债务人的相对人知道或者应当知道该情形的，债权人可以请求人民法院撤销债务人的行为。

第五百四十条　撤销权的行使范围以债权人的债权为限。债权人行使撤销权的必要费用，由债务人负担。

第五百四十一条　撤销权自债权人知道或者应当知道撤销事由之日起一年内行使。自债务人的行为发生之日起五年内没有行使撤销权的，该撤销权消灭。

第五百四十二条　债务人影响债权人的债权实现的行为被撤销的，自始没有法律约束力。

第六章　合同的变更和转让

第五百四十三条　当事人协商一致，可以变更合同。

第五百四十四条　当事人对合同变更的内容约定不明确的，推定为未变更。

第五百四十五条　债权人可以将债权的全部或者部分转让给第三人，但是有下列情形之一的除外：

（一）根据债权性质不得转让；

（二）按照当事人约定不得转让；

（三）依照法律规定不得转让。

当事人约定非金钱债权不得转让的，不得对抗善意第三人。当事人约定金钱债权不得转让的，不得对抗第三人。

第五百四十六条　债权人转让债权，未通知债务人的，该转让对债务人不发生效力。

债权转让的通知不得撤销，但是经受让人同意的除外。

第五百四十七条　债权人转让债权的，受让人取得与债权有关的从权利，但是该从权利专属于债权人自身的除外。

受让人取得从权利不因该从权利未办理转移登记手续或者未转移占有而受到影响。

第五百四十八条　债务人接到债权转让通知后，债务人对让与人的抗辩，可以向受让人主张。

第五百四十九条 有下列情形之一的，债务人可以向受让人主张抵销：

（一）债务人接到债权转让通知时，债务人对让与人享有债权，且债务人的债权先于转让的债权到期或者同时到期；

（二）债务人的债权与转让的债权是基于同一合同产生。

第五百五十条 因债权转让增加的履行费用，由让与人负担。

第五百五十一条 债务人将债务的全部或者部分转移给第三人的，应当经债权人同意。

债务人或者第三人可以催告债权人在合理期限内予以同意，债权人未作表示的，视为不同意。

第五百五十二条 第三人与债务人约定加入债务并通知债权人，或者第三人向债权人表示愿意加入债务，债权人未在合理期限内明确拒绝的，债权人可以请求第三人在其愿意承担的债务范围内和债务人承担连带债务。

第五百五十三条 债务人转移债务的，新债务人可以主张原债务人对债权人的抗辩；原债务人对债权人享有债权的，新债务人不得向债权人主张抵销。

第五百五十四条 债务人转移债务的，新债务人应当承担与主债务有关的从债务，但是该从债务专属于原债务人自身的除外。

第五百五十五条 当事人一方经对方同意，可以将自己在合同中的权利和义务一并转让给第三人。

第五百五十六条 合同的权利和义务一并转让的，适用债权转让、债务转移的有关规定。

第七章　合同的权利义务终止

第五百五十七条　有下列情形之一的，债权债务终止：

（一）债务已经履行；

（二）债务相互抵销；

（三）债务人依法将标的物提存；

（四）债权人免除债务；

（五）债权债务同归于一人；

（六）法律规定或者当事人约定终止的其他情形。

合同解除的，该合同的权利义务关系终止。

第五百五十八条　债权债务终止后，当事人应当遵循诚信等原则，根据交易习惯履行通知、协助、保密、旧物回收等义务。

第五百五十九条　债权债务终止时，债权的从权利同时消灭，但是法律另有规定或者当事人另有约定的除外。

第五百六十条　债务人对同一债权人负担的数项债务种类相同，债务人的给付不足以清偿全部债务的，除当事人另有约定外，由债务人在清偿时指定其履行的债务。

债务人未作指定的，应当优先履行已经到期的债务；数项债务均到期的，优先履行对债权人缺乏担保或者担保最少的债务；均无担保或者担保相等的，优先履行债务人负担较重的债务；负担相同的，按照债务到期的先后顺序履行；到期时间相同的，按照债务比例履行。

第五百六十一条　债务人在履行主债务外还应当支付利息和实现债权的有关费用，其给付不足以清偿全部债务的，除当事人另有约定外，应当按照下列顺序履行：

（一）实现债权的有关费用；

（二）利息；

（三）主债务。

第五百六十二条　当事人协商一致，可以解除合同。

当事人可以约定一方解除合同的事由。解除合同的事由发生时，解除权人可以解除合同。

第五百六十三条　有下列情形之一的，当事人可以解除合同：

（一）因不可抗力致使不能实现合同目的；

（二）在履行期限届满前，当事人一方明确表示或者以自己的行为表明不履行主要债务；

（三）当事人一方迟延履行主要债务，经催告后在合理期限内仍未履行；

（四）当事人一方迟延履行债务或者有其他违约行为致使不能实现合同目的；

（五）法律规定的其他情形。

以持续履行的债务为内容的不定期合同，当事人可以随时解除合同，但是应当在合理期限之前通知对方。

第五百六十四条　法律规定或者当事人约定解除权行使期限，期限届满当事人不行使的，该权利消灭。

法律没有规定或者当事人没有约定解除权行使期限，自解除权人知道或者应当知道解除事由之日起一年内不行使，或者经对方催告后在合理期限内不行使的，该权利消灭。

第五百六十五条　当事人一方依法主张解除合同的，应当通知对方。合同自通知到达对方时解除；通知载明债务人在一定期限内不履行债务则合同自动解除，债务人在该期限内未履行债务的，合同自通知载明的期限届满时解除。对方对解除合同有异议的，任何一方当事人均可以请求人民法院或者仲裁机构确认解除行为的效力。

当事人一方未通知对方，直接以提起诉讼或者申请仲裁的方式依法主张解除合同，人民法院或者仲裁机构确认该主张的，合同自起诉状副本或者仲裁申请书副本送达对方时解除。

第五百六十六条　合同解除后，尚未履行的，终止履行；已经履行的，根据履行情况和合同性质，当事人可以请求恢复原状或者采取其他补救措施，并有权请求赔偿损失。

合同因违约解除的，解除权人可以请求违约方承担违约责任，但是当事人另有约定的除外。

主合同解除后，担保人对债务人应当承担的民事责任仍应当承担担保责任，但是担保合同另有约定的除外。

第五百六十七条　合同的权利义务关系终止，不影响合同中结算和清理条款的效力。

第五百六十八条　当事人互负债务，该债务的标的物种类、品质相同的，任何一方可以将自己的债务与对方的到期债务抵销；但是，根据债务性质、按照当事人约定或者依照法律规定不得抵销的除外。

当事人主张抵销的，应当通知对方。通知自到达对方时生效。抵销不得附条件或者附期限。

第五百六十九条　当事人互负债务，标的物种类、品质不相同的，经协商一致，也可以抵销。

第五百七十条　有下列情形之一，难以履行债务的，债务人可以将标的物提存：

（一）债权人无正当理由拒绝受领；

（二）债权人下落不明；

（三）债权人死亡未确定继承人、遗产管理人，或者丧失民事行为能力未确定监护人；

（四）法律规定的其他情形。

标的物不适于提存或者提存费用过高的，债务人依法可以拍卖或者变卖标的物，提存所得的价款。

第五百七十一条 债务人将标的物或者将标的物依法拍卖、变卖所得价款交付提存部门时，提存成立。

提存成立的，视为债务人在其提存范围内已经交付标的物。

第五百七十二条 标的物提存后，债务人应当及时通知债权人或者债权人的继承人、遗产管理人、监护人、财产代管人。

第五百七十三条 标的物提存后，毁损、灭失的风险由债权人承担。提存期间，标的物的孳息归债权人所有。提存费用由债权人负担。

第五百七十四条 债权人可以随时领取提存物。但是，债权人对债务人负有到期债务的，在债权人未履行债务或者提供担保之前，提存部门根据债务人的要求应当拒绝其领取提存物。

债权人领取提存物的权利，自提存之日起五年内不行使而消灭，提存物扣除提存费用后归国家所有。但是，债权人未履行对债务人的到期债务，或者债权人向提存部门书面表示放弃领取提存物权利的，债务人负担提存费用后有权取回提存物。

第五百七十五条 债权人免除债务人部分或者全部债务的，债权债务部分或者全部终止，但是债务人在合理期限内拒绝的除外。

第五百七十六条　债权和债务同归于一人的，债权债务终止，但是损害第三人利益的除外。

第八章　违约责任

第五百七十七条　当事人一方不履行合同义务或者履行合同义务不符合约定的，应当承担继续履行、采取补救措施或者赔偿损失等违约责任。

第五百七十八条　当事人一方明确表示或者以自己的行为表明不履行合同义务的，对方可以在履行期限届满前请求其承担违约责任。

第五百七十九条　当事人一方未支付价款、报酬、租金、利息，或者不履行其他金钱债务的，对方可以请求其支付。

第五百八十条　当事人一方不履行非金钱债务或者履行非金钱债务不符合约定的，对方可以请求履行，但是有下列情形之一的除外：

（一）法律上或者事实上不能履行；

（二）债务的标的不适于强制履行或者履行费用过高；

（三）债权人在合理期限内未请求履行。

有前款规定的除外情形之一，致使不能实现合同目的的，人民法院或者仲裁机构可以根据当事人的请求终止合同权利义务关系，但是不影响违约责任的承担。

第五百八十一条　当事人一方不履行债务或者履行债务不符合约定，根据债务的性质不得强制履行的，对方可以请求其负担由第三人替代履行的费用。

第五百八十二条　履行不符合约定的，应当按照当事人的约定承担违约责任。对违约责任没有约定或者约定不明确，依据本法第五百一十条的规定仍不能确定的，受损害方根据标的的性质以及损失的大小，可以合理选择请求对方承担修理、重作、更换、退货、减少价款或者报酬等违约责任。

第五百八十三条　当事人一方不履行合同义务或者履行合同义务不符合约定的，在履行义务或者采取补救措施后，对方还有其他损失的，应当赔偿损失。

第五百八十四条　当事人一方不履行合同义务或者履行合同义务不符合约定，造成对方损失的，损失赔偿额应当相当于因违约所造成的损失，包括合同履行后可以获得的利益；但是，不得超过违约一方订立合同时预见到或者应当预见到的因违约可能造成的损失。

第五百八十五条　当事人可以约定一方违约时应当根据违约情况向对方支付一定数额的违约金，也可以约定因违约产生的损失赔偿额的计算方法。

约定的违约金低于造成的损失的，人民法院或者仲裁机构可以根据当事人的请求予以增加；约定的违约金过分高于造成的损失的，人民法院或者仲裁机构可以根据当事人的请求予以适当减少。

当事人就迟延履行约定违约金的，违约方支付违约金后，还应当履行债务。

第五百八十六条　当事人可以约定一方向对方给付定金作为债权的担保。定金合同自实际交付定金时成立。

定金的数额由当事人约定；但是，不得超过主合同标的额的百分之二十，超过部分不产生定金的效力。实际交付的定金数额多于或者少于约定数额的，视为变更约定的定金数额。

第五百八十七条　债务人履行债务的，定金应当抵作价款或者收回。给付定金的一方不履行债务或者履行债务不符合约定，致使不能实现合同目的的，无权请求返还定金；收受定金的一方不履行债务或者履行债务不符合约定，致使不能实现合同目的的，应当双倍返还定金。

第五百八十八条　当事人既约定违约金，又约定定金的，一方违约时，对方可以选择适用违约金或者定金条款。

定金不足以弥补一方违约造成的损失的，对方可以请求赔偿超过定金数额的损失。

第五百八十九条　债务人按照约定履行债务，债权人无正当理由拒绝受领的，债务人可以请求债权人赔偿增加的费用。

在债权人受领迟延期间，债务人无须支付利息。

第五百九十条　当事人一方因不可抗力不能履行合同的，根据不可抗力的影响，部分或者全部免除责任，但是法律另有规定的除外。因不可抗力不能履行合同的，应当及时通知对方，以减轻可能给对方造成的损失，并应当在合理期限内提供证明。

当事人迟延履行后发生不可抗力的，不免除其违约责任。

第五百九十一条　当事人一方违约后，对方应当采取适当措施防止损失的扩大；没有采取适当措施致使损失扩大的，不得就扩大的损失请求赔偿。

当事人因防止损失扩大而支出的合理费用，由违约方负担。

第五百九十二条　当事人都违反合同的，应当各自承担相应的责任。

当事人一方违约造成对方损失，对方对损失的发生有过错的，可以减少相应的损失赔偿额。

第五百九十三条　当事人一方因第三人的原因造成违约的,应当依法向对方承担违约责任。当事人一方和第三人之间的纠纷,依照法律规定或者按照约定处理。

第五百九十四条　因国际货物买卖合同和技术进出口合同争议提起诉讼或者申请仲裁的时效期间为四年。

（二）税收风险

中华人民共和国税收征收管理法

·1992年9月4日第七届全国人民代表大会常务委员会第二十七次会议通过

·根据1995年2月28日第八届全国人民代表大会常务委员会第十二次会议《关于修改〈中华人民共和国税收征收管理法〉的决定》第一次修正

·2001年4月28日第九届全国人民代表大会常务委员会第二十一次会议修订

·根据2013年6月29日第十二届全国人民代表大会常务委员会第三次会议《关于修改〈中华人民共和国文物保护法〉等十二部法律的决定》第二次修正

·根据2015年4月24日第十二届全国人民代表大会常务委员会第十四次会议《关于修改〈中华人民共和国港口法〉等七部法律的决定》第三次修正

第一章 总 则

第一条 为了加强税收征收管理，规范税收征收和缴纳行为，保障国家税收收入，保护纳税人的合法权益，促进经济和社会发展，制定本法。

第二条 凡依法由税务机关征收的各种税收的征收管理，均适用本法。

第三条 税收的开征、停征以及减税、免税、退税、补税，依照法律的规定执行；法律授权国务院规定的，依照国务院制定的行政法规的规定执行。

任何机关、单位和个人不得违反法律、行政法规的规定，擅自作出税收开征、停征以及减税、免税、退税、补税和其他同税收法律、行政法规相抵触的决定。

第四条 法律、行政法规规定负有纳税义务的单位和个人为纳税人。

法律、行政法规规定负有代扣代缴、代收代缴税款义务的单位和个人为扣缴义务人。

纳税人、扣缴义务人必须依照法律、行政法规的规定缴纳税款、代扣代缴、代收代缴税款。

第五条 国务院税务主管部门主管全国税收征收管理工作。各地国家税务局和地方税务局应当按照国务院规定的税收征收管理范围分别进行征收管理。

地方各级人民政府应当依法加强对本行政区域内税收征收管理工作的领导或者协调，支持税务机关依法执行职务，依照法定税率计算税额，依法征收税款。

各有关部门和单位应当支持、协助税务机关依法执行职务。

税务机关依法执行职务，任何单位和个人不得阻挠。

第六条 国家有计划地用现代信息技术装备各级税务机关，加强税收征收管理信息系统的现代化建设，建立、健全税务机关与政府其他管理机关的信息共享制度。

纳税人、扣缴义务人和其他有关单位应当按照国家有关规定如实向税务机关提供与纳税和代扣代缴、代收代缴税款有关的信息。

第七条 税务机关应当广泛宣传税收法律、行政法规，普及纳税知识，无偿地为纳税人提供纳税咨询服务。

第八条 纳税人、扣缴义务人有权向税务机关了解国家税收法律、行政法规的规定以及与纳税程序有关的情况。

纳税人、扣缴义务人有权要求税务机关为纳税人、扣缴义务人的情况保密。税务机关应当依法为纳税人、扣缴义务人的情况保密。

纳税人依法享有申请减税、免税、退税的权利。

纳税人、扣缴义务人对税务机关所作出的决定，享有陈述权、申辩权；依法享有申请行政复议、提起行政诉讼、请求国家赔偿等权利。

纳税人、扣缴义务人有权控告和检举税务机关、税务人员的违法违纪行为。

第九条 税务机关应当加强队伍建设，提高税务人员的政治业务素质。

税务机关、税务人员必须秉公执法，忠于职守，清正廉洁，礼貌待人，文明服务，尊重和保护纳税人、扣缴义务人的权利，依法接受监督。

税务人员不得索贿受贿、徇私舞弊、玩忽职守、不征或者少征应征税款；不得滥用职权多征税款或者故意刁难纳税人和扣缴义务人。

第十条 各级税务机关应当建立、健全内部制约和监督管理制度。

上级税务机关应当对下级税务机关的执法活动依法进行监督。

各级税务机关应当对其工作人员执行法律、行政法规和廉洁自律准则的情况进行监督检查。

第十一条　税务机关负责征收、管理、稽查、行政复议的人员的职责应当明确，并相互分离、相互制约。

第十二条　税务人员征收税款和查处税收违法案件，与纳税人、扣缴义务人或者税收违法案件有利害关系的，应当回避。

第十三条　任何单位和个人都有权检举违反税收法律、行政法规的行为。收到检举的机关和负责查处的机关应当为检举人保密。税务机关应当按照规定对检举人给予奖励。

第十四条　本法所称税务机关是指各级税务局、税务分局、税务所和按照国务院规定设立的并向社会公告的税务机构。

第二章　税务管理

第一节　税务登记

第十五条　企业，企业在外地设立的分支机构和从事生产、经营的场所，个体工商户和从事生产、经营的事业单位（以下统称从事生产、经营的纳税人）自领取营业执照之日起三十日内，持有关证件，向税务机关申报办理税务登记。税务机关应当于收到申报的当日办理登记并发给税务登记证件。

工商行政管理机关应当将办理登记注册、核发营业执照的情况，定期向税务机关通报。

本条第一款规定以外的纳税人办理税务登记和扣缴义务人办理扣缴税款登记的范围和办法，由国务院规定。

第十六条　从事生产、经营的纳税人，税务登记内容发生变化的，自工商行政管理机关办理变更登记之日起三十日内或者在向工商行政管理机关申请办理注销登记之前，持有关证件向税务机关申报办理变更或者注销税务登记。

第十七条　从事生产、经营的纳税人应当按照国家有关规定，持税务登记证件，在银行或者其他金融机构开立基本存款帐户和其他存款帐户，并将其全部帐号向税务机关报告。

银行和其他金融机构应当在从事生产、经营的纳税人的帐户中登录税务登记证件号码，并在税务登记证件中登录从事生产、经营的纳税人的帐户帐号。

税务机关依法查询从事生产、经营的纳税人开立帐户的情况时，有关银行和其他金融机构应当予以协助。

第十八条　纳税人按照国务院税务主管部门的规定使用税务登记证件。税务登记证件不得转借、涂改、损毁、买卖或者伪造。

第二节　帐簿、凭证管理

第十九条　纳税人、扣缴义务人按照有关法律、行政法规和国务院财政、税务主管部门的规定设置帐簿，根据合法、有效凭证记帐，进行核算。

第二十条　从事生产、经营的纳税人的财务、会计制度或者财务、会计处理办法和会计核算软件，应当报送税务机关备案。

纳税人、扣缴义务人的财务、会计制度或者财务、会计处理办法与国务院或者国务院财政、税务主管部门有关税收的规定抵触的，依照国务院或者国务院财政、税务主管部门有关税收的规定计算应纳税款、代扣代缴和代收代缴税款。

第二十一条　税务机关是发票的主管机关，负责发票印制、领购、开具、取得、保管、缴销的管理和监督。

单位、个人在购销商品、提供或者接受经营服务以及从事其他经营活动中，应当按照规定开具、使用、取得发票。

发票的管理办法由国务院规定。

第二十二条　增值税专用发票由国务院税务主管部门指定的企业印制；其他发票，按照国务院税务主管部门的规定，分别由省、自治区、直辖市国家税务局、地方税务局指定企业印制。

未经前款规定的税务机关指定，不得印制发票。

第二十三条　国家根据税收征收管理的需要，积极推广使用税控装置。纳税人应当按照规定安装、使用税控装置，不得损毁或者擅自改动税控装置。

第二十四条　从事生产、经营的纳税人、扣缴义务人必须按照国务院财政、税务主管部门规定的保管期限保管帐簿、记帐凭证、完税凭证及其他有关资料。

帐簿、记帐凭证、完税凭证及其他有关资料不得伪造、变造或者擅自损毁。

第三节　纳税申报

第二十五条　纳税人必须依照法律、行政法规规定或者税务机关依照法律、行政法规的规定确定的申报期限、申报内容如实办理纳税申报，报送纳税申报表、财务会计报表以及税务机关根据实际需要要求纳税人报送的其他纳税资料。

扣缴义务人必须依照法律、行政法规规定或者税务机关依照法律、行政法规的规定确定的申报期限、申报内容如实报送代扣代缴、代收代缴税款报告表以及税务机关根据实际需要要求扣缴义务人报送的其他有关资料。

第二十六条 纳税人、扣缴义务人可以直接到税务机关办理纳税申报或者报送代扣代缴、代收代缴税款报告表，也可以按照规定采取邮寄、数据电文或者其他方式办理上述申报、报送事项。

第二十七条 纳税人、扣缴义务人不能按期办理纳税申报或者报送代扣代缴、代收代缴税款报告表的，经税务机关核准，可以延期申报。

经核准延期办理前款规定的申报、报送事项的，应当在纳税期内按照上期实际缴纳的税额或者税务机关核定的税额预缴税款，并在核准的延期内办理税款结算。

第三章 税款征收

第二十八条 税务机关依照法律、行政法规的规定征收税款，不得违反法律、行政法规的规定开征、停征、多征、少征、提前征收、延缓征收或者摊派税款。

农业税应纳税额按照法律、行政法规的规定核定。

第二十九条 除税务机关、税务人员以及经税务机关依照法律、行政法规委托的单位和人员外，任何单位和个人不得进行税款征收活动。

第三十条 扣缴义务人依照法律、行政法规的规定履行代扣、代收税款的义务。对法律、行政法规没有规定负有代扣、代收税款义务的单位和个人，税务机关不得要求其履行代扣、代收税款义务。

扣缴义务人依法履行代扣、代收税款义务时，纳税人不得拒绝。纳税人拒绝的，扣缴义务人应当及时报告税务机关处理。

税务机关按照规定付给扣缴义务人代扣、代收手续费。

第三十一条 纳税人、扣缴义务人按照法律、行政法规规定或者税务机关依照法律、行政法规的规定确定的期限，缴纳或者解缴税款。

纳税人因有特殊困难，不能按期缴纳税款的，经省、自治区、直辖市国家税务局、地方税务局批准，可以延期缴纳税款，但是最长不得超过三个月。

第三十二条　纳税人未按照规定期限缴纳税款的，扣缴义务人未按照规定期限解缴税款的，税务机关除责令限期缴纳外，从滞纳税款之日起，按日加收滞纳税款万分之五的滞纳金。

第三十三条　纳税人依照法律、行政法规的规定办理减税、免税。

地方各级人民政府、各级人民政府主管部门、单位和个人违反法律、行政法规规定，擅自作出的减税、免税决定无效，税务机关不得执行，并向上级税务机关报告。

第三十四条　税务机关征收税款时，必须给纳税人开具完税凭证。扣缴义务人代扣、代收税款时，纳税人要求扣缴义务人开具代扣、代收税款凭证的，扣缴义务人应当开具。

第三十五条　纳税人有下列情形之一的，税务机关有权核定其应纳税额：

（一）依照法律、行政法规的规定可以不设置帐簿的；

（二）依照法律、行政法规的规定应当设置帐簿但未设置的；

（三）擅自销毁帐簿或者拒不提供纳税资料的；

（四）虽设置帐簿，但帐目混乱或者成本资料、收入凭证、费用凭证残缺不全，难以查帐的；

（五）发生纳税义务，未按照规定的期限办理纳税申报，经税务机关责令限期申报，逾期仍不申报的；

（六）纳税人申报的计税依据明显偏低，又无正当理由的。

税务机关核定应纳税额的具体程序和方法由国务院税务主管部门规定。

第三十六条　企业或者外国企业在中国境内设立的从事生产、经营的机构、场所与其关联企业之间的业务往来，应当按照独立企业之间的业务往来收取或者支付价款、费用；不按照独立企业之间的业务往来收取或者支付价款、费用，而减少其应纳税的收入或者所得额的，税务机关有权进行合理调整。

第三十七条　对未按照规定办理税务登记的从事生产、经营的纳税人以及临时从事经营的纳税人，由税务机关核定其应纳税额，责令缴纳；不缴纳的，税务机关可以扣押其价值相当于应纳税款的商品、货物。扣押后缴纳应纳税款的，税务机关必须立即解除扣押，并归还所扣押的商品、货物；扣押后仍不缴纳应纳税款的，经县以上税务局（分局）局长批准，依法拍卖或者变卖所扣押的商品、货物，以拍卖或者变卖所得抵缴税款。

第三十八条　税务机关有根据认为从事生产、经营的纳税人有逃避纳税义务行为的，可以在规定的纳税期之前，责令限期缴纳应纳税款；在限期内发现纳税人有明显的转移、隐匿其应纳税的商品、货物以及其他财产或者应纳税的收入的迹象的，税务机关可以责成纳税人提供纳税担保。如果纳税人不能提供纳税担保，经县以上税务局（分局）局长批准，税务机关可以采取下列税收保全措施：

（一）书面通知纳税人开户银行或者其他金融机构冻结纳税人的金额相当于应纳税款的存款；

（二）扣押、查封纳税人的价值相当于应纳税款的商品、货物或者其他财产。

纳税人在前款规定的限期内缴纳税款的，税务机关必须立即解除税收保全措施；限期期满仍未缴纳税款的，经县以上税务局（分局）局长批准，税务机关可以书面通知纳税人开户银行或者其他金融机构从其冻结的存款中扣缴税款，或者依法拍卖或者变卖所扣押、查封的商品、货物或者其他财产，以拍卖或者变卖所得抵缴税款。

个人及其所扶养家属维持生活必需的住房和用品，不在税收保全措施的范围之内。

第三十九条　纳税人在限期内已缴纳税款，税务机关未立即解除税收保全措施，使纳税人的合法利益遭受损失的，税务机关应当承担赔偿责任。

第四十条　从事生产、经营的纳税人、扣缴义务人未按照规定的期限缴纳或者解缴税款，纳税担保人未按照规定的期限缴纳所担保的税款，由税务机关责令限期缴纳，逾期仍未缴纳的，经县以上税务局（分局）局长批准，税务机关可以采取下列强制执行措施：

（一）书面通知其开户银行或者其他金融机构从其存款中扣缴税款；

（二）扣押、查封、依法拍卖或者变卖其价值相当于应纳税款的商品、货物或者其他财产，以拍卖或者变卖所得抵缴税款。

税务机关采取强制执行措施时，对前款所列纳税人、扣缴义务人、纳税担保人未缴纳的滞纳金同时强制执行。

个人及其所扶养家属维持生活必需的住房和用品，不在强制执行措施的范围之内。

第四十一条　本法第三十七条、第三十八条、第四十条规定的采取税收保全措施、强制执行措施的权力，不得由法定的税务机关以外的单位和个人行使。

第四十二条 税务机关采取税收保全措施和强制执行措施必须依照法定权限和法定程序,不得查封、扣押纳税人个人及其所扶养家属维持生活必需的住房和用品。

第四十三条 税务机关滥用职权违法采取税收保全措施、强制执行措施,或者采取税收保全措施、强制执行措施不当,使纳税人、扣缴义务人或者纳税担保人的合法权益遭受损失的,应当依法承担赔偿责任。

第四十四条 欠缴税款的纳税人或者他的法定代表人需要出境的,应当在出境前向税务机关结清应纳税款、滞纳金或者提供担保。未结清税款、滞纳金,又不提供担保的,税务机关可以通知出境管理机关阻止其出境。

第四十五条 税务机关征收税款,税收优先于无担保债权,法律另有规定的除外;纳税人欠缴的税款发生在纳税人以其财产设定抵押、质押或者纳税人的财产被留置之前的,税收应当先于抵押权、质权、留置权执行。

纳税人欠缴税款,同时又被行政机关决定处以罚款、没收违法所得的,税收优先于罚款、没收违法所得。

税务机关应当对纳税人欠缴税款的情况定期予以公告。

第四十六条 纳税人有欠税情形而以其财产设定抵押、质押的,应当向抵押权人、质权人说明其欠税情况。抵押权人、质权人可以请求税务机关提供有关的欠税情况。

第四十七条 税务机关扣押商品、货物或者其他财产时,必须开付收据;查封商品、货物或者其他财产时,必须开付清单。

第四十八条 纳税人有合并、分立情形的,应当向税务机关报告,并依法缴清税款。纳税人合并时未缴清税款的,应当由合并后的纳税人继续履行未履行的纳税义务；纳税人分立时未缴清税款的，分立后的纳税人对未履行的纳税义务应当承担连带责任。

第四十九条　欠缴税款数额较大的纳税人在处分其不动产或者大额资产之前，应当向税务机关报告。

第五十条　欠缴税款的纳税人因怠于行使到期债权，或者放弃到期债权，或者无偿转让财产，或者以明显不合理的低价转让财产而受让人知道该情形，对国家税收造成损害的，税务机关可以依照合同法第七十三条、第七十四条的规定行使代位权、撤销权。

税务机关依照前款规定行使代位权、撤销权的，不免除欠缴税款的纳税人尚未履行的纳税义务和应承担的法律责任。

第五十一条　纳税人超过应纳税额缴纳的税款，税务机关发现后应当立即退还；纳税人自结算缴纳税款之日起三年内发现的，可以向税务机关要求退还多缴的税款并加算银行同期存款利息，税务机关及时查实后应当立即退还；涉及从国库中退库的，依照法律、行政法规有关国库管理的规定退还。

第五十二条　因税务机关的责任，致使纳税人、扣缴义务人未缴或者少缴税款的，税务机关在三年内可以要求纳税人、扣缴义务人补缴税款，但是不得加收滞纳金。

因纳税人、扣缴义务人计算错误等失误，未缴或者少缴税款的，税务机关在三年内可以追征税款、滞纳金；有特殊情况的，追征期可以延长到五年。

对偷税、抗税、骗税的，税务机关追征其未缴或者少缴的税款、滞纳金或者所骗取的税款，不受前款规定期限的限制。

第五十三条　国家税务局和地方税务局应当按照国家规定的税收征收管理范围和税款入库预算级次，将征收的税款缴入国库。

对审计机关、财政机关依法查出的税收违法行为，税务机关应当根据有关机关的决定、意见书，依法将应收的税款、滞纳金按照税款入库预算级次缴入国库，并将结果及时回复有关机关。

第四章 税务检查

第五十四条 税务机关有权进行下列税务检查：

（一）检查纳税人的帐簿、记帐凭证、报表和有关资料，检查扣缴义务人代扣代缴、代收代缴税款帐簿、记帐凭证和有关资料；

（二）到纳税人的生产、经营场所和货物存放地检查纳税人应纳税的商品、货物或者其他财产，检查扣缴义务人与代扣代缴、代收代缴税款有关的经营情况；

（三）责成纳税人、扣缴义务人提供与纳税或者代扣代缴、代收代缴税款有关的文件、证明材料和有关资料；

（四）询问纳税人、扣缴义务人与纳税或者代扣代缴、代收代缴税款有关的问题和情况；

（五）到车站、码头、机场、邮政企业及其分支机构检查纳税人托运、邮寄应纳税商品、货物或者其他财产的有关单据、凭证和有关资料；

（六）经县以上税务局（分局）局长批准，凭全国统一格式的检查存款帐户许可证明，查询从事生产、经营的纳税人、扣缴义务人在银行或者其他金融机构的存款帐户。税务机关在调查税收违法案件时，经设区的市、自治州以上税务局（分局）局长批准，可以查询案件涉嫌人员的储蓄存款。税务机关查询所获得的资料，不得用于税收以外的用途。

第五十五条 税务机关对从事生产、经营的纳税人以前纳税期的纳税情况依法进行税务检查时，发现纳税人有逃避纳税义务行为，并有明显的转移、隐匿其应纳税的商品、货物以及其他财产或者应纳税的收入的迹象的，可以按照本法规定的批准权限采取税收保全措施或者强制执行措施。

第五十六条 纳税人、扣缴义务人必须接受税务机关依法进行的税务检查，如实反映情况，提供有关资料，不得拒绝、隐瞒。

第五十七条 税务机关依法进行税务检查时，有权向有关单位和个人调查纳税人、扣缴义务人和其他当事人与纳税或者代扣代缴、代收代缴税款有关的情况，有关单位和个人有义务向税务机关如实提供有关资料及证明材料。

第五十八条 税务机关调查税务违法案件时，对与案件有关的情况和资料，可以记录、录音、录像、照相和复制。

第五十九条 税务机关派出的人员进行税务检查时，应当出示税务检查证和税务检查通知书，并有责任为被检查人保守秘密；未出示税务检查证和税务检查通知书的，被检查人有权拒绝检查。

第五章 法律责任

第六十条 纳税人有下列行为之一的，由税务机关责令限期改正，可以处二千元以下的罚款；情节严重的，处二千元以上一万元以下的罚款：

（一）未按照规定的期限申报办理税务登记、变更或者注销登记的；

（二）未按照规定设置、保管帐簿或者保管记帐凭证和有关资料的；

（三）未按照规定将财务、会计制度或者财务、会计处理办法和会计核算软件报送税务机关备查的；

（四）未按照规定将其全部银行帐号向税务机关报告的；

（五）未按照规定安装、使用税控装置，或者损毁或者擅自改动税控装置的。

纳税人不办理税务登记的，由税务机关责令限期改正；逾期不改正的，经税务机关提请，由工商行政管理机关吊销其营业执照。

纳税人未按照规定使用税务登记证件，或者转借、涂改、损毁、买卖、伪造税务登记证件的，处二千元以上一万元以下的罚款；情节严重的，处一万元以上五万元以下的罚款。

第六十一条　扣缴义务人未按照规定设置、保管代扣代缴、代收代缴税款帐簿或者保管代扣代缴、代收代缴税款记帐凭证及有关资料的，由税务机关责令限期改正，可以处二千元以下的罚款；情节严重的，处二千元以上五千元以下的罚款。

第六十二条　纳税人未按照规定的期限办理纳税申报和报送纳税资料的，或者扣缴义务人未按照规定的期限向税务机关报送代扣代缴、代收代缴税款报告表和有关资料的，由税务机关责令限期改正，可以处二千元以下的罚款；情节严重的，可以处二千元以上一万元以下的罚款。

第六十三条　纳税人伪造、变造、隐匿、擅自销毁帐簿、记帐凭证，或者在帐簿上多列支出或者不列、少列收入，或者经税务机关通知申报而拒不申报或者进行虚假的纳税申报，不缴或者少缴应纳税款的，是偷税。对纳税人偷税的，由税务机关追缴其不缴或者少缴的税款、滞纳金，并处不缴或者少缴的税款百分之五十以上五倍以下的罚款；构成犯罪的，依法追究刑事责任。

扣缴义务人采取前款所列手段，不缴或者少缴已扣、已收税款，由税务机关追缴其不缴或者少缴的税款、滞纳金，并处不缴或者少缴的税款百分之五十以上五倍以下的罚款；构成犯罪的，依法追究刑事责任。

第六十四条　纳税人、扣缴义务人编造虚假计税依据的，由税务机关责令限期改正，并处五万元以下的罚款。

纳税人不进行纳税申报，不缴或者少缴应纳税款的，由税务机关追缴其不缴或者少缴的税款、滞纳金，并处不缴或者少缴的税款百分之五十以上五倍以下的罚款。

第六十五条　纳税人欠缴应纳税款，采取转移或者隐匿财产的手段，妨碍税务机关追缴欠缴的税款的，由税务机关追缴欠缴的税款、滞纳金，并处欠缴税款百分之五十以上五倍以下的罚款；构成犯罪的，依法追究刑事责任。

第六十六条　以假报出口或者其他欺骗手段，骗取国家出口退税款的，由税务机关追缴其骗取的退税款，并处骗取税款一倍以上五倍以下的罚款；构成犯罪的，依法追究刑事责任。

对骗取国家出口退税款的，税务机关可以在规定期间内停止为其办理出口退税。

第六十七条　以暴力、威胁方法拒不缴纳税款的，是抗税，除由税务机关追缴其拒缴的税款、滞纳金外，依法追究刑事责任。情节轻微，未构成犯罪的，由税务机关追缴其拒缴的税款、滞纳金，并处拒缴税款一倍以上五倍以下的罚款。

第六十八条　纳税人、扣缴义务人在规定期限内不缴或者少缴应纳或者应解缴的税款，经税务机关责令限期缴纳，逾期仍未缴纳的，税务机关除依照本法第四十条的规定采取强制执行措施追缴其不缴或者少缴的税款外，可以处不缴或者少缴的税款百分之五十以上五倍以下的罚款。

第六十九条　扣缴义务人应扣未扣、应收而不收税款的，由税务机关向纳税人追缴税款，对扣缴义务人处应扣未扣、应收未收税款百分之五十以上三倍以下的罚款。

第七十条　纳税人、扣缴义务人逃避、拒绝或者以其他方式阻挠税务机关检查的，由税务机关责令改正，可以处一万元以下的罚款；情节严重的，处一万元以上五万元以下的罚款。

第七十一条　违反本法第二十二条规定，非法印制发票的，由税务机关销毁非法印制的发票，没收违法所得和作案工具，并处一万元以上五万元以下的罚款；构成犯罪的，依法追究刑事责任。

第七十二条　从事生产、经营的纳税人、扣缴义务人有本法规定的税收违法行为，拒不接受税务机关处理的，税务机关可以收缴其发票或者停止向其发售发票。

第七十三条　纳税人、扣缴义务人的开户银行或者其他金融机构拒绝接受税务机关依法检查纳税人、扣缴义务人存款帐户，或者拒绝执行税务机关作出的冻结存款或者扣缴税款的决定，或者在接到税务机关的书面通知后帮助纳税人、扣缴义务人转移存款，造成税款流失的，由税务机关处十万元以上五十万元以下的罚款，对直接负责的主管人员和其他直接责任人员处一千元以上一万元以下的罚款。

第七十四条　本法规定的行政处罚，罚款额在二千元以下的，可以由税务所决定。

第七十五条　税务机关和司法机关的涉税罚没收入，应当按照税款入库预算级次上缴国库。

第七十六条　税务机关违反规定擅自改变税收征收管理范围和税款入库预算级次的，责令限期改正，对直接负责的主管人员和其他直接责任人员依法给予降级或者撤职的行政处分。

第七十七条　纳税人、扣缴义务人有本法第六十三条、第六十五条、第六十六条、第六十七条、第七十一条规定的行为涉嫌犯罪的，税务机关应当依法移交司法机关追究刑事责任。

税务人员徇私舞弊，对依法应当移交司法机关追究刑事责任的不移交，情节严重的，依法追究刑事责任。

第七十八条　未经税务机关依法委托征收税款的，责令退还收取的财物，依法给予行政处分或者行政处罚；致使他人合法权益受到损失的，依法承担赔偿责任；构成犯罪的，依法追究刑事责任。

第七十九条　税务机关、税务人员查封、扣押纳税人个人及其所扶养家属维持生活必需的住房和用品的，责令退还，依法给予行政处分；构成犯罪的，依法追究刑事责任。

第八十条　税务人员与纳税人、扣缴义务人勾结，唆使或者协助纳税人、扣缴义务人有本法第六十三条、第六十五条、第六十六条规定的行为，构成犯罪的，依法追究刑事责任；尚不构成犯罪的，依法给予行政处分。

第八十一条　税务人员利用职务上的便利，收受或者索取纳税人、扣缴义务人财物或者谋取其他不正当利益，构成犯罪的，依法追究刑事责任；尚不构成犯罪的，依法给予行政处分。

第八十二条　税务人员徇私舞弊或者玩忽职守，不征或者少征应征税款，致使国家税收遭受重大损失，构成犯罪的，依法追究刑事责任；尚不构成犯罪的，依法给予行政处分。

税务人员滥用职权，故意刁难纳税人、扣缴义务人的，调离税收工作岗位，并依法给予行政处分。

税务人员对控告、检举税收违法违纪行为的纳税人、扣缴义务人以及其他检举人进行打击报复的，依法给予行政处分；构成犯罪的，依法追究刑事责任。

税务人员违反法律、行政法规的规定，故意高估或者低估农业税计税产量，致使多征或者少征税款，侵犯农民合法权益或者损害国家利益，构成犯罪的，依法追究刑事责任；尚不构成犯罪的，依法给予行政处分。

第八十三条　违反法律、行政法规的规定提前征收、延缓征收或者摊派税款的，由其上级机关或者行政监察机关责令改正，对直接负责的主管人员和其他直接责任人员依法给予行政处分。

第八十四条　违反法律、行政法规的规定，擅自作出税收的开征、停征或者减税、免税、退税、补税以及其他同税收法律、行政法规相抵触的决定的，除依照本法规定撤销其擅自作出的决定外，补征应征未征税款，退还不应征收而征收的税款，并由上级机关追究直接负责的主管人员和其他直接责任人员的行政责任；构成犯罪的，依法追究刑事责任。

第八十五条　税务人员在征收税款或者查处税收违法案件时，未按照本法规定进行回避的，对直接负责的主管人员和其他直接责任人员，依法给予行政处分。

第八十六条　违反税收法律、行政法规应当给予行政处罚的行为，在五年内未被发现的，不再给予行政处罚。

第八十七条　未按照本法规定为纳税人、扣缴义务人、检举人保密的，对直接负责的主管人员和其他直接责任人员，由所在单位或者有关单位依法给予行政处分。

第八十八条　纳税人、扣缴义务人、纳税担保人同税务机关在纳税上发生争议时，必须先依照税务机关的纳税决定缴纳或者解缴税款及滞纳金或者提供相应的担保，然后可以依法申请行政复议；

对行政复议决定不服的，可以依法向人民法院起诉。

当事人对税务机关的处罚决定、强制执行措施或者税收保全措施不服的，可以依法申请行政复议，也可以依法向人民法院起诉。

当事人对税务机关的处罚决定逾期不申请行政复议也不向人民法院起诉、又不履行的，作出处罚决定的税务机关可以采取本法第四十条规定的强制执行措施，或者申请人民法院强制执行。

第六章 附 则

第八十九条 纳税人、扣缴义务人可以委托税务代理人代为办理税务事宜。

第九十条 耕地占用税、契税、农业税、牧业税征收管理的具体办法，由国务院另行制定。

关税及海关代征税收的征收管理，依照法律、行政法规的有关规定执行。

第九十一条 中华人民共和国同外国缔结的有关税收的条约、协定同本法有不同规定的，依照条约、协定的规定办理。

第九十二条 本法施行前颁布的税收法律与本法有不同规定的，适用本法规定。

第九十三条 国务院根据本法制定实施细则。

第九十四条 本法自2001年5月1日起施行。

中华人民共和国个人所得税法

- 1980 年 9 月 10 日第五届全国人民代表大会第三次会议通过
- 根据 1993 年 10 月 31 日第八届全国人民代表大会常务委员会第四次会议《关于修改〈中华人民共和国个人所得税法〉的决定》第一次修正
- 根据 1999 年 8 月 30 日第九届全国人民代表大会常务委员会第十一次会议《关于修改〈中华人民共和国个人所得税法〉的决定》第二次修正
- 根据 2005 年 10 月 27 日第十届全国人民代表大会常务委员会第十八次会议《关于修改〈中华人民共和国个人所得税法〉的决定》第三次修正
- 根据 2007 年 6 月 29 日第十届全国人民代表大会常务委员会第二十八次会议《关于修改〈中华人民共和国个人所得税法〉的决定》第四次修正
- 根据 2007 年 12 月 29 日第十届全国人民代表大会常务委员会第三十一次会议《关于修改〈中华人民共和国个人所得税法〉的决定》第五次修正
- 根据 2011 年 6 月 30 日第十一届全国人民代表大会常务委员会第二十一次会议《关于修改〈中华人民共和国个人所得税法〉的决定》第六次修正
- 根据 2018 年 8 月 31 日第十三届全国人民代表大会常务委员会第五次会议《关于修改〈中华人民共和国个人所得税法〉的决定》第七次修正

第一条　在中国境内有住所，或者无住所而一个纳税年度内在中国境内居住累计满一百八十三天的个人，为居民个人。居民个人从中国境内和境外取得的所得，依照本法规定缴纳个人所得税。

在中国境内无住所又不居住，或者无住所而一个纳税年度内在中国境内居住累计不满一百八十三天的个人，为非居民个人。非居民个人从中国境内取得的所得，依照本法规定缴纳个人所得税。

纳税年度，自公历一月一日起至十二月三十一日止。

第二条　下列各项个人所得，应当缴纳个人所得税：

（一）工资、薪金所得；

（二）劳务报酬所得；

（三）稿酬所得；

（四）特许权使用费所得；

（五）经营所得；

（六）利息、股息、红利所得；

（七）财产租赁所得；

（八）财产转让所得；

（九）偶然所得。

居民个人取得前款第一项至第四项所得（以下称综合所得），按纳税年度合并计算个人所得税；非居民个人取得前款第一项至第四项所得，按月或者按次分项计算个人所得税。纳税人取得前款第五项至第九项所得，依照本法规定分别计算个人所得税。

第三条　个人所得税的税率：

（一）综合所得，适用百分之三至百分之四十五的超额累进税率（税率表附后）；

（二）经营所得，适用百分之五至百分之三十五的超额累进税率（税率表附后）；

（三）利息、股息、红利所得，财产租赁所得，财产转让所得和偶然所得，适用比例税率，税率为百分之二十。

第四条 下列各项个人所得，免征个人所得税：

（一）省级人民政府、国务院部委和中国人民解放军军以上单位，以及外国组织、国际组织颁发的科学、教育、技术、文化、卫生、体育、环境保护等方面的奖金；

（二）国债和国家发行的金融债券利息；

（三）按照国家统一规定发给的补贴、津贴；

（四）福利费、抚恤金、救济金；

（五）保险赔款；

（六）军人的转业费、复员费、退役金；

（七）按照国家统一规定发给干部、职工的安家费、退职费、基本养老金或者退休费、离休费、离休生活补助费；

（八）依照有关法律规定应予免税的各国驻华使馆、领事馆的外交代表、领事官员和其他人员的所得；

（九）中国政府参加的国际公约、签订的协议中规定免税的所得；

（十）国务院规定的其他免税所得。

前款第十项免税规定，由国务院报全国人民代表大会常务委员会备案。

第五条 有下列情形之一的，可以减征个人所得税，具体幅度和期限，由省、自治区、直辖市人民政府规定，并报同级人民代表大会常务委员会备案：

（一）残疾、孤老人员和烈属的所得；

（二）因自然灾害遭受重大损失的。

国务院可以规定其他减税情形，报全国人民代表大会常务委员会备案。

第六条 应纳税所得额的计算：

（一）居民个人的综合所得，以每一纳税年度的收入额减除费用六万元以及专项扣除、专项附加扣除和依法确定的其他扣除后的余额，为应纳税所得额。

（二）非居民个人的工资、薪金所得，以每月收入额减除费用五千元后的余额为应纳税所得额；劳务报酬所得、稿酬所得、特许权使用费所得，以每次收入额为应纳税所得额。

（三）经营所得，以每一纳税年度的收入总额减除成本、费用以及损失后的余额，为应纳税所得额。

（四）财产租赁所得，每次收入不超过四千元的，减除费用八百元；四千元以上的，减除百分之二十的费用，其余额为应纳税所得额。

（五）财产转让所得，以转让财产的收入额减除财产原值和合理费用后的余额，为应纳税所得额。

（六）利息、股息、红利所得和偶然所得，以每次收入额为应纳税所得额。

劳务报酬所得、稿酬所得、特许权使用费所得以收入减除百分之二十的费用后的余额为收入额。稿酬所得的收入额减按百分之七十计算。

个人将其所得对教育、扶贫、济困等公益慈善事业进行捐赠，捐赠额未超过纳税人申报的应纳税所得额百分之三十的部分，可以从其应纳税所得额中扣除；国务院规定对公益慈善事业捐赠实行全额税前扣除的，从其规定。

本条第一款第一项规定的专项扣除，包括居民个人按照国家规定的范围和标准缴纳的基本养老保险、基本医疗保险、失业保险等社会保险费和住房公积金等；专项附加扣除，包括子女教育、继续教育、大病医疗、住房贷款利息或者住房租金、赡养老人等支出，具体范围、标准和实施步骤由国务院确定，并报全国人民代表大会常务委员会备案。

第七条 居民个人从中国境外取得的所得，可以从其应纳税额中抵免已在境外缴纳的个人所得税税额，但抵免额不得超过该纳税人境外所得依照本法规定计算的应纳税额。

第八条 有下列情形之一的，税务机关有权按照合理方法进行纳税调整：

（一）个人与其关联方之间的业务往来不符合独立交易原则而减少本人或者其关联方应纳税额，且无正当理由；

（二）居民个人控制的，或者居民个人和居民企业共同控制的设立在实际税负明显偏低的国家（地区）的企业，无合理经营需要，对应当归属于居民个人的利润不作分配或者减少分配；

（三）个人实施其他不具有合理商业目的的安排而获取不当税收利益。

税务机关依照前款规定作出纳税调整，需要补征税款的，应当补征税款，并依法加收利息。

第九条 个人所得税以所得人为纳税人，以支付所得的单位或者个人为扣缴义务人。

纳税人有中国公民身份号码的，以中国公民身份号码为纳税人识别号；纳税人没有中国公民身份号码的，由税务机关赋予其纳税人识别号。扣缴义务人扣缴税款时，纳税人应当向扣缴义务人提供纳税人识别号。

第十条 有下列情形之一的，纳税人应当依法办理纳税申报：

（一）取得综合所得需要办理汇算清缴；
（二）取得应税所得没有扣缴义务人；
（三）取得应税所得，扣缴义务人未扣缴税款；
（四）取得境外所得；
（五）因移居境外注销中国户籍；
（六）非居民个人在中国境内从两处以上取得工资、薪金所得；
（七）国务院规定的其他情形。

扣缴义务人应当按照国家规定办理全员全额扣缴申报，并向纳税人提供其个人所得和已扣缴税款等信息。

第十一条　居民个人取得综合所得，按年计算个人所得税；有扣缴义务人的，由扣缴义务人按月或者按次预扣预缴税款；需要办理汇算清缴的，应当在取得所得的次年三月一日至六月三十日内办理汇算清缴。预扣预缴办法由国务院税务主管部门制定。

居民个人向扣缴义务人提供专项附加扣除信息的，扣缴义务人按月预扣预缴税款时应当按照规定予以扣除，不得拒绝。

非居民个人取得工资、薪金所得，劳务报酬所得，稿酬所得和特许权使用费所得，有扣缴义务人的，由扣缴义务人按月或者按次代扣代缴税款，不办理汇算清缴。

第十二条　纳税人取得经营所得，按年计算个人所得税，由纳税人在月度或者季度终了后十五日内向税务机关报送纳税申报表，并预缴税款；在取得所得的次年三月三十一日前办理汇算清缴。

纳税人取得利息、股息、红利所得，财产租赁所得，财产转让所得和偶然所得，按月或者按次计算个人所得税，有扣缴义务人的，由扣缴义务人按月或者按次代扣代缴税款。

第十三条　纳税人取得应税所得没有扣缴义务人的，应当在取得所得的次月十五日内向税务机关报送纳税申报表，并缴纳税款。

纳税人取得应税所得，扣缴义务人未扣缴税款的，纳税人应当在取得所得的次年六月三十日前，缴纳税款；税务机关通知限期缴纳的，纳税人应当按照期限缴纳税款。

居民个人从中国境外取得所得的，应当在取得所得的次年三月一日至六月三十日内申报纳税。

非居民个人在中国境内从两处以上取得工资、薪金所得的，应当在取得所得的次月十五日内申报纳税。

纳税人因移居境外注销中国户籍的，应当在注销中国户籍前办理税款清算。

第十四条　扣缴义务人每月或者每次预扣、代扣的税款，应当在次月十五日内缴入国库，并向税务机关报送扣缴个人所得税申报表。

纳税人办理汇算清缴退税或者扣缴义务人为纳税人办理汇算清缴退税的，税务机关审核后，按照国库管理的有关规定办理退税。

第十五条　公安、人民银行、金融监督管理等相关部门应当协助税务机关确认纳税人的身份、金融账户信息。教育、卫生、医疗保障、民政、人力资源社会保障、住房城乡建设、公安、人民银行、金融监督管理等相关部门应当向税务机关提供纳税人子女教育、继续教育、大病医疗、住房贷款利息、住房租金、赡养老人等专项附加扣除信息。

个人转让不动产的，税务机关应当根据不动产登记等相关信息核验应缴的个人所得税，登记机构办理转移登记时，应当查验与该不动产转让相关的个人所得税的完税凭证。个人转让股权办理变更登记的，市场主体登记机关应当查验与该股权交易相关的个人所得税的完税凭证。

有关部门依法将纳税人、扣缴义务人遵守本法的情况纳入信用信息系统，并实施联合激励或者惩戒。

第十六条　各项所得的计算，以人民币为单位。所得为人民币以外的货币的，按照人民币汇率中间价折合成人民币缴纳税款。

第十七条　对扣缴义务人按照所扣缴的税款，付给百分之二的手续费。

第十八条　对储蓄存款利息所得开征、减征、停征个人所得税及其具体办法，由国务院规定，并报全国人民代表大会常务委员会备案。

第十九条　纳税人、扣缴义务人和税务机关及其工作人员违反本法规定的，依照《中华人民共和国税收征收管理法》和有关法律法规的规定追究法律责任。

第二十条　个人所得税的征收管理，依照本法和《中华人民共和国税收征收管理法》的规定执行。

第二十一条　国务院根据本法制定实施条例。

第二十二条　本法自公布之日起施行。

个人所得税税率表一

（综合所得适用）

级数	全年应纳税所得额	税率（%）
1	不超过 36000 元的	3
2	超过 36000 元至 144000 元的部分	10
3	超过 144000 元至 300000 元的部分	20
4	超过 300000 元至 420000 元的部分	25
5	超过 420000 元至 660000 元的部分	30
6	超过 660000 元至 960000 元的部分	35
7	超过 960000 元的部分	45

（注1：本表所称全年应纳税所得额是指依照本法第六条的规定，居民个人取得综合所得以每一纳税年度收入额减除费用六万元以及专项扣除、专项附加扣除和依法确定的其他扣除后的余额。

注2：非居民个人取得工资、薪金所得，劳务报酬所得，稿酬所得和特许权使用费所得，依照本表按月换算后计算应纳税额。）

个人所得税税率表二

（经营所得适用）

级数	全年应纳税所得额	税率（%）
1	不超过30000元的	5
2	超过30000元至90000元的部分	10
3	超过90000元至300000元的部分	20
4	超过300000元至500000元的部分	30
5	超过500000元的部分	35

（注：本表所称全年应纳税所得额是指依照本法第六条的规定，以每一纳税年度的收入总额减除成本、费用以及损失后的余额。）

中华人民共和国企业所得税法

· 2007 年 3 月 16 日第十届全国人民代表大会第五次会议通过
· 根据 2017 年 2 月 24 日第十二届全国人民代表大会常务委员会第二十六次会议《关于修改〈中华人民共和国企业所得税法〉的决定》第一次修正
· 根据 2018 年 12 月 29 日第十三届全国人民代表大会常务委员会第七次会议《关于修改〈中华人民共和国电力法〉等四部法律的决定》第二次修正

第一章 总 则

第一条 在中华人民共和国境内，企业和其他取得收入的组织（以下统称企业）为企业所得税的纳税人，依照本法的规定缴纳企业所得税。

个人独资企业、合伙企业不适用本法。

第二条 企业分为居民企业和非居民企业。

本法所称居民企业，是指依法在中国境内成立，或者依照外国（地区）法律成立但实际管理机构在中国境内的企业。

本法所称非居民企业，是指依照外国（地区）法律成立且实际管理机构不在中国境内，但在中国境内设立机构、场所的，或者在中国境内未设立机构、场所，但有来源于中国境内所得的企业。

第三条 居民企业应当就其来源于中国境内、境外的所得缴纳企业所得税。

非居民企业在中国境内设立机构、场所的,应当就其所设机构、场所取得的来源于中国境内的所得,以及发生在中国境外但与其所设机构、场所有实际联系的所得,缴纳企业所得税。

非居民企业在中国境内未设立机构、场所的,或者虽设立机构、场所但取得的所得与其所设机构、场所没有实际联系的,应当就其来源于中国境内的所得缴纳企业所得税。

第四条 企业所得税的税率为25%。

非居民企业取得本法第三条第三款规定的所得,适用税率为20%。

第二章 应纳税所得额

第五条 企业每一纳税年度的收入总额,减除不征税收入、免税收入、各项扣除以及允许弥补的以前年度亏损后的余额,为应纳税所得额。

第六条 企业以货币形式和非货币形式从各种来源取得的收入,为收入总额。包括:

(一)销售货物收入;

(二)提供劳务收入;

(三)转让财产收入;

(四)股息、红利等权益性投资收益;

(五)利息收入;

(六)租金收入;

(七)特许权使用费收入;

(八)接受捐赠收入;

（九）其他收入。

第七条 收入总额中的下列收入为不征税收入：

（一）财政拨款；

（二）依法收取并纳入财政管理的行政事业性收费、政府性基金；

（三）国务院规定的其他不征税收入。

第八条 企业实际发生的与取得收入有关的、合理的支出，包括成本、费用、税金、损失和其他支出，准予在计算应纳税所得额时扣除。

第九条 企业发生的公益性捐赠支出，在年度利润总额12%以内的部分，准予在计算应纳税所得额时扣除；超过年度利润总额12%的部分，准予结转以后三年内在计算应纳税所得额时扣除。

第十条 在计算应纳税所得额时，下列支出不得扣除：

（一）向投资者支付的股息、红利等权益性投资收益款项；

（二）企业所得税税款；

（三）税收滞纳金；

（四）罚金、罚款和被没收财物的损失；

（五）本法第九条规定以外的捐赠支出；

（六）赞助支出；

（七）未经核定的准备金支出；

（八）与取得收入无关的其他支出。

第十一条 在计算应纳税所得额时，企业按照规定计算的固定资产折旧，准予扣除。

下列固定资产不得计算折旧扣除：

（一）房屋、建筑物以外未投入使用的固定资产；

（二）以经营租赁方式租入的固定资产；

（三）以融资租赁方式租出的固定资产；

（四）已足额提取折旧仍继续使用的固定资产；

（五）与经营活动无关的固定资产；

（六）单独估价作为固定资产入账的土地；

（七）其他不得计算折旧扣除的固定资产。

第十二条　在计算应纳税所得额时，企业按照规定计算的无形资产摊销费用，准予扣除。

下列无形资产不得计算摊销费用扣除：

（一）自行开发的支出已在计算应纳税所得额时扣除的无形资产；

（二）自创商誉；

（三）与经营活动无关的无形资产；

（四）其他不得计算摊销费用扣除的无形资产。

第十三条　在计算应纳税所得额时，企业发生的下列支出作为长期待摊费用，按照规定摊销的，准予扣除：

（一）已足额提取折旧的固定资产的改建支出；

（二）租入固定资产的改建支出；

（三）固定资产的大修理支出；

（四）其他应当作为长期待摊费用的支出。

第十四条　企业对外投资期间，投资资产的成本在计算应纳税所得额时不得扣除。

第十五条　企业使用或者销售存货，按照规定计算的存货成本，准予在计算应纳税所得额时扣除。

第十六条　企业转让资产，该项资产的净值，准予在计算应纳税所得额时扣除。

第十七条　企业在汇总计算缴纳企业所得税时，其境外营业机构的亏损不得抵减境内营业机构的盈利。

第十八条　企业纳税年度发生的亏损，准予向以后年度结转，用以后年度的所得弥补，但结转年限最长不得超过五年。

第十九条　非居民企业取得本法第三条第三款规定的所得，按照下列方法计算其应纳税所得额：

（一）股息、红利等权益性投资收益和利息、租金、特许权使用费所得，以收入全额为应纳税所得额；

（二）转让财产所得，以收入全额减除财产净值后的余额为应纳税所得额；

（三）其他所得，参照前两项规定的方法计算应纳税所得额。

第二十条　本章规定的收入、扣除的具体范围、标准和资产的税务处理的具体办法，由国务院财政、税务主管部门规定。

第二十一条　在计算应纳税所得额时，企业财务、会计处理办法与税收法律、行政法规的规定不一致的，应当依照税收法律、行政法规的规定计算。

第三章　应 纳 税 额

第二十二条　企业的应纳税所得额乘以适用税率，减除依照本法关于税收优惠的规定减免和抵免的税额后的余额，为应纳税额。

第二十三条　企业取得的下列所得已在境外缴纳的所得税税额，可以从其当期应纳税额中抵免，抵免限额为该项所得依照本法规定计算的应纳税额；超过抵免限额的部分，可以在以后五个年度内，用每年度抵免限额抵免当年应抵税额后的余额进行抵补：

（一）居民企业来源于中国境外的应税所得；

（二）非居民企业在中国境内设立机构、场所，取得发生在中国境外但与该机构、场所有实际联系的应税所得。

第二十四条　居民企业从其直接或者间接控制的外国企业分得的来源于中国境外的股息、红利等权益性投资收益，外国企业在境外实际缴纳的所得税税额中属于该项所得负担的部分，可以作为该居民企业的可抵免境外所得税税额，在本法第二十三条规定的抵免限额内抵免。

第四章　税 收 优 惠

第二十五条　国家对重点扶持和鼓励发展的产业和项目，给予企业所得税优惠。

第二十六条　企业的下列收入为免税收入：

（一）国债利息收入；

（二）符合条件的居民企业之间的股息、红利等权益性投资收益；

（三）在中国境内设立机构、场所的非居民企业从居民企业取得与该机构、场所有实际联系的股息、红利等权益性投资收益；

（四）符合条件的非营利组织的收入。

第二十七条　企业的下列所得，可以免征、减征企业所得税：

（一）从事农、林、牧、渔业项目的所得；

（二）从事国家重点扶持的公共基础设施项目投资经营的所得；

（三）从事符合条件的环境保护、节能节水项目的所得；

（四）符合条件的技术转让所得；

（五）本法第三条第三款规定的所得。

第二十八条 符合条件的小型微利企业,减按20%的税率征收企业所得税。

国家需要重点扶持的高新技术企业,减按15%的税率征收企业所得税。

第二十九条 民族自治地方的自治机关对本民族自治地方的企业应缴纳的企业所得税中属于地方分享的部分,可以决定减征或者免征。自治州、自治县决定减征或者免征的,须报省、自治区、直辖市人民政府批准。

第三十条 企业的下列支出,可以在计算应纳税所得额时加计扣除:

(一)开发新技术、新产品、新工艺发生的研究开发费用;

(二)安置残疾人员及国家鼓励安置的其他就业人员所支付的工资。

第三十一条 创业投资企业从事国家需要重点扶持和鼓励的创业投资,可以按投资额的一定比例抵扣应纳税所得额。

第三十二条 企业的固定资产由于技术进步等原因,确需加速折旧的,可以缩短折旧年限或者采取加速折旧的方法。

第三十三条 企业综合利用资源,生产符合国家产业政策规定的产品所取得的收入,可以在计算应纳税所得额时减计收入。

第三十四条 企业购置用于环境保护、节能节水、安全生产等专用设备的投资额,可以按一定比例实行税额抵免。

第三十五条 本法规定的税收优惠的具体办法,由国务院规定。

第三十六条 根据国民经济和社会发展的需要,或者由于突发事件等原因对企业经营活动产生重大影响的，国务院可以制定企业所得税专项优惠政策，报全国人民代表大会常务委员会备案。

第五章　源泉扣缴

第三十七条　对非居民企业取得本法第三条第三款规定的所得应缴纳的所得税，实行源泉扣缴，以支付人为扣缴义务人。税款由扣缴义务人在每次支付或者到期应支付时，从支付或者到期应支付的款项中扣缴。

第三十八条　对非居民企业在中国境内取得工程作业和劳务所得应缴纳的所得税，税务机关可以指定工程价款或者劳务费的支付人为扣缴义务人。

第三十九条　依照本法第三十七条、第三十八条规定应当扣缴的所得税，扣缴义务人未依法扣缴或者无法履行扣缴义务的，由纳税人在所得发生地缴纳。纳税人未依法缴纳的，税务机关可以从该纳税人在中国境内其他收入项目的支付人应付的款项中，追缴该纳税人的应纳税款。

第四十条　扣缴义务人每次代扣的税款，应当自代扣之日起七日内缴入国库，并向所在地的税务机关报送扣缴企业所得税报告表。

第六章　特别纳税调整

第四十一条　企业与其关联方之间的业务往来，不符合独立交易原则而减少企业或者其关联方应纳税收入或者所得额的，税务机关有权按照合理方法调整。

企业与其关联方共同开发、受让无形资产，或者共同提供、接受劳务发生的成本，在计算应纳税所得额时应当按照独立交易原则进行分摊。

第四十二条 企业可以向税务机关提出与其关联方之间业务往来的定价原则和计算方法，税务机关与企业协商、确认后，达成预约定价安排。

第四十三条 企业向税务机关报送年度企业所得税纳税申报表时，应当就其与关联方之间的业务往来，附送年度关联业务往来报告表。

税务机关在进行关联业务调查时，企业及其关联方，以及与关联业务调查有关的其他企业，应当按照规定提供相关资料。

第四十四条 企业不提供与其关联方之间业务往来资料，或者提供虚假、不完整资料，未能真实反映其关联业务往来情况的，税务机关有权依法核定其应纳税所得额。

第四十五条 由居民企业，或者由居民企业和中国居民控制的设立在实际税负明显低于本法第四条第一款规定税率水平的国家（地区）的企业，并非由于合理的经营需要而对利润不作分配或者减少分配的，上述利润中应归属于该居民企业的部分，应当计入该居民企业的当期收入。

第四十六条 企业从其关联方接受的债权性投资与权益性投资的比例超过规定标准而发生的利息支出，不得在计算应纳税所得额时扣除。

第四十七条 企业实施其他不具有合理商业目的的安排而减少其应纳税收入或者所得额的，税务机关有权按照合理方法调整。

第四十八条 税务机关依照本章规定作出纳税调整，需要补征税款的，应当补征税款，并按照国务院规定加收利息。

第七章　征收管理

第四十九条　企业所得税的征收管理除本法规定外，依照《中华人民共和国税收征收管理法》的规定执行。

第五十条　除税收法律、行政法规另有规定外，居民企业以企业登记注册地为纳税地点；但登记注册地在境外的，以实际管理机构所在地为纳税地点。

居民企业在中国境内设立不具有法人资格的营业机构的，应当汇总计算并缴纳企业所得税。

第五十一条　非居民企业取得本法第三条第二款规定的所得，以机构、场所所在地为纳税地点。非居民企业在中国境内设立两个或者两个以上机构、场所，符合国务院税务主管部门规定条件的，可以选择由其主要机构、场所汇总缴纳企业所得税。

非居民企业取得本法第三条第三款规定的所得，以扣缴义务人所在地为纳税地点。

第五十二条　除国务院另有规定外，企业之间不得合并缴纳企业所得税。

第五十三条　企业所得税按纳税年度计算。纳税年度自公历1月1日起至12月31日止。

企业在一个纳税年度中间开业，或者终止经营活动，使该纳税年度的实际经营期不足十二个月的，应当以其实际经营期为一个纳税年度。

企业依法清算时，应当以清算期间作为一个纳税年度。

第五十四条　企业所得税分月或者分季预缴。

企业应当自月份或者季度终了之日起十五日内，向税务机关报送预缴企业所得税纳税申报表，预缴税款。

企业应当自年度终了之日起五个月内，向税务机关报送年度企业所得税纳税申报表，并汇算清缴，结清应缴应退税款。

企业在报送企业所得税纳税申报表时，应当按照规定附送财务会计报告和其他有关资料。

第五十五条　企业在年度中间终止经营活动的，应当自实际经营终止之日起六十日内，向税务机关办理当期企业所得税汇算清缴。

企业应当在办理注销登记前，就其清算所得向税务机关申报并依法缴纳企业所得税。

第五十六条　依照本法缴纳的企业所得税，以人民币计算。所得以人民币以外的货币计算的，应当折合成人民币计算并缴纳税款。

第八章　附　　则

第五十七条　本法公布前已经批准设立的企业，依照当时的税收法律、行政法规规定，享受低税率优惠的，按照国务院规定，可以在本法施行后五年内，逐步过渡到本法规定的税率；享受定期减免税优惠的，按照国务院规定，可以在本法施行后继续享受到期满为止，但因未获利而尚未享受优惠的，优惠期限从本法施行年度起计算。

法律设置的发展对外经济合作和技术交流的特定地区内，以及国务院已规定执行上述地区特殊政策的地区内新设立的国家需要重点扶持的高新技术企业，可以享受过渡性税收优惠，具体办法由国务院规定。

国家已确定的其他鼓励类企业，可以按照国务院规定享受减免税优惠。

第五十八条　中华人民共和国政府同外国政府订立的有关税收的协定与本法有不同规定的，依照协定的规定办理。

第五十九条　国务院根据本法制定实施条例。

第六十条　本法自 2008 年 1 月 1 日起施行。1991 年 4 月 9 日第七届全国人民代表大会第四次会议通过的《中华人民共和国外商投资企业和外国企业所得税法》和 1993 年 12 月 13 日国务院发布的《中华人民共和国企业所得税暂行条例》同时废止。

（三）治安管理与刑事风险

1. 治安管理

中华人民共和国治安管理处罚法（节录）

·2005年8月28日第十届全国人民代表大会常务委员会第十七次会议通过

·根据2012年10月26日第十一届全国人民代表大会常务委员会第二十九次会议《关于修改〈中华人民共和国治安管理处罚法〉的决定》修正

第二十四条　有下列行为之一，扰乱文化、体育等大型群众性活动秩序的，处警告或者二百元以下罚款；情节严重的，处五日以上十日以下拘留，可以并处五百元以下罚款：

（一）强行进入场内的；

（二）违反规定，在场内燃放烟花爆竹或者其他物品的；

（三）展示侮辱性标语、条幅等物品的；

（四）围攻裁判员、运动员或者其他工作人员的；

（五）向场内投掷杂物，不听制止的；

（六）扰乱大型群众性活动秩序的其他行为。

因扰乱体育比赛秩序被处以拘留处罚的，可以同时责令其十二个月内不得进入体育场馆观看同类比赛；违反规定进入体育场馆的，强行带离现场。

……

第三十八条　举办文化、体育等大型群众性活动，违反有关规定，有发生安全事故危险的，责令停止活动，立即疏散；对组织者处五日以上十日以下拘留，并处二百元以上五百元以下罚款；情节较轻的，处五日以下拘留或者五百元以下罚款。

第三十九条　旅馆、饭店、影剧院、娱乐场、运动场、展览馆或者其他供社会公众活动的场所的经营管理人员，违反安全规定，致使该场所有发生安全事故危险，经公安机关责令改正，拒不改正的，处五日以下拘留。

第四十条　有下列行为之一的，处十日以上十五日以下拘留，并处五百元以上一千元以下罚款；情节较轻的，处五日以上十日以下拘留，并处二百元以上五百元以下罚款：

（一）组织、胁迫、诱骗不满十六周岁的人或者残疾人进行恐怖、残忍表演的；

（二）以暴力、威胁或者其他手段强迫他人劳动的；

（三）非法限制他人人身自由、非法侵入他人住宅或者非法搜查他人身体的。

……

第四十三条　殴打他人的，或者故意伤害他人身体的，处五日以上十日以下拘留，并处二百元以上五百元以下罚款；情节较轻的，处五日以下拘留或者五百元以下罚款。

有下列情形之一的，处十日以上十五日以下拘留，并处五百元以上一千元以下罚款：

（一）结伙殴打、伤害他人的；

（二）殴打、伤害残疾人、孕妇、不满十四周岁的人或者六十周岁以上的人的；

（三）多次殴打、伤害他人或者一次殴打、伤害多人的。

……

第五十二条　有下列行为之一的，处十日以上十五日以下拘留，可以并处一千元以下罚款；情节较轻的，处五日以上十日以下拘留，可以并处五百元以下罚款：

（一）伪造、变造或者买卖国家机关、人民团体、企业、事业单位或者其他组织的公文、证件、证明文件、印章的；

（二）买卖或者使用伪造、变造的国家机关、人民团体、企业、事业单位或者其他组织的公文、证件、证明文件的；

（三）伪造、变造、倒卖车票、船票、航空客票、文艺演出票、体育比赛入场券或者其他有价票证、凭证的；

（四）伪造、变造船舶户牌，买卖或者使用伪造、变造的船舶户牌，或者涂改船舶发动机号码的。

……

第六十九条　有下列行为之一的，处十日以上十五日以下拘留，并处五百元以上一千元以下罚款：

（一）组织播放淫秽音像的；

（二）组织或者进行淫秽表演的；

（三）参与聚众淫乱活动的。

明知他人从事前款活动，为其提供条件的，依照前款的规定处罚。

第七十条　以营利为目的，为赌博提供条件的，或者参与赌博赌资较大的，处五日以下拘留或者五百元以下罚款；情节严重的，处十日以上十五日以下拘留，并处五百元以上三千元以下罚款。

2. 刑事风险

中华人民共和国刑法（节录）

- 1979 年 7 月 1 日第五届全国人民代表大会第二次会议通过
- 1997 年 3 月 14 日第八届全国人民代表大会第五次会议修订
- 根据 1998 年 12 月 29 日第九届全国人民代表大会常务委员会第六次会议通过的《全国人民代表大会常务委员会关于惩治骗购外汇、逃汇和非法买卖外汇犯罪的决定》、1999 年 12 月 25 日第九届全国人民代表大会常务委员会第十三次会议通过的《中华人民共和国刑法修正案》、2001 年 8 月 31 日第九届全国人民代表大会常务委员会第二十三次会议通过的《中华人民共和国刑法修正案（二）》、2001 年 12 月 29 日第九届全国人民代表大会常务委员会第二十五次会议通过的《中华人民共和国刑法修正案（三）》、2002 年 12 月 28 日第九届全国人民代表大会常务委员会第三十一次会议通过的《中华人民共和国刑法修正案（四）》、2005 年 2 月 28 日第十届全国人民代表大会常务委员会第十四次会议通过的《中华人民共和国刑法修正案（五）》、2006 年 6 月 29 日第十届全国人民代表大会常务委员会第二十二次会议通过的《中华人民共和国刑法修正案（六）》、2009 年 2 月 28 日第十一届全国人民代表大会常务委员会第七次会议通过的《中华人民共和国刑法修正案（七）》、2009 年 8 月 27 日第十一届全国人民代表大会常务委员会第十次会议通过的《全国人民代表大会常务委员会关于修改部分法律的决定》、2011年2月25日第十一届全国人民代表大会常务委员会第十九次会议通过的《中华人民共和国刑法修正案（八）》、2015年8月29日第十二届全国人民代表大会常务委员会第十六次会议通过的《中华人民共和国刑法修正案（九）》、2017年11月4日第十二届全国人民代表大会常务委员会第三十次会议通过的《中华人民共和国刑法修正案（十）》和2020年12月26日第十三届全国人民代表大会常务委员会第二十四次会议通过的《中华人民共和国刑法修正案（十一）》修正①

第一百三十三条　【交通肇事罪】违反交通运输管理法规，因而发生重大事故，致人重伤、死亡或者使公私财产遭受重大损失的，处三年以下有期徒刑或者拘役；交通运输肇事后逃逸或者有其他特别恶劣情节的，处三年以上七年以下有期徒刑；因逃逸致人死亡的，处七年以上有期徒刑。

第一百三十三条之一　【危险驾驶罪】在道路上驾驶机动车，有下列情形之一的，处拘役，并处罚金：

（一）追逐竞驶，情节恶劣的；

（二）醉酒驾驶机动车的；

（三）从事校车业务或者旅客运输，严重超过额定乘员载客，或者严重超过规定时速行驶的；

（四）违反危险化学品安全管理规定运输危险化学品，危及公共安全的。

机动车所有人、管理人对前款第三项、第四项行为负有直接责任的，依照前款的规定处罚。

有前两款行为，同时构成其他犯罪的，依照处罚较重的规定定

---

① 刑法、历次刑法修正案、涉及修改刑法的决定的施行日期，分别依据各法律所规定的施行日期确定。条文主旨根据司法解释确定罪名所加。

罪处罚。

……

第一百九十一条 【洗钱罪】为掩饰、隐瞒毒品犯罪、黑社会性质的组织犯罪、恐怖活动犯罪、走私犯罪、贪污贿赂犯罪、破坏金融管理秩序犯罪、金融诈骗犯罪的所得及其产生的收益的来源和性质，有下列行为之一的，没收实施以上犯罪的所得及其产生的收益，处五年以下有期徒刑或者拘役，并处或者单处罚金；情节严重的，处五年以上十年以下有期徒刑，并处罚金：

（一）提供资金帐户的；

（二）将财产转换为现金、金融票据、有价证券的；

（三）通过转帐或者其他支付结算方式转移资金的；

（四）跨境转移资产的；

（五）以其他方法掩饰、隐瞒犯罪所得及其收益的来源和性质的。

单位犯前款罪的，对单位判处罚金，并对其直接负责的主管人员和其他直接责任人员，依照前款的规定处罚。

……

第二百零一条 【逃税罪】纳税人采取欺骗、隐瞒手段进行虚假纳税申报或者不申报，逃避缴纳税款数额较大并且占应纳税额百分之十以上的，处三年以下有期徒刑或者拘役，并处罚金；数额巨大并且占应纳税额百分之三十以上的，处三年以上七年以下有期徒刑，并处罚金。

扣缴义务人采取前款所列手段，不缴或者少缴已扣、已收税款，数额较大的，依照前款的规定处罚。

对多次实施前两款行为，未经处理的，按照累计数额计算。

有第一款行为，经税务机关依法下达追缴通知后，补缴应纳税款，缴纳滞纳金，已受行政处罚的，不予追究刑事责任；但是，五年内因逃避缴纳税款受过刑事处罚或者被税务机关给予二次以上行政处罚的除外。

……

第二百三十四条　【故意伤害罪】故意伤害他人身体的，处三年以下有期徒刑、拘役或者管制。

犯前款罪，致人重伤的，处三年以上十年以下有期徒刑；致人死亡或者以特别残忍手段致人重伤造成严重残疾的，处十年以上有期徒刑、无期徒刑或者死刑。本法另有规定的，依照规定。

……

第二百三十六条　【强奸罪】以暴力、胁迫或者其他手段强奸妇女的，处三年以上十年以下有期徒刑。

奸淫不满十四周岁的幼女的，以强奸论，从重处罚。

强奸妇女、奸淫幼女，有下列情形之一的，处十年以上有期徒刑、无期徒刑或者死刑：

（一）强奸妇女、奸淫幼女情节恶劣的；

（二）强奸妇女、奸淫幼女多人的；

（三）在公共场所当众强奸妇女、奸淫幼女的；

（四）二人以上轮奸的；

（五）奸淫不满十周岁的幼女或者造成幼女伤害的；

（六）致使被害人重伤、死亡或者造成其他严重后果的。

……

第二百九十三条　【寻衅滋事罪】有下列寻衅滋事行为之一，破坏社会秩序的，处五年以下有期徒刑、拘役或者管制：

（一）随意殴打他人，情节恶劣的；

（二）追逐、拦截、辱骂、恐吓他人，情节恶劣的；

(三) 强拿硬要或者任意损毁、占用公私财物，情节严重的；

(四) 在公共场所起哄闹事，造成公共场所秩序严重混乱的。

纠集他人多次实施前款行为，严重破坏社会秩序的，处五年以上十年以下有期徒刑，可以并处罚金。

……

第三百零三条 【赌博罪】以营利为目的，聚众赌博或者以赌博为业的，处三年以下有期徒刑、拘役或者管制，并处罚金。

【开设赌场罪】开设赌场的，处五年以下有期徒刑、拘役或者管制，并处罚金；情节严重的，处五年以上十年以下有期徒刑，并处罚金。

【组织参与国（境）外赌博罪】组织中华人民共和国公民参与国（境）外赌博，数额巨大或者有其他严重情节的，依照前款的规定处罚。

……

第三百四十八条 【非法持有毒品罪】非法持有鸦片一千克以上、海洛因或者甲基苯丙胺五十克以上或者其他毒品数量大的，处七年以上有期徒刑或者无期徒刑，并处罚金；非法持有鸦片二百克以上不满一千克、海洛因或者甲基苯丙胺十克以上不满五十克或者其他毒品数量较大的，处三年以下有期徒刑、拘役或者管制，并处罚金；情节严重的，处三年以上七年以下有期徒刑，并处罚金。

……

第三百五十三条 【引诱、教唆、欺骗他人吸毒罪】引诱、教唆、欺骗他人吸食、注射毒品的，处三年以下有期徒刑、拘役或者管制，并处罚金；情节严重的，处三年以上七年以下有期徒刑，并处罚金。

【强迫他人吸毒罪】强迫他人吸食、注射毒品的，处三年以上十年以下有期徒刑，并处罚金。

引诱、教唆、欺骗或者强迫未成年人吸食、注射毒品的，从重处罚。

第三百五十四条 【容留他人吸毒罪】容留他人吸食、注射毒品的，处三年以下有期徒刑、拘役或者管制，并处罚金。

……

第三百五十八条 【组织卖淫罪】【强迫卖淫罪】组织、强迫他人卖淫的，处五年以上十年以下有期徒刑，并处罚金；情节严重的，处十年以上有期徒刑或者无期徒刑，并处罚金或者没收财产。

组织、强迫未成年人卖淫的，依照前款的规定从重处罚。

犯前两款罪，并有杀害、伤害、强奸、绑架等犯罪行为的，依照数罪并罚的规定处罚。

【协助组织卖淫罪】为组织卖淫的人招募、运送人员或者有其他协助组织他人卖淫行为的，处五年以下有期徒刑，并处罚金；情节严重的，处五年以上十年以下有期徒刑，并处罚金。

第三百五十九条 【引诱、容留、介绍卖淫罪】引诱、容留、介绍他人卖淫的，处五年以下有期徒刑、拘役或者管制，并处罚金；情节严重的，处五年以上有期徒刑，并处罚金。

【引诱幼女卖淫罪】引诱不满十四周岁的幼女卖淫的，处五年以上有期徒刑，并处罚金。

第三百六十条 【传播性病罪】明知自己患有梅毒、淋病等严重性病卖淫、嫖娼的，处五年以下有期徒刑、拘役或者管制，并处罚金。

……

第三百六十二条 【窝藏、包庇罪】旅馆业、饮食服务业、文化娱乐业、出租汽车业等单位的人员，在公安机关查处卖淫、嫖娼活动时，为违法犯罪分子通风报信，情节严重的，依照本法第三百一十条的规定定罪处罚。

……

第三百八十九条 【行贿罪】为谋取不正当利益，给予国家工作人员以财物的，是行贿罪。

在经济往来中，违反国家规定，给予国家工作人员以财物，数额较大的，或者违反国家规定，给予国家工作人员以各种名义的回扣、手续费的，以行贿论处。

因被勒索给予国家工作人员以财物，没有获得不正当利益的，不是行贿。

……

第三百九十三条 【单位行贿罪】单位为谋取不正当利益而行贿，或者违反国家规定，给予国家工作人员以回扣、手续费，情节严重的，对单位判处罚金，并对其直接负责的主管人员和其他直接责任人员，处五年以下有期徒刑或者拘役，并处罚金。因行贿取得的违法所得归个人所有的，依照本法第三百八十九条、第三百九十条的规定定罪处罚。

最高人民法院、最高人民检察院、公安部
关于办理醉酒驾驶机动车刑事案件
适用法律若干问题的意见

- 2013 年 12 月 18 日公布施行
- 法发〔2013〕15 号

为保障法律的正确、统一实施，依法惩处醉酒驾驶机动车犯罪，维护公共安全和人民群众生命财产安全，根据刑法、刑事诉讼法的有关规定，结合侦查、起诉、审判实践，制定本意见。

一、在道路上驾驶机动车，血液酒精含量达到 80 毫克/100 毫升以上的，属于醉酒驾驶机动车，依照刑法第一百三十三条之一第一款的规定，以危险驾驶罪定罪处罚。

前款规定的"道路""机动车"，适用道路交通安全法的有关规定。

二、醉酒驾驶机动车，具有下列情形之一的，依照刑法第一百三十三条之一第一款的规定，从重处罚：

（一）造成交通事故且负事故全部或者主要责任，或者造成交通事故后逃逸，尚未构成其他犯罪的；

（二）血液酒精含量达到 200 毫克/100 毫升以上的；

（三）在高速公路、城市快速路上驾驶的；

（四）驾驶载有乘客的营运机动车的；

（五）有严重超员、超载或者超速驾驶，无驾驶资格驾驶机动车，使用伪造或者变造的机动车牌证等严重违反道路交通安全法的行为的；

（六）逃避公安机关依法检查，或者拒绝、阻碍公安机关依法检查尚未构成其他犯罪的；

（七）曾因酒后驾驶机动车受过行政处罚或者刑事追究的；

（八）其他可以从重处罚的情形。

三、醉酒驾驶机动车，以暴力、威胁方法阻碍公安机关依法检查，又构成妨害公务罪等其他犯罪的，依照数罪并罚的规定处罚。

四、对醉酒驾驶机动车的被告人判处罚金，应当根据被告人的醉酒程度、是否造成实际损害、认罪悔罪态度等情况，确定与主刑相适应的罚金数额。

五、公安机关在查处醉酒驾驶机动车的犯罪嫌疑人时，对查获经过、呼气酒精含量检验和抽取血样过程应当制作记录；有条件的，应当拍照、录音或者录像；有证人的，应当收集证人证言。

六、血液酒精含量检验鉴定意见是认定犯罪嫌疑人是否醉酒的依据。犯罪嫌疑人经呼气酒精含量检验达到本意见第一条规定的醉酒标准，在抽取血样之前脱逃的，可以以呼气酒精含量检验结果作为认定其醉酒的依据。

犯罪嫌疑人在公安机关依法检查时，为逃避法律追究，在呼气酒精含量检验或者抽取血样前又饮酒，经检验其血液酒精含量达到本意见第一条规定的醉酒标准的，应当认定为醉酒。

七、办理醉酒驾驶机动车刑事案件，应当严格执行刑事诉讼法的有关规定，切实保障犯罪嫌疑人、被告人的诉讼权利，在法定诉讼期限内及时侦查、起诉、审判。

对醉酒驾驶机动车的犯罪嫌疑人、被告人，根据案件情况，可以拘留或者取保候审。对符合取保候审条件，但犯罪嫌疑人、被告人不能提出保证人，也不交纳保证金的，可以监视居住。对违反取保候审、监视居住规定的犯罪嫌疑人、被告人，情节严重的，可以予以逮捕。

最高人民法院、最高人民检察院关于常见犯罪的量刑指导意见（试行）（节录）

- 2021年6月16日公布
- 自2021年7月1日起施行
- 法发〔2021〕21号

四、常见犯罪的量刑

（一）交通肇事罪

1. 构成交通肇事罪的，根据下列情形在相应的幅度内确定量刑起点：

（1）致人重伤、死亡或者使公私财产遭受重大损失的，在二年以下有期徒刑、拘役幅度内确定量刑起点。

（2）交通运输肇事后逃逸或者有其他特别恶劣情节的，在三年至五年有期徒刑幅度内确定量刑起点。

（3）因逃逸致一人死亡的，在七年至十年有期徒刑幅度内确定量刑起点。

2. 在量刑起点的基础上，根据事故责任、致人重伤、死亡的人数或者财产损失的数额以及逃逸等其他影响犯罪构成的犯罪事实增加刑罚量，确定基准刑。

3. 构成交通肇事罪的，综合考虑事故责任、危害后果、赔偿谅解等犯罪事实、量刑情节，以及被告人的主观恶性、人身危险性、认罪悔罪表现等因素,决定缓刑的适用。

(二) 危险驾驶罪

1. 构成危险驾驶罪的,依法在一个月至六个月拘役幅度内确定宣告刑。

2. 构成危险驾驶罪的,根据危险驾驶行为、实际损害后果等犯罪情节,综合考虑被告人缴纳罚金的能力,决定罚金数额。

3. 构成危险驾驶罪的,综合考虑危险驾驶行为、危害后果等犯罪事实、量刑情节,以及被告人主观恶性、人身危险性、认罪悔罪表现等因素,决定缓刑的适用。

……

(八) 强奸罪

1. 构成强奸罪的,根据下列情形在相应的幅度内确定量刑起点:

(1) 强奸妇女一人的,在三年至六年有期徒刑幅度内确定量刑起点。

奸淫幼女一人的,在四年至七年有期徒刑幅度内确定量刑起点。

(2) 有下列情形之一的,在十年至十三年有期徒刑幅度内确定量刑起点:强奸妇女、奸淫幼女情节恶劣的;强奸妇女、奸淫幼女三人的;在公共场所当众强奸妇女、奸淫幼女的;二人以上轮奸妇女的;奸淫不满十周岁的幼女或者造成幼女伤害的;强奸致被害人重伤或者造成其他严重后果的。依法应当判处无期徒刑以上刑罚的除外。

2. 在量刑起点的基础上,根据强奸妇女、奸淫幼女情节恶劣程度、强奸人数、致人伤害后果等其他影响犯罪构成的犯罪事实增加刑罚量,确定基准刑。

强奸多人多次的,以强奸人数作为增加刑罚量的事实,强奸次数作为调节基准刑的量刑情节。

3. 构成强奸罪的，综合考虑强奸的手段、危害后果等犯罪事实、量刑情节，以及被告人的主观恶性、人身危险性、认罪悔罪表现等因素，从严把握缓刑的适用。

……

（二十一）非法持有毒品罪

1. 构成非法持有毒品罪的，根据下列情形在相应的幅度内确定量刑起点：

（1）非法持有鸦片一千克以上、海洛因或者甲基苯丙胺五十克以上或者其他毒品数量大的，在七年至九年有期徒刑幅度内确定量刑起点。依法应当判处无期徒刑的除外。

（2）非法持有毒品情节严重的，在三年至四年有期徒刑幅度内确定量刑起点。

（3）非法持有鸦片二百克、海洛因或者甲基苯丙胺十克或者其他毒品数量较大的，在一年以下有期徒刑、拘役幅度内确定量刑起点。

2. 在量刑起点的基础上，根据毒品数量等其他影响犯罪构成的犯罪事实增加刑罚量，确定基准刑。

3. 构成非法持有毒品罪的，根据非法持有毒品的种类、数量等犯罪情节，综合考虑被告人缴纳罚金的能力，决定罚金数额。

4. 构成非法持有毒品罪的，综合考虑非法持有毒品的种类、数量等犯罪事实、量刑情节，以及被告人主观恶性、人身危险性、认罪悔罪表现等因素，从严把握缓刑的适用。

（二十二）容留他人吸毒罪

1. 构成容留他人吸毒罪的，在一年以下有期徒刑、拘役幅度内确定量刑起点。

2. 在量刑起点的基础上，根据容留他人吸毒的人数、次数等其他影响犯罪构成的犯罪事实增加刑罚量,确定基准刑。

3. 构成容留他人吸毒罪的,根据容留他人吸毒的人数、次数、违法所得数额、危害后果等犯罪情节,综合考虑被告人缴纳罚金的能力,决定罚金数额。

4. 构成容留他人吸毒罪的,综合考虑容留他人吸毒的人数、次数、危害后果等犯罪事实、量刑情节,以及被告人主观恶性、人身危险性、认罪悔罪表现等因素,决定缓刑的适用。

(二十三)引诱、容留、介绍卖淫罪

1. 构成引诱、容留、介绍卖淫罪的,根据下列情形在相应的幅度内确定量刑起点:

(1)情节一般的,在二年以下有期徒刑、拘役幅度内确定量刑起点。

(2)情节严重的,在五年至七年有期徒刑幅度内确定量刑起点。

2. 在量刑起点的基础上,根据引诱、容留、介绍卖淫的人数等其他影响犯罪构成的犯罪事实增加刑罚量,确定基准刑。

3. 旅馆业、饮食服务业、文化娱乐业、出租汽车业等单位的主要负责人,利用本单位的条件,引诱、容留、介绍他人卖淫的,增加基准刑的10%-20%。

4. 构成引诱、容留、介绍卖淫罪的,根据引诱、容留、介绍卖淫的人数、次数、违法所得数额、危害后果等犯罪情节,综合考虑被告人缴纳罚金的能力,决定罚金数额。

5. 构成引诱、容留、介绍卖淫罪的,综合考虑引诱、容留、介绍卖淫的人数、次数、危害后果等犯罪事实、量刑情节,以及被告人主观恶性、人身危险性、认罪悔罪表现等因素,决定缓刑的适用。

中华人民共和国道路交通安全法（节录）

· 2003 年 10 月 28 日第十届全国人民代表大会常务委员会第五次会议通过

· 根据 2007 年 12 月 29 日第十届全国人民代表大会常务委员会第三十一次会议《关于修改〈中华人民共和国道路交通安全法〉的决定》第一次修正

· 根据 2011 年 4 月 22 日第十一届全国人民代表大会常务委员会第二十次会议《关于修改〈中华人民共和国道路交通安全法〉的决定》第二次修正

· 根据 2021 年 4 月 29 日第十三届全国人民代表大会常务委员会第二十八次会议《关于修改〈中华人民共和国道路交通安全法〉等八部法律的决定》第三次修正

第八条　国家对机动车实行登记制度。机动车经公安机关交通管理部门登记后，方可上道路行驶。尚未登记的机动车，需要临时上道路行驶的，应当取得临时通行牌证。

……

第十一条　驾驶机动车上道路行驶，应当悬挂机动车号牌，放置检验合格标志、保险标志，并随车携带机动车行驶证。

机动车号牌应当按照规定悬挂并保持清晰、完整，不得故意遮挡、污损。

任何单位和个人不得收缴、扣留机动车号牌。

……

第十六条　任何单位或者个人不得有下列行为：

（一）拼装机动车或者擅自改变机动车已登记的结构、构造或者特征；

（二）改变机动车型号、发动机号、车架号或者车辆识别代号；

（三）伪造、变造或者使用伪造、变造的机动车登记证书、号牌、行驶证、检验合格标志、保险标志；

（四）使用其他机动车的登记证书、号牌、行驶证、检验合格标志、保险标志。

……

第十九条　驾驶机动车，应当依法取得机动车驾驶证。

申请机动车驾驶证，应当符合国务院公安部门规定的驾驶许可条件；经考试合格后，由公安机关交通管理部门发给相应类别的机动车驾驶证。

持有境外机动车驾驶证的人，符合国务院公安部门规定的驾驶许可条件，经公安机关交通管理部门考核合格的，可以发给中国的机动车驾驶证。

驾驶人应当按照驾驶证载明的准驾车型驾驶机动车；驾驶机动车时，应当随身携带机动车驾驶证。

公安机关交通管理部门以外的任何单位或者个人，不得收缴、扣留机动车驾驶证。

……

第二十二条　机动车驾驶人应当遵守道路交通安全法律、法规的规定，按照操作规范安全驾驶、文明驾驶。

饮酒、服用国家管制的精神药品或者麻醉药品，或者患有妨碍安全驾驶机动车的疾病，或者过度疲劳影响安全驾驶的，不得驾驶机动车。

任何人不得强迫、指使、纵容驾驶人违反道路交通安全法律、法规和机动车安全驾驶要求驾驶机动车。

……

第二十四条 公安机关交通管理部门对机动车驾驶人违反道路交通安全法律、法规的行为，除依法给予行政处罚外，实行累积记分制度。公安机关交通管理部门对累积记分达到规定分值的机动车驾驶人，扣留机动车驾驶证，对其进行道路交通安全法律、法规教育，重新考试；考试合格的，发还其机动车驾驶证。

对遵守道路交通安全法律、法规，在一年内无累积记分的机动车驾驶人，可以延长机动车驾驶证的审验期。具体办法由国务院公安部门规定。

……

第三十五条 机动车、非机动车实行右侧通行。

第三十六条 根据道路条件和通行需要，道路划分为机动车道、非机动车道和人行道的，机动车、非机动车、行人实行分道通行。没有划分机动车道、非机动车道和人行道的，机动车在道路中间通行，非机动车和行人在道路两侧通行。

第三十七条 道路划设专用车道的，在专用车道内，只准许规定的车辆通行，其他车辆不得进入专用车道内行驶。

第三十八条 车辆、行人应当按照交通信号通行；遇有交通警察现场指挥时，应当按照交通警察的指挥通行；在没有交通信号的道路上，应当在确保安全、畅通的原则下通行。

……

第四十二条 机动车上道路行驶,不得超过限速标志标明的最高时速。在没有限速标志的路段,应当保持安全车速。

夜间行驶或者在容易发生危险的路段行驶,以及遇有沙尘、冰雹、雨、雪、雾、结冰等气象条件时,应当降低行驶速度。

第四十三条 同车道行驶的机动车,后车应当与前车保持足以采取紧急制动措施的安全距离。有下列情形之一的,不得超车:

(一)前车正在左转弯、掉头、超车的;

(二)与对面来车有会车可能的;

(三)前车为执行紧急任务的警车、消防车、救护车、工程救险车的;

(四)行经铁路道口、交叉路口、窄桥、弯道、陡坡、隧道、人行横道、市区交通流量大的路段等没有超车条件的。

第四十四条 机动车通过交叉路口,应当按照交通信号灯、交通标志、交通标线或者交通警察的指挥通过;通过没有交通信号灯、交通标志、交通标线或者交通警察指挥的交叉路口时,应当减速慢行,并让行人和优先通行的车辆先行。

第四十五条 机动车遇有前方车辆停车排队等候或者缓慢行驶时,不得借道超车或者占用对面车道,不得穿插等候的车辆。

在车道减少的路段、路口,或者在没有交通信号灯、交通标志、交通标线或者交通警察指挥的交叉路口遇到停车排队等候或者缓慢行驶时,机动车应当依次交替通行。

第四十六条 机动车通过铁路道口时,应当按照交通信号或者管理人员的指挥通行;没有交通信号或者管理人员的,应当减速或者停车,在确认安全后通过。

第四十七条 机动车行经人行横道时,应当减速行驶;遇行人正在通过人行横道,应当停车让行。

机动车行经没有交通信号的道路时,遇行人横过道路,应当避让。

……

第四十九条　机动车载人不得超过核定的人数,客运机动车不得违反规定载货。

……

第五十一条　机动车行驶时,驾驶人、乘坐人员应当按规定使用安全带,摩托车驾驶人及乘坐人员应当按规定戴安全头盔。

第五十二条　机动车在道路上发生故障,需要停车排除故障时,驾驶人应当立即开启危险报警闪光灯,将机动车移至不妨碍交通的地方停放;难以移动的,应当持续开启危险报警闪光灯,并在来车方向设置警告标志等措施扩大示警距离,必要时迅速报警。

……

第五十六条　机动车应当在规定地点停放。禁止在人行道上停放机动车;但是,依照本法第三十三条规定施划的停车泊位除外。

在道路上临时停车的,不得妨碍其他车辆和行人通行。

……

第七十条　在道路上发生交通事故,车辆驾驶人应当立即停车,保护现场;造成人身伤亡的,车辆驾驶人应当立即抢救受伤人员,并迅速报告执勤的交通警察或者公安机关交通管理部门。因抢救受伤人员变动现场的,应当标明位置。乘车人、过往车辆驾驶人、过往行人应当予以协助。

在道路上发生交通事故,未造成人身伤亡,当事人对事实及成因无争议的,可以即行撤离现场,恢复交通,自行协商处理损害赔偿事宜；不即行撤离现场的，应当迅速报告执勤的交通警察或者公安机关交通管理部门。

在道路上发生交通事故，仅造成轻微财产损失，并且基本事实清楚的，当事人应当先撤离现场再进行协商处理。

……

第八十八条 对道路交通安全违法行为的处罚种类包括：警告、罚款、暂扣或者吊销机动车驾驶证、拘留。

……

第九十条 机动车驾驶人违反道路交通安全法律、法规关于道路通行规定的，处警告或者二十元以上二百元以下罚款。本法另有规定的，依照规定处罚。

第九十一条 饮酒后驾驶机动车的，处暂扣六个月机动车驾驶证，并处一千元以上二千元以下罚款。因饮酒后驾驶机动车被处罚，再次饮酒后驾驶机动车的，处十日以下拘留，并处一千元以上二千元以下罚款，吊销机动车驾驶证。

醉酒驾驶机动车的，由公安机关交通管理部门约束至酒醒，吊销机动车驾驶证，依法追究刑事责任；五年内不得重新取得机动车驾驶证。

饮酒后驾驶营运机动车的，处十五日拘留，并处五千元罚款，吊销机动车驾驶证，五年内不得重新取得机动车驾驶证。

醉酒驾驶营运机动车的，由公安机关交通管理部门约束至酒醒，吊销机动车驾驶证，依法追究刑事责任；十年内不得重新取得机动车驾驶证，重新取得机动车驾驶证后，不得驾驶营运机动车。

饮酒后或者醉酒驾驶机动车发生重大交通事故，构成犯罪的，依法追究刑事责任，并由公安机关交通管理部门吊销机动车驾驶证，终生不得重新取得机动车驾驶证。

……

第一百零一条 违反道路交通安全法律、法规的规定，发生重大交通事故，构成犯罪的，依法追究刑事责任，并由公安机关交通管理部门吊销机动车驾驶证。

造成交通事故后逃逸的，由公安机关交通管理部门吊销机动车驾驶证，且终生不得重新取得机动车驾驶证。

第五章 演出活动

（一）综合性规定

营业性演出管理条例

·2005年7月7日中华人民共和国国务院令第439号公布

·根据2008年7月22日《国务院关于修改〈营业性演出管理条例〉的决定》第一次修订

·根据2013年7月18日《国务院关于废止和修改部分行政法规的决定》第二次修订

·根据2016年2月6日《国务院关于修改部分行政法规的决定》第三次修订

·根据2020年11月29日《国务院关于修改和废止部分行政法规的决定》第四次修订

第一章 总 则

第一条 为了加强对营业性演出的管理，促进文化产业的发展，繁荣社会主义文艺事业，满足人民群众文化生活的需要，促进社会主义精神文明建设，制定本条例。

第二条 本条例所称营业性演出，是指以营利为目的为公众举办的现场文艺表演活动。

第三条　营业性演出必须坚持为人民服务、为社会主义服务的方向，把社会效益放在首位、实现社会效益和经济效益的统一，丰富人民群众的文化生活。

第四条　国家鼓励文艺表演团体、演员创作和演出思想性艺术性统一、体现民族优秀文化传统、受人民群众欢迎的优秀节目，鼓励到农村、工矿企业演出和为少年儿童提供免费或者优惠的演出。

第五条　国务院文化主管部门主管全国营业性演出的监督管理工作。国务院公安部门、工商行政管理部门在各自职责范围内，主管营业性演出的监督管理工作。

县级以上地方人民政府文化主管部门负责本行政区域内营业性演出的监督管理工作。县级以上地方人民政府公安部门、工商行政管理部门在各自职责范围内，负责本行政区域内营业性演出的监督管理工作。

第二章　营业性演出经营主体的设立

第六条　文艺表演团体申请从事营业性演出活动，应当有与其业务相适应的专职演员和器材设备，并向县级人民政府文化主管部门提出申请；演出经纪机构申请从事营业性演出经营活动，应当有3名以上专职演出经纪人员和与其业务相适应的资金，并向省、自治区、直辖市人民政府文化主管部门提出申请。文化主管部门应当自受理申请之日起20日内作出决定。批准的，颁发营业性演出许可证；不批准的，应当书面通知申请人并说明理由。

第七条　设立演出场所经营单位，应当依法到工商行政管理部门办理注册登记，领取营业执照，并依照有关消防、卫生管理等法律、行政法规的规定办理审批手续。

演出场所经营单位应当自领取营业执照之日起20日内向所在

地县级人民政府文化主管部门备案。

第八条　文艺表演团体变更名称、住所、法定代表人或者主要负责人、营业性演出经营项目，应当向原发证机关申请换发营业性演出许可证，并依法到工商行政管理部门办理变更登记。

演出场所经营单位变更名称、住所、法定代表人或者主要负责人，应当依法到工商行政管理部门办理变更登记，并向原备案机关重新备案。

第九条　以从事营业性演出为职业的个体演员（以下简称个体演员）和以从事营业性演出的居间、代理活动为职业的个体演出经纪人（以下简称个体演出经纪人），应当依法到工商行政管理部门办理注册登记，领取营业执照。

个体演员、个体演出经纪人应当自领取营业执照之日起20日内向所在地县级人民政府文化主管部门备案。

第十条　外国投资者可以依法在中国境内设立演出经纪机构、演出场所经营单位；不得设立文艺表演团体。

外商投资的演出经纪机构申请从事营业性演出经营活动、外商投资的演出场所经营单位申请从事演出场所经营活动，应当向国务院文化主管部门提出申请。国务院文化主管部门应当自收到申请之日起20日内作出决定。批准的，颁发营业性演出许可证；不批准的，应当书面通知申请人并说明理由。

第十一条　香港特别行政区、澳门特别行政区的投资者可以在内地投资设立演出经纪机构、演出场所经营单位以及由内地方控股的文艺表演团体；香港特别行政区、澳门特别行政区的演出经纪机构可以在内地设立分支机构。

台湾地区的投资者可以在大陆投资设立演出经纪机构、演出场所经营单位,不得设立文艺表演团体。

依照本条规定设立的演出经纪机构、文艺表演团体申请从事营业性演出经营活动,依照本条规定设立的演出场所经营单位申请从事演出场所经营活动,应当向省、自治区、直辖市人民政府文化主管部门提出申请。省、自治区、直辖市人民政府文化主管部门应当自收到申请之日起20日内作出决定。批准的,颁发营业性演出许可证;不批准的,应当书面通知申请人并说明理由。

依照本条规定设立演出经纪机构、演出场所经营单位的,还应当遵守我国其他法律、法规的规定。

第三章 营业性演出规范

第十二条 文艺表演团体、个体演员可以自行举办营业性演出,也可以参加营业性组台演出。

营业性组台演出应当由演出经纪机构举办;但是,演出场所经营单位可以在本单位经营的场所内举办营业性组台演出。

演出经纪机构可以从事营业性演出的居间、代理、行纪活动;个体演出经纪人只能从事营业性演出的居间、代理活动。

第十三条 举办营业性演出,应当向演出所在地县级人民政府文化主管部门提出申请。县级人民政府文化主管部门应当自受理申请之日起3日内作出决定。对符合本条例第二十五条规定的,发给批准文件;对不符合本条例第二十五条规定的,不予批准,书面通知申请人并说明理由。

第十四条 除演出经纪机构外,其他任何单位或者个人不得举办外国的或者香港特别行政区、澳门特别行政区、台湾地区的文艺表演团体、个人参加的营业性演出。但是,文艺表演团体自行举办营业性演出,可以邀请外国的或者香港特别行政区、澳门特别行政区、台湾地区的文艺表演团体、个人参加。

举办外国的或者香港特别行政区、澳门特别行政区、台湾地区的文艺表演团体、个人参加的营业性演出，应当符合下列条件：

（一）有与其举办的营业性演出相适应的资金；

（二）有2年以上举办营业性演出的经历；

（三）举办营业性演出前2年内无违反本条例规定的记录。

第十五条　举办外国的文艺表演团体、个人参加的营业性演出，演出举办单位应当向演出所在地省、自治区、直辖市人民政府文化主管部门提出申请。

举办香港特别行政区、澳门特别行政区的文艺表演团体、个人参加的营业性演出，演出举办单位应当向演出所在地省、自治区、直辖市人民政府文化主管部门提出申请；举办台湾地区的文艺表演团体、个人参加的营业性演出，演出举办单位应当向国务院文化主管部门会同国务院有关部门规定的审批机关提出申请。

国务院文化主管部门或者省、自治区、直辖市人民政府文化主管部门应当自受理申请之日起20日内作出决定。对符合本条例第二十五条规定的，发给批准文件；对不符合本条例第二十五条规定的，不予批准，书面通知申请人并说明理由。

第十六条　申请举办营业性演出，提交的申请材料应当包括下列内容：

（一）演出名称、演出举办单位和参加演出的文艺表演团体、演员；

（二）演出时间、地点、场次；

（三）节目及其视听资料。

申请举办营业性组台演出，还应当提交文艺表演团体、演员同意参加演出的书面函件。

营业性演出需要变更申请材料所列事项的，应当分别依照本条例第十三条、第十五条规定重新报批。

第十七条　演出场所经营单位提供演出场地，应当核验演出举办单位取得的批准文件；不得为未经批准的营业性演出提供演出场地。

第十八条　演出场所经营单位应当确保演出场所的建筑、设施符合国家安全标准和消防安全规范，定期检查消防安全设施状况，并及时维护、更新。

演出场所经营单位应当制定安全保卫工作方案和灭火、应急疏散预案。

演出举办单位在演出场所进行营业性演出，应当核验演出场所经营单位的消防安全设施检查记录、安全保卫工作方案和灭火、应急疏散预案，并与演出场所经营单位就演出活动中突发安全事件的防范、处理等事项签订安全责任协议。

第十九条　在公共场所举办营业性演出，演出举办单位应当依照有关安全、消防的法律、行政法规和国家有关规定办理审批手续，并制定安全保卫工作方案和灭火、应急疏散预案。演出场所应当配备应急广播、照明设施，在安全出入口设置明显标识，保证安全出入口畅通；需要临时搭建舞台、看台的，演出举办单位应当按照国家有关安全标准搭建舞台、看台，确保安全。

第二十条　审批临时搭建舞台、看台的营业性演出时，文化主管部门应当核验演出举办单位的下列文件：

（一）依法验收后取得的演出场所合格证明；

（二）安全保卫工作方案和灭火、应急疏散预案；

（三）依法取得的安全、消防批准文件。

第二十一条　演出场所容纳的观众数量应当报公安部门核准；观众区域与缓冲区域应当由公安部门划定，缓冲区域应当有明显标识。

演出举办单位应当按照公安部门核准的观众数量、划定的观众区域印制和出售门票。

验票时，发现进入演出场所的观众达到核准数量仍有观众等待入场的，应当立即终止验票并同时向演出所在地县级人民政府公安部门报告；发现观众持有观众区域以外的门票或者假票的，应当拒绝其入场并同时向演出所在地县级人民政府公安部门报告。

第二十二条　任何人不得携带传染病病原体和爆炸性、易燃性、放射性、腐蚀性等危险物质或者非法携带枪支、弹药、管制器具进入营业性演出现场。

演出场所经营单位应当根据公安部门的要求，配备安全检查设施，并对进入营业性演出现场的观众进行必要的安全检查；观众不接受安全检查或者有前款禁止行为的，演出场所经营单位有权拒绝其进入。

第二十三条　演出举办单位应当组织人员落实营业性演出时的安全、消防措施，维护营业性演出现场秩序。

演出举办单位和演出场所经营单位发现营业性演出现场秩序混乱，应当立即采取措施并同时向演出所在地县级人民政府公安部门报告。

第二十四条　演出举办单位不得以政府或者政府部门的名义举办营业性演出。

营业性演出不得冠以"中国"、"中华"、"全国"、"国际"等字样。

营业性演出广告内容必须真实、合法，不得误导、欺骗公众。

第二十五条　营业性演出不得有下列情形：

（一）反对宪法确定的基本原则的；

（二）危害国家统一、主权和领土完整，危害国家安全，或者损害国家荣誉和利益的；

（三）煽动民族仇恨、民族歧视，侵害民族风俗习惯，伤害民族感情，破坏民族团结，违反宗教政策的；

（四）扰乱社会秩序，破坏社会稳定的；

（五）危害社会公德或者民族优秀文化传统的；

（六）宣扬淫秽、色情、邪教、迷信或者渲染暴力的；

（七）侮辱或者诽谤他人，侵害他人合法权益的；

（八）表演方式恐怖、残忍，摧残演员身心健康的；

（九）利用人体缺陷或者以展示人体变异等方式招徕观众的；

（十）法律、行政法规禁止的其他情形。

第二十六条　演出场所经营单位、演出举办单位发现营业性演出有本条例第二十五条禁止情形的，应当立即采取措施予以制止并同时向演出所在地县级人民政府文化主管部门、公安部门报告。

第二十七条　参加营业性演出的文艺表演团体、主要演员或者主要节目内容等发生变更的，演出举办单位应当及时告知观众并说明理由。观众有权退票。

演出过程中，除因不可抗力不能演出的外，演出举办单位不得中止或者停止演出，演员不得退出演出。

第二十八条　演员不得以假唱欺骗观众，演出举办单位不得组织演员假唱。任何单位或者个人不得为假唱提供条件。

演出举办单位应当派专人对演出进行监督，防止假唱行为的发生。

第二十九条　营业性演出经营主体应当对其营业性演出的经营收入依法纳税。

演出举办单位在支付演员、职员的演出报酬时应当依法履行税款代扣代缴义务。

第三十条　募捐义演的演出收入，除必要的成本开支外，必须全部交付受捐单位；演出举办单位、参加演出的文艺表演团体和演员、职员，不得获取经济利益。

第三十一条　任何单位或者个人不得伪造、变造、出租、出借或者买卖营业性演出许可证、批准文件或者营业执照，不得伪造、变造营业性演出门票或者倒卖伪造、变造的营业性演出门票。

第四章　监督管理

第三十二条　除文化主管部门依照国家有关规定对体现民族特色和国家水准的演出给予补助外，各级人民政府和政府部门不得资助、赞助或者变相资助、赞助营业性演出，不得用公款购买营业性演出门票用于个人消费。

第三十三条　文化主管部门应当加强对营业性演出的监督管理。

演出所在地县级人民政府文化主管部门对外国的或者香港特别行政区、澳门特别行政区、台湾地区的文艺表演团体、个人参加的营业性演出和临时搭建舞台、看台的营业性演出，应当进行实地检查；对其他营业性演出，应当进行实地抽样检查。

第三十四条　县级以上地方人民政府文化主管部门应当充分发挥文化执法机构的作用，并可以聘请社会义务监督员对营业性演出进行监督。

任何单位或者个人可以采取电话、手机短信等方式举报违反本条例规定的行为。县级以上地方人民政府文化主管部门应当向社会公布举报电话，并保证随时有人接听。

县级以上地方人民政府文化主管部门接到社会义务监督员的报告或者公众的举报，应当作出记录，立即赶赴现场进行调查、处理，并自处理完毕之日起7日内公布结果。

县级以上地方人民政府文化主管部门对作出突出贡献的社会义务监督员应当给予表彰；公众举报经调查核实的，应当对举报人给予奖励。

第三十五条　文化主管部门应当建立营业性演出经营主体的经营活动信用监管制度，建立健全信用约束机制，并及时公布行政处罚信息。

第三十六条　公安部门对其依照有关法律、行政法规和国家有关规定批准的营业性演出，应当在演出举办前对营业性演出现场的安全状况进行实地检查；发现安全隐患的，在消除安全隐患后方可允许进行营业性演出。

公安部门可以对进入营业性演出现场的观众进行必要的安全检查；发现观众有本条例第二十二条第一款禁止行为的，在消除安全隐患后方可允许其进入。

公安部门可以组织警力协助演出举办单位维持营业性演出现场秩序。

第三十七条　公安部门接到观众达到核准数量仍有观众等待入场或者演出秩序混乱的报告后，应当立即组织采取措施消除安全隐患。

第三十八条　承担现场管理检查任务的公安部门和文化主管部

门的工作人员进入营业性演出现场，应当出示值勤证件。

第三十九条 文化主管部门依法对营业性演出进行监督检查时，应当将监督检查的情况和处理结果予以记录，由监督检查人员签字后归档。公众有权查阅监督检查记录。

第四十条 文化主管部门、公安部门和其他有关部门及其工作人员不得向演出举办单位、演出场所经营单位索取演出门票。

第四十一条 国务院文化主管部门和省、自治区、直辖市人民政府文化主管部门，对在农村、工矿企业进行演出以及为少年儿童提供免费或者优惠演出表现突出的文艺表演团体、演员，应当给予表彰，并采取多种形式予以宣传。

国务院文化主管部门对适合在农村、工矿企业演出的节目，可以在依法取得著作权人许可后，提供给文艺表演团体、演员在农村、工矿企业演出时使用。

文化主管部门实施文艺评奖，应当适当考虑参评对象在农村、工矿企业的演出场次。

县级以上地方人民政府应当对在农村、工矿企业演出的文艺表演团体、演员给予支持。

第四十二条 演出行业协会应当依照章程的规定，制定行业自律规范，指导、监督会员的经营活动，促进公平竞争。

第五章 法律责任

第四十三条 有下列行为之一的，由县级人民政府文化主管部门予以取缔，没收演出器材和违法所得，并处违法所得8倍以上10倍以下的罚款；没有违法所得或者违法所得不足1万元的，并处5万元以上10万元以下的罚款；构成犯罪的，依法追究刑事责任：

（一）违反本条例第六条、第十条、第十一条规定，擅自从事营业性演出经营活动的；

（二）违反本条例第十二条、第十四条规定，超范围从事营业性演出经营活动的；

（三）违反本条例第八条第一款规定，变更营业性演出经营项目未向原发证机关申请换发营业性演出许可证的。

违反本条例第七条、第九条规定，擅自设立演出场所经营单位或者擅自从事营业性演出经营活动的，由工商行政管理部门依法予以取缔、处罚；构成犯罪的，依法追究刑事责任。

第四十四条　违反本条例第十三条、第十五条规定，未经批准举办营业性演出的，由县级人民政府文化主管部门责令停止演出，没收违法所得，并处违法所得8倍以上10倍以下的罚款；没有违法所得或者违法所得不足1万元的，并处5万元以上10万元以下的罚款；情节严重的，由原发证机关吊销营业性演出许可证。

违反本条例第十六条第三款规定，变更演出举办单位、参加演出的文艺表演团体、演员或者节目未重新报批的，依照前款规定处罚；变更演出的名称、时间、地点、场次未重新报批的，由县级人民政府文化主管部门责令改正，给予警告，可以并处3万元以下的罚款。

演出场所经营单位为未经批准的营业性演出提供场地的，由县级人民政府文化主管部门责令改正，没收违法所得，并处违法所得3倍以上5倍以下的罚款；没有违法所得或者违法所得不足1万元的，并处3万元以上5万元以下的罚款。

第四十五条　违反本条例第三十一条规定，伪造、变造、出租、出借、买卖营业性演出许可证、批准文件，或者以非法手段取得营业性演出许可证、批准文件的，由县级人民政府文化主管部门没收违法所得，并处违法所得8倍以上10倍以下的罚款；没有违法所得或者违法所得不足1万元的，并处5万元以上10万元以下的罚款；对原取得的营业性演出许可证、批准文件，予以吊销、撤销；构成犯罪的，依法追究刑事责任。

第四十六条 营业性演出有本条例第二十五条禁止情形的，由县级人民政府文化主管部门责令停止演出，没收违法所得，并处违法所得8倍以上10倍以下的罚款；没有违法所得或者违法所得不足1万元的，并处5万元以上10万元以下的罚款；情节严重的，由原发证机关吊销营业性演出许可证；违反治安管理规定的，由公安部门依法予以处罚；构成犯罪的，依法追究刑事责任。

演出场所经营单位、演出举办单位发现营业性演出有本条例第二十五条禁止情形未采取措施予以制止的，由县级人民政府文化主管部门、公安部门依据法定职权给予警告，并处5万元以上10万元以下的罚款；未依照本条例第二十六条规定报告的，由县级人民政府文化主管部门、公安部门依据法定职权给予警告，并处5000元以上1万元以下的罚款。

第四十七条 有下列行为之一的，对演出举办单位、文艺表演团体、演员，由国务院文化主管部门或者省、自治区、直辖市人民政府文化主管部门向社会公布；演出举办单位、文艺表演团体在2年内再次被公布的，由原发证机关吊销营业性演出许可证；个体演员在2年内再次被公布的，由工商行政管理部门吊销营业执照：

（一）非因不可抗力中止、停止或者退出演出的；

（二）文艺表演团体、主要演员或者主要节目内容等发生变更未及时告知观众的；

（三）以假唱欺骗观众的；

（四）为演员假唱提供条件的。

有前款第（一）项、第（二）项和第（三）项所列行为之一的，观众有权在退场后依照有关消费者权益保护的法律规定要求演出举办单位赔偿损失；演出举办单位可以依法向负有责任的文艺表演团体、演员追偿。

有本条第一款第（一）项、第（二）项和第（三）项所列行为之一的，由县级人民政府文化主管部门处5万元以上10万元以下的罚款；有本条第一款第（四）项所列行为的，由县级人民政府文化主管部门处5000元以上1万元以下的罚款。

第四十八条　以政府或者政府部门的名义举办营业性演出，或者营业性演出冠以"中国"、"中华"、"全国"、"国际"等字样的，由县级人民政府文化主管部门责令改正，没收违法所得，并处违法所得3倍以上5倍以下的罚款；没有违法所得或者违法所得不足1万元的，并处3万元以上5万元以下的罚款；拒不改正或者造成严重后果的，由原发证机关吊销营业性演出许可证。

营业性演出广告的内容误导、欺骗公众或者含有其他违法内容的，由工商行政管理部门责令停止发布，并依法予以处罚。

第四十九条　演出举办单位或者其法定代表人、主要负责人及其他直接责任人员在募捐义演中获取经济利益的，由县级以上人民政府文化主管部门依据各自职权责令其退回并交付受捐单位；构成犯罪的，依法追究刑事责任；尚不构成犯罪的，由县级以上人民政府文化主管部门依据各自职权处违法所得3倍以上5倍以下的罚款，并由国务院文化主管部门或者省、自治区、直辖市人民政府文化主管部门向社会公布违法行为人的名称或者姓名，直至由原发证机关吊销演出举办单位的营业性演出许可证。

文艺表演团体或者演员、职员在募捐义演中获取经济利益的，由县级以上人民政府文化主管部门依据各自职权责令其退回并交付受捐单位。

第五十条　违反本条例第八条第一款规定，变更名称、住所、法定代表人或者主要负责人未向原发证机关申请换发营业性演出许可证的，由县级人民政府文化主管部门责令改正，给予警告，并处1万元以上3万元以下的罚款。

违反本条例第七条第二款、第八条第二款、第九条第二款规定，未办理备案手续的，由县级人民政府文化主管部门责令改正，给予警告，并处5000元以上1万元以下的罚款。

第五十一条　有下列行为之一的，由公安部门或者公安消防机构依据法定职权依法予以处罚；构成犯罪的，依法追究刑事责任：

（一）违反本条例安全、消防管理规定的；

（二）伪造、变造营业性演出门票或者倒卖伪造、变造的营业性演出门票的。

演出举办单位印制、出售超过核准观众数量的或者观众区域以外的营业性演出门票的，由县级以上人民政府公安部门依据各自职权责令改正，没收违法所得，并处违法所得3倍以上5倍以下的罚款；没有违法所得或者违法所得不足1万元的，并处3万元以上5万元以下的罚款；造成严重后果的，由原发证机关吊销营业性演出许可证；构成犯罪的，依法追究刑事责任。

第五十二条　演出场所经营单位、个体演出经纪人、个体演员违反本条例规定，情节严重的，由县级以上人民政府文化主管部门依据各自职权责令其停止营业性演出经营活动，并通知工商行政管理部门，由工商行政管理部门依法吊销营业执照。其中，演出场所经营单位有其他经营业务的，由工商行政管理部门责令其办理变更登记，逾期不办理的，吊销营业执照。

第五十三条　因违反本条例规定被文化主管部门吊销营业性演出许可证，或者被工商行政管理部门吊销营业执照或者责令变更登记的，自受到行政处罚之日起，当事人为单位的，其法定代表人、主要负责人5年内不得担任文艺表演团体、演出经纪机构或者演出场所经营单位的法定代表人、主要负责人；当事人为个人的，个体演员1年内不得从事营业性演出，个体演出经纪人5年内不得从事营业性演出的居间、代理活动。

因营业性演出有本条例第二十五条禁止情形被文化主管部门吊销营业性演出许可证，或者被工商行政管理部门吊销营业执照或者责令变更登记的，不得再次从事营业性演出或者营业性演出的居间、代理、行纪活动。

因违反本条例规定2年内2次受到行政处罚又有应受本条例处罚的违法行为的，应当从重处罚。

第五十四条　各级人民政府或者政府部门非法资助、赞助，或者非法变相资助、赞助营业性演出，或者用公款购买营业性演出门票用于个人消费的，依照有关财政违法行为处罚处分的行政法规的规定责令改正。对单位给予警告或者通报批评。对直接负责的主管人员和其他直接责任人员给予记大过处分；情节较重的，给予降级或者撤职处分；情节严重的，给予开除处分。

第五十五条　文化主管部门、公安部门、工商行政管理部门的工作人员滥用职权、玩忽职守、徇私舞弊或者未依照本条例规定履行职责的，依法给予行政处分；构成犯罪的，依法追究刑事责任。

第六章　附　　则

第五十六条　民间游散艺人的营业性演出，省、自治区、直辖市人民政府可以参照本条例的规定制定具体管理办法。

第五十七条　本条例自2005年9月1日起施行。1997年8月11日国务院发布的《营业性演出管理条例》同时废止。

营业性演出管理条例实施细则

·2009 年 8 月 28 日文化部令第 47 号公布*

·根据 2017 年 12 月 15 日发布的《文化部关于废止和修改部分部门规章的决定》第一次修订

·根据 2022 年 5 月 13 日发布的《文化和旅游部关于修改〈营业性演出管理条例实施细则〉的决定》第二次修订

第一章 总 则

第一条 根据《营业性演出管理条例》(以下简称《条例》),制定本实施细则。

第二条 《条例》所称营业性演出是指以营利为目的、通过下列方式为公众举办的现场文艺表演活动:

(一) 售票或者接受赞助的;

(二) 支付演出单位或者个人报酬的;

(三) 以演出为媒介进行广告宣传或者产品促销的;

(四) 以其他营利方式组织演出的。

第三条 国家依法维护营业性演出经营主体、演职员和观众的合法权益,禁止营业性演出中的不正当竞争行为。

第二章 营业性演出经营主体

第四条 文艺表演团体是指具备《条例》第六条规定条件,从

---

* 文化部已撤销,现为文化和旅游部,下同。

事文艺表演活动的经营单位。

第五条　演出经纪机构是指具备《条例》第六条规定条件，从事下列活动的经营单位：

（一）演出组织、制作、营销等经营活动；

（二）演出居间、代理、行纪等经纪活动；

（三）演员签约、推广、代理等经纪活动。

第六条　演出场所经营单位是指具备《条例》第七条规定条件，为演出活动提供专业演出场地及服务的经营单位。

第七条　依法登记的文艺表演团体申请从事营业性演出活动，应当向文化和旅游主管部门提交下列文件：

（一）申请书；

（二）营业执照和从事的艺术类型；

（三）法定代表人或者主要负责人的有效身份证件；

（四）演员的艺术表演能力证明；

（五）与业务相适应的演出器材设备书面声明。

前款第四项所称演员的艺术表演能力证明，可以是下列文件之一：

（一）中专以上学校文艺表演类专业毕业证书；

（二）职称证书；

（三）其他有效证明。

第八条　依法登记的演出经纪机构申请从事营业性演出经营活动，应当向文化和旅游主管部门提交下列文件：

（一）申请书；

（二）营业执照；

（三）法定代表人或者主要负责人的有效身份证件；

（四）演出经纪人员资格证。

法人或者其他组织申请增设演出经纪机构经营业务的，应当提交前款第一项、第四项规定的文件。

第九条　依法登记的演出场所经营单位，应当自领取营业执照之日起 20 日内，持营业执照和有关消防、卫生批准文件，向所在地县级人民政府文化和旅游主管部门备案，县级人民政府文化和旅游主管部门应当出具备案证明。备案证明式样由国务院文化和旅游主管部门设计，省级人民政府文化和旅游主管部门印制。

个体演员可以持个人有效身份证件和本实施细则第七条第二款规定的艺术表演能力证明，个体演出经纪人可以持个人有效身份证件和演出经纪人员资格证，向户籍所在地或者常驻地县级人民政府文化和旅游主管部门申请备案，文化和旅游主管部门应当出具备案证明。备案证明式样由国务院文化和旅游主管部门设计，省级人民政府文化和旅游主管部门印制。

第十条　香港特别行政区、澳门特别行政区投资者在内地依法登记的演出经纪机构，台湾地区投资者在大陆依法登记的演出经纪机构，外国投资者在中国境内依法登记的演出经纪机构，申请从事营业性演出经营活动，适用本实施细则第八条规定。

第十一条　香港特别行政区、澳门特别行政区投资者在内地依法登记的演出场所经营单位，台湾地区投资者在大陆依法登记的演出场所经营单位，外国投资者在中国境内依法登记的演出场所经营单位，申请从事演出场所经营活动，应当提交下列文件：

（一）申请书；

（二）营业执照；

（三）法定代表人或主要负责人有效身份证件；

（四）依照《条例》第七条应当提交的其他材料。

第十二条　香港特别行政区、澳门特别行政区的演出经纪机构经批准可以在内地设立分支机构，分支机构不具有企业法人资格。

香港特别行政区、澳门特别行政区演出经纪机构在内地的分支机构可以依法从事营业性演出的居间、代理活动，但不得从事其他演出经营活动。香港特别行政区、澳门特别行政区的演出经纪机构对其分支机构的经营活动承担民事责任。

香港特别行政区、澳门特别行政区的演出经纪机构在内地设立分支机构，必须在内地指定负责该分支机构的负责人，并向该分支机构拨付与其所从事的经营活动相适应的资金。

第十三条　香港特别行政区、澳门特别行政区投资者在内地依法投资设立的由内地方控股的文艺表演团体申请从事营业性演出活动，除提交本实施细则第七条规定的材料外，还应当提交投资信息报告回执等材料。

第三章　演出管理

第十四条　申请举办营业性演出，应当在演出日期3日前将申请材料提交负责审批的文化和旅游主管部门。

申请举办营业性涉外或者涉港澳台演出，应当在演出日期20日前将申请材料提交负责审批的文化和旅游主管部门。

第十五条　申请举办营业性演出，应当持营业性演出许可证或者备案证明，向文化和旅游主管部门提交符合《条例》第十六条规定的文件。

申请举办临时搭建舞台、看台的营业性演出，还应当提交符合《条例》第二十条第二、三项规定的文件。

对经批准的临时搭建舞台、看台的演出活动，演出举办单位还应当在演出前向演出所在地县级人民政府文化和旅游主管部门提交符合《条例》第二十条第一项规定的文件，不符合规定条件的，演出活动不得举行。

《条例》第二十条所称临时搭建舞台、看台的营业性演出是指符合《大型群众性活动安全管理条例》规定的营业性演出活动。

《条例》第二十条第一项所称演出场所合格证明，是指由演出举办单位组织有关承建单位进行竣工验收，并作出的验收合格证明材料。

申请举办需要未成年人参加的营业性演出，应当符合国家有关规定。

第十六条　申请举办营业性涉外或者涉港澳台演出，除提交本实施细则第十五条规定的文件外，还应当提交下列文件：

（一）演员有效身份证件复印件；

（二）2年以上举办营业性演出经历的证明文件；

（三）近2年内无违反《条例》规定的书面声明。

文化和旅游主管部门审核涉外或者涉港澳台营业性演出项目，必要时可以依法组织专家进行论证。

第十七条　经省级人民政府文化和旅游主管部门批准的营业性涉外演出，在批准的时间内增加演出地的，举办单位或者与其合作的具有涉外演出资格的演出经纪机构，应当在演出日期10日前，持省级人民政府文化和旅游主管部门批准文件和本实施细则第十五条规定的文件，到增加地省级人民政府文化和旅游主管部门备案，省级人民政府文化和旅游主管部门应当出具备案证明。

第十八条　经批准到艺术院校从事教学、研究工作的外国或者港澳台艺术人员从事营业性演出的，应当委托演出经纪机构承办。

第十九条　歌舞娱乐场所、旅游景区、主题公园、游乐园、宾馆、饭店、酒吧、餐饮场所等非演出场所经营单位需要在本场所内举办营业性演出的，应当委托演出经纪机构承办。

在上述场所举办驻场涉外演出，应当报演出所在地省级人民政府文化和旅游主管部门审批。

第二十条　申请举办含有内地演员和香港特别行政区、澳门特别行政区、台湾地区演员以及外国演员共同参加的营业性演出，可以报演出所在地省级人民政府文化和旅游主管部门审批，具体办法由省级人民政府文化和旅游主管部门制定。

国家另有规定的，从其规定。

第二十一条　在演播厅外从事电视文艺节目的现场录制，符合本实施细则第二条规定条件的，应当依照《条例》和本实施细则的规定办理审批手续。

第二十二条　举办募捐义演，应当依照《条例》和本实施细则的规定办理审批手续。

参加募捐义演的演职人员不得获取演出报酬；演出举办单位或者演员应当将扣除成本后的演出收入捐赠给社会公益事业，不得从中获取利润。

演出收入是指门票收入、捐赠款物、赞助收入等与演出活动相关的全部收入。演出成本是指演职员食、宿、交通费用和舞台灯光音响、服装道具、场地、宣传等费用。

募捐义演结束后10日内，演出举办单位或者演员应当将演出收支结算报审批机关备案。

举办其他符合本实施细则第二条所述方式的公益性演出，参照本条规定执行。

第二十三条　营业性演出经营主体举办营业性演出，应当履行下列义务：

（一）办理演出申报手续；

（二）安排演出节目内容；

（三）安排演出场地并负责演出现场管理；

（四）确定演出票价并负责演出活动的收支结算；

（五）依法缴纳或者代扣代缴有关税费；

（六）接受文化和旅游主管部门的监督管理；

（七）其他依法需要承担的义务。

第二十四条 举办营业性涉外或者涉港澳台演出，举办单位应当负责统一办理外国或者港澳台文艺表演团体、个人的入出境手续，巡回演出的还要负责其全程联络和节目安排。

第二十五条 营业性演出活动经批准后方可出售门票。

第二十六条 营业性演出不得以假唱、假演奏等手段欺骗观众。

前款所称假唱、假演奏是指演员在演出过程中，使用事先录制好的歌曲、乐曲代替现场演唱、演奏的行为。

演出举办单位应当派专人对演唱、演奏行为进行监督，并作出记录备查。记录内容包括演员、乐队、曲目的名称和演唱、演奏过程的基本情况，并由演出举办单位负责人和监督人员签字确认。

第二十七条 举办营业性演出，应当根据舞台设计要求，优先选用境内演出器材。

第二十八条 举办营业性演出，举办单位或者个人可以为演出活动投保安全生产责任保险。

第二十九条 鼓励演出经营主体协作经营，建立演出院线，共享演出资源。

第三十条　各级人民政府文化和旅游主管部门应当将营业性演出的审批事项向社会公布。

第三十一条　文化和旅游主管部门对体现民族特色和国家水准的演出，应当依照有关规定给予补助和支持。

县级以上人民政府有关部门可以依照《条例》的有关规定和财务管理制度，鼓励和支持体现民族特色和国家水准的演出。

第三十二条　文化和旅游主管部门或者文化市场综合执法机构检查营业性演出现场，应当出示行政执法证，演出举办单位应当配合。

第三十三条　文化和旅游主管部门可以采用技术手段，加强对营业性演出活动的监管。

第三十四条　各级人民政府文化和旅游主管部门应当建立演出经营主体基本信息登记和公布制度、演出信息报送制度、演出市场巡查责任制度，加强对演出市场的管理和监督。

第三十五条　国家对演出经纪人员实行职业资格认定制度。国务院文化和旅游主管部门对全国演出经纪人员的资格认定、从业活动实施监督管理。各级人民政府文化和旅游主管部门对本行政区域内演出经纪人员的从业活动实施监督管理。

演出经纪机构举办营业性演出活动，应当安排专职演出经纪人员负责。

第三十六条　演出行业协会应当依据章程开展业务活动，加强行业自律，维护其成员的合法权益。

第四章　演出证管理

第三十七条　文艺表演团体和演出经纪机构的营业性演出许可

证包括1份正本和2份副本，有效期为2年。

营业性演出许可证由国务院文化和旅游主管部门设计，省级人民政府文化和旅游主管部门印制，发证机关填写、盖章。

第三十八条　文化和旅游主管部门吊销文艺表演团体或者演出经纪机构的营业性演出许可证，应当通知市场监督管理部门变更其经营范围或者吊销营业执照。

文艺表演团体和演出经纪机构的营业性演出许可证，除文化和旅游主管部门可以依法暂扣或者吊销外，其他任何单位和个人不得收缴、扣押。

第三十九条　吊销、注销文艺表演团体营业性演出许可证的，应当报省级人民政府文化和旅游主管部门备案。吊销、注销演出经纪机构营业性演出许可证的，应当报国务院文化和旅游主管部门备案。

第四十条　文化和旅游主管部门对文艺表演团体和演出经纪机构实施行政处罚的，应当将处罚决定记录在营业性演出许可证副本上并加盖处罚机关公章，同时将处罚决定通知发证机关。

第五章　罚　　则

第四十一条　违反本实施细则第十五条的规定，未在演出前向演出所在地县级人民政府文化和旅游主管部门提交《条例》第二十条规定的演出场所合格证明而举办临时搭建舞台、看台营业性演出的，由县级人民政府文化和旅游主管部门依照《条例》第四十四条第一款的规定给予处罚。

第四十二条　举办营业性涉外或者涉港澳台演出，隐瞒近2年内违反《条例》规定的记录，提交虚假书面声明的，由负责审批的文化和旅游主管部门处以 3 万元以下罚款。

第四十三条　违反本实施细则第十七条规定，经省级人民政府文化和旅游主管部门批准的涉外演出在批准的时间内增加演出地，未到演出所在地省级人民政府文化和旅游主管部门备案的，由县级人民政府文化和旅游主管部门责令改正，给予警告，可以并处 3 万元以下罚款。

第四十四条　违反本实施细则第十八条规定，经批准到艺术院校从事教学、研究工作的外国或者港澳台艺术人员擅自从事营业性演出的，由县级人民政府文化和旅游主管部门依照《条例》第四十三条规定给予处罚。

第四十五条　违反本实施细则第十九条规定，非演出场所经营单位擅自举办演出的，由县级人民政府文化和旅游主管部门依照《条例》第四十三条规定给予处罚。

第四十六条　非演出场所经营单位为未经批准的营业性演出提供场地的，由县级人民政府文化和旅游主管部门移送有关部门处理。

第四十七条　违反本实施细则第二十一条规定，在演播厅外从事符合本实施细则第二条规定条件的电视文艺节目的现场录制，未办理审批手续的，由县级人民政府文化和旅游主管部门依照《条例》第四十三条规定给予处罚。

第四十八条　违反本实施细则第二十二条规定，擅自举办募捐义演或者其他公益性演出的，由县级以上人民政府文化和旅游主管部门依照《条例》第四十三条规定给予处罚。

第四十九条　违反本实施细则第二十三条、第二十四条规定，在演出经营活动中，不履行应尽义务，倒卖、转让演出活动经营权的，由县级人民政府文化和旅游主管部门依照《条例》第四十五条规定给予处罚。

第五十条　违反本实施细则第二十五条规定，未经批准，擅自出售演出门票的，由县级人民政府文化和旅游主管部门责令停止违法活动，并处3万元以下罚款。

第五十一条　违反本实施细则第二十六条规定，演出举办单位没有现场演唱、演奏记录的，由县级人民政府文化和旅游主管部门处以3000元以下罚款。

以假演奏等手段欺骗观众的，由县级人民政府文化和旅游主管部门依照《条例》第四十七条的规定给予处罚。

第五十二条　县级以上人民政府文化和旅游主管部门或者文化市场综合执法机构检查营业性演出现场，演出举办单位拒不接受检查的，由县级以上人民政府文化和旅游主管部门或者文化市场综合执法机构处以3万元以下罚款。

第五十三条　上级人民政府文化和旅游主管部门在必要时，可以依照《条例》和本实施细则的规定，调查、处理由下级人民政府文化和旅游主管部门调查、处理的案件。

下级人民政府文化和旅游主管部门认为案件重大、复杂的，可以请求移送上级人民政府文化和旅游主管部门调查、处理。

第六章　附　　则

第五十四条　本实施细则由国务院文化和旅游主管部门负责解释。

第五十五条　本实施细则自2009年10月1日起施行，2005年8月30日发布的《营业性演出管理条例实施细则》同时废止。

娱乐场所管理条例

- 2006年1月29日中华人民共和国国务院令第458号公布
- 根据2016年2月6日《国务院关于修改部分行政法规的决定》第一次修订
- 根据2020年11月29日《国务院关于修改和废止部分行政法规的决定》第二次修订

第一章 总 则

第一条 为了加强对娱乐场所的管理，保障娱乐场所的健康发展，制定本条例。

第二条 本条例所称娱乐场所，是指以营利为目的，并向公众开放、消费者自娱自乐的歌舞、游艺等场所。

第三条 县级以上人民政府文化主管部门负责对娱乐场所日常经营活动的监督管理；县级以上公安部门负责对娱乐场所消防、治安状况的监督管理。

第四条 国家机关及其工作人员不得开办娱乐场所，不得参与或者变相参与娱乐场所的经营活动。

与文化主管部门、公安部门的工作人员有夫妻关系、直系血亲关系、三代以内旁系血亲关系以及近姻亲关系的亲属，不得开办娱乐场所，不得参与或者变相参与娱乐场所的经营活动。

第二章 设　　立

第五条　有下列情形之一的人员，不得开办娱乐场所或者在娱乐场所内从业：

（一）曾犯有组织、强迫、引诱、容留、介绍卖淫罪，制作、贩卖、传播淫秽物品罪，走私、贩卖、运输、制造毒品罪，强奸罪，强制猥亵、侮辱妇女罪，赌博罪，洗钱罪，组织、领导、参加黑社会性质组织罪的；

（二）因犯罪曾被剥夺政治权利的；

（三）因吸食、注射毒品曾被强制戒毒的；

（四）因卖淫、嫖娼曾被处以行政拘留的。

第六条　外国投资者可以依法在中国境内设立娱乐场所。

第七条　娱乐场所不得设在下列地点：

（一）居民楼、博物馆、图书馆和被核定为文物保护单位的建筑物内；

（二）居民住宅区和学校、医院、机关周围；

（三）车站、机场等人群密集的场所；

（四）建筑物地下一层以下；

（五）与危险化学品仓库毗连的区域。

娱乐场所的边界噪声，应当符合国家规定的环境噪声标准。

第八条　娱乐场所的使用面积，不得低于国务院文化主管部门规定的最低标准；设立含有电子游戏机的游艺娱乐场所，应当符合国务院文化主管部门关于总量和布局的要求。

第九条　娱乐场所申请从事娱乐场所经营活动，应当向所在地县级人民政府文化主管部门提出申请；外商投资的娱乐场所申请从事娱乐场所经营活动，应当向所在地省、自治区、直辖市人民政府文化主管部门提出申请。

娱乐场所申请从事娱乐场所经营活动，应当提交投资人员、拟任的法定代表人和其他负责人没有本条例第五条规定情形的书面声明。申请人应当对书面声明内容的真实性负责。

受理申请的文化主管部门应当就书面声明向公安部门或者其他有关单位核查，公安部门或者其他有关单位应当予以配合；经核查属实的，文化主管部门应当依据本条例第七条、第八条的规定进行实地检查，作出决定。予以批准的，颁发娱乐经营许可证，并根据国务院文化主管部门的规定核定娱乐场所容纳的消费者数量；不予批准的，应当书面通知申请人并说明理由。

有关法律、行政法规规定需要办理消防、卫生、环境保护等审批手续的，从其规定。

第十条　文化主管部门审批娱乐场所应当举行听证。有关听证的程序，依照《中华人民共和国行政许可法》的规定执行。

第十一条　娱乐场所依法取得营业执照和相关批准文件、许可证后，应当在15日内向所在地县级公安部门备案。

第十二条　娱乐场所改建、扩建营业场所或者变更场地、主要设施设备、投资人员，或者变更娱乐经营许可证载明的事项的，应当向原发证机关申请重新核发娱乐经营许可证，并向公安部门备案；需要办理变更登记的，应当依法向工商行政管理部门办理变更登记。

第三章　经　　营

第十三条　国家倡导弘扬民族优秀文化，禁止娱乐场所内的娱乐活动含有下列内容：

（一）违反宪法确定的基本原则的；

（二）危害国家统一、主权或者领土完整的；

（三）危害国家安全，或者损害国家荣誉、利益的；

（四）煽动民族仇恨、民族歧视，伤害民族感情或者侵害民族风俗、习惯，破坏民族团结的；

（五）违反国家宗教政策，宣扬邪教、迷信的；

（六）宣扬淫秽、赌博、暴力以及与毒品有关的违法犯罪活动，或者教唆犯罪的；

（七）违背社会公德或者民族优秀文化传统的；

（八）侮辱、诽谤他人，侵害他人合法权益的；

（九）法律、行政法规禁止的其他内容。

第十四条 娱乐场所及其从业人员不得实施下列行为，不得为进入娱乐场所的人员实施下列行为提供条件：

（一）贩卖、提供毒品，或者组织、强迫、教唆、引诱、欺骗、容留他人吸食、注射毒品；

（二）组织、强迫、引诱、容留、介绍他人卖淫、嫖娼；

（三）制作、贩卖、传播淫秽物品；

（四）提供或者从事以营利为目的的陪侍；

（五）赌博；

（六）从事邪教、迷信活动；

（七）其他违法犯罪行为。

娱乐场所的从业人员不得吸食、注射毒品，不得卖淫、嫖娼；娱乐场所及其从业人员不得为进入娱乐场所的人员实施上述行为提供条件。

第十五条 歌舞娱乐场所应当按照国务院公安部门的规定在营业场所的出入口、主要通道安装闭路电视监控设备，并应当保证闭路电视监控设备在营业期间正常运行，不得中断。

歌舞娱乐场所应当将闭路电视监控录像资料留存30日备查，不得删改或者挪作他用。

第十六条　歌舞娱乐场所的包厢、包间内不得设置隔断，并应当安装展现室内整体环境的透明门窗。包厢、包间的门不得有内锁装置。

第十七条　营业期间，歌舞娱乐场所内亮度不得低于国家规定的标准。

第十八条　娱乐场所使用的音像制品或者电子游戏应当是依法出版、生产或者进口的产品。

歌舞娱乐场所播放的曲目和屏幕画面以及游艺娱乐场所的电子游戏机内的游戏项目，不得含有本条例第十三条禁止的内容；歌舞娱乐场所使用的歌曲点播系统不得与境外的曲库联接。

第十九条　游艺娱乐场所不得设置具有赌博功能的电子游戏机机型、机种、电路板等游戏设施设备，不得以现金或者有价证券作为奖品，不得回购奖品。

第二十条　娱乐场所的法定代表人或者主要负责人应当对娱乐场所的消防安全和其他安全负责。

娱乐场所应当确保其建筑、设施符合国家安全标准和消防技术规范，定期检查消防设施状况，并及时维护、更新。

娱乐场所应当制定安全工作方案和应急疏散预案。

第二十一条　营业期间，娱乐场所应当保证疏散通道和安全出口畅通，不得封堵、锁闭疏散通道和安全出口，不得在疏散通道和安全出口设置栅栏等影响疏散的障碍物。

娱乐场所应当在疏散通道和安全出口设置明显指示标志，不得遮挡、覆盖指示标志。

第二十二条　任何人不得非法携带枪支、弹药、管制器具或者携带爆炸性、易燃性、毒害性、放射性、腐蚀性等危险物品和传染病病原体进入娱乐场所。

迪斯科舞厅应当配备安全检查设备，对进入营业场所的人员进行安全检查。

第二十三条　歌舞娱乐场所不得接纳未成年人。除国家法定节假日外，游艺娱乐场所设置的电子游戏机不得向未成年人提供。

第二十四条　娱乐场所不得招用未成年人；招用外国人的，应当按照国家有关规定为其办理外国人就业许可证。

第二十五条　娱乐场所应当与从业人员签订文明服务责任书，并建立从业人员名簿；从业人员名簿应当包括从业人员的真实姓名、居民身份证复印件、外国人就业许可证复印件等内容。

娱乐场所应当建立营业日志，记载营业期间从业人员的工作职责、工作时间、工作地点；营业日志不得删改，并应当留存60日备查。

第二十六条　娱乐场所应当与保安服务企业签订保安服务合同，配备专业保安人员；不得聘用其他人员从事保安工作。

第二十七条　营业期间，娱乐场所的从业人员应当统一着工作服，佩带工作标志并携带居民身份证或者外国人就业许可证。

从业人员应当遵守职业道德和卫生规范，诚实守信，礼貌待人，不得侵害消费者的人身和财产权利。

第二十八条　每日凌晨2时至上午8时，娱乐场所不得营业。

第二十九条　娱乐场所提供娱乐服务项目和出售商品，应当明码标价，并向消费者出示价目表；不得强迫、欺骗消费者接受服务、购买商品。

第三十条　娱乐场所应当在营业场所的大厅、包厢、包间内的显著位置悬挂含有禁毒、禁赌、禁止卖淫嫖娼等内容的警示标志、未成年人禁入或者限入标志。标志应当注明公安部门、文化主管部门的举报电话。

第三十一条　娱乐场所应当建立巡查制度，发现娱乐场所内有违法犯罪活动的，应当立即向所在地县级公安部门、县级人民政府文化主管部门报告。

第四章　监督管理

第三十二条　文化主管部门、公安部门和其他有关部门的工作人员依法履行监督检查职责时，有权进入娱乐场所。娱乐场所应当予以配合，不得拒绝、阻挠。

文化主管部门、公安部门和其他有关部门的工作人员依法履行监督检查职责时，需要查阅闭路电视监控录像资料、从业人员名簿、营业日志等资料的，娱乐场所应当及时提供。

第三十三条　文化主管部门、公安部门和其他有关部门应当记录监督检查的情况和处理结果。监督检查记录由监督检查人员签字归档。公众有权查阅监督检查记录。

第三十四条　文化主管部门、公安部门和其他有关部门应当建立娱乐场所违法行为警示记录系统；对列入警示记录的娱乐场所，应当及时向社会公布，并加大监督检查力度。

第三十五条　文化主管部门应当建立娱乐场所的经营活动信用监管制度，建立健全信用约束机制，并及时公布行政处罚信息。

第三十六条 文化主管部门、公安部门和其他有关部门应当建立相互间的信息通报制度,及时通报监督检查情况和处理结果。

第三十七条 任何单位或者个人发现娱乐场所内有违反本条例行为的,有权向文化主管部门、公安部门等有关部门举报。

文化主管部门、公安部门等有关部门接到举报,应当记录,并及时依法调查、处理;对不属于本部门职责范围的,应当及时移送有关部门。

第三十八条 上级人民政府文化主管部门、公安部门在必要时,可以依照本条例的规定调查、处理由下级人民政府文化主管部门、公安部门调查、处理的案件。

下级人民政府文化主管部门、公安部门认为案件重大、复杂的,可以请求移送上级人民政府文化主管部门、公安部门调查、处理。

第三十九条 文化主管部门、公安部门和其他有关部门及其工作人员违反本条例规定的,任何单位或者个人可以向依法有权处理的本级或者上一级机关举报。接到举报的机关应当依法及时调查、处理。

第四十条 娱乐场所行业协会应当依照章程的规定,制定行业自律规范,加强对会员经营活动的指导、监督。

第五章 法 律 责 任

第四十一条 违反本条例规定,擅自从事娱乐场所经营活动的,由文化主管部门依法予以取缔;公安部门在查处治安、刑事案件时,发现擅自从事娱乐场所经营活动的,应当依法予以取缔。

第四十二条 违反本条例规定,以欺骗等不正当手段取得娱乐经营许可证的，由原发证机关撤销娱乐经营许可证。

第四十三条 娱乐场所实施本条例第十四条禁止行为的，由县级公安部门没收违法所得和非法财物，责令停业整顿3个月至6个月；情节严重的，由原发证机关吊销娱乐经营许可证，对直接负责的主管人员和其他直接责任人员处1万元以上2万元以下的罚款。

第四十四条 娱乐场所违反本条例规定，有下列情形之一的，由县级公安部门责令改正，给予警告；情节严重的，责令停业整顿1个月至3个月：

（一）照明设施、包厢、包间的设置以及门窗的使用不符合本条例规定的；

（二）未按照本条例规定安装闭路电视监控设备或者中断使用的；

（三）未按照本条例规定留存监控录像资料或者删改监控录像资料的；

（四）未按照本条例规定配备安全检查设备或者未对进入营业场所的人员进行安全检查的；

（五）未按照本条例规定配备保安人员的。

第四十五条 娱乐场所违反本条例规定，有下列情形之一的，由县级公安部门没收违法所得和非法财物，并处违法所得2倍以上5倍以下的罚款；没有违法所得或者违法所得不足1万元的，并处2万元以上5万元以下的罚款；情节严重的，责令停业整顿1个月至3个月：

（一）设置具有赌博功能的电子游戏机机型、机种、电路板等游戏设施设备的；

（二）以现金、有价证券作为奖品，或者回购奖品的。

第四十六条　娱乐场所指使、纵容从业人员侵害消费者人身权利的,应当依法承担民事责任,并由县级公安部门责令停业整顿1个月至3个月;造成严重后果的,由原发证机关吊销娱乐经营许可证。

第四十七条　娱乐场所取得营业执照后,未按照本条例规定向公安部门备案的,由县级公安部门责令改正,给予警告。

第四十八条　违反本条例规定,有下列情形之一的,由县级人民政府文化主管部门没收违法所得和非法财物,并处违法所得1倍以上3倍以下的罚款;没有违法所得或者违法所得不足1万元的,并处1万元以上3万元以下的罚款;情节严重的,责令停业整顿1个月至6个月:

（一）歌舞娱乐场所的歌曲点播系统与境外的曲库联接的;

（二）歌舞娱乐场所播放的曲目、屏幕画面或者游艺娱乐场所电子游戏机内的游戏项目含有本条例第十三条禁止内容的;

（三）歌舞娱乐场所接纳未成年人的;

（四）游艺娱乐场所设置的电子游戏机在国家法定节假日外向未成年人提供的;

（五）娱乐场所容纳的消费者超过核定人数的。

第四十九条　娱乐场所违反本条例规定,有下列情形之一的,由县级人民政府文化主管部门责令改正,给予警告;情节严重的,责令停业整顿1个月至3个月:

（一）变更有关事项,未按照本条例规定申请重新核发娱乐经营许可证的;

（二）在本条例规定的禁止营业时间内营业的;

（三）从业人员在营业期间未统一着装并佩带工作标志的。

第五十条 娱乐场所未按照本条例规定建立从业人员名簿、营业日志，或者发现违法犯罪行为未按照本条例规定报告的，由县级人民政府文化主管部门、县级公安部门依据法定职权责令改正，给予警告；情节严重的，责令停业整顿1个月至3个月。

第五十一条 娱乐场所未按照本条例规定悬挂警示标志、未成年人禁入或者限入标志的，由县级人民政府文化主管部门、县级公安部门依据法定职权责令改正，给予警告。

第五十二条 娱乐场所招用未成年人的，由劳动保障行政部门责令改正，并按照每招用一名未成年人每月处5000元罚款的标准给予处罚。

第五十三条 因擅自从事娱乐场所经营活动被依法取缔的，其投资人员和负责人终身不得投资开办娱乐场所或者担任娱乐场所的法定代表人、负责人。

娱乐场所因违反本条例规定，被吊销或者撤销娱乐经营许可证的，自被吊销或者撤销之日起，其法定代表人、负责人5年内不得担任娱乐场所的法定代表人、负责人。

娱乐场所因违反本条例规定，2年内被处以3次警告或者罚款又有违反本条例的行为应受行政处罚的，由县级人民政府文化主管部门、县级公安部门依据法定职权责令停业整顿3个月至6个月；2年内被2次责令停业整顿又有违反本条例的行为应受行政处罚的，由原发证机关吊销娱乐经营许可证。

第五十四条 娱乐场所违反有关治安管理或者消防管理法律、行政法规规定的，由公安部门依法予以处罚；构成犯罪的，依法追究刑事责任。

娱乐场所违反有关卫生、环境保护、价格、劳动等法律、行政法规规定的，由有关部门依法予以处罚；构成犯罪的，依法追究刑事责任。

娱乐场所及其从业人员与消费者发生争议的，应当依照消费者权益保护的法律规定解决；造成消费者人身、财产损害的，由娱乐场所依法予以赔偿。

第五十五条　国家机关及其工作人员开办娱乐场所，参与或者变相参与娱乐场所经营活动的，对直接负责的主管人员和其他直接责任人员依法给予撤职或者开除的行政处分。

文化主管部门、公安部门的工作人员明知其亲属开办娱乐场所或者发现其亲属参与、变相参与娱乐场所的经营活动，不予制止或者制止不力的，依法给予行政处分；情节严重的，依法给予撤职或者开除的行政处分。

第五十六条　文化主管部门、公安部门、工商行政管理部门和其他有关部门的工作人员有下列行为之一的，对直接负责的主管人员和其他直接责任人员依法给予行政处分；构成犯罪的，依法追究刑事责任：

（一）向不符合法定设立条件的单位颁发许可证、批准文件、营业执照的；

（二）不履行监督管理职责，或者发现擅自从事娱乐场所经营活动不依法取缔，或者发现违法行为不依法查处的；

（三）接到对违法行为的举报、通报后不依法查处的；

（四）利用职务之便，索取、收受他人财物或者谋取其他利益的；

（五）利用职务之便，参与、包庇违法行为，或者向有关单位、个人通风报信的；

（六）有其他滥用职权、玩忽职守、徇私舞弊行为的。

第六章 附　　则

第五十七条　本条例所称从业人员，包括娱乐场所的管理人员、服务人员、保安人员和在娱乐场所工作的其他人员。

第五十八条　本条例自 2006 年 3 月 1 日起施行。1999 年 3 月 26 日国务院发布的《娱乐场所管理条例》同时废止。

（二）演出活动审批

文化部关于加强演出市场有关问题管理的通知

- 2011年12月7日公布施行
- 文市发〔2011〕56号

各省、自治区、直辖市文化厅（局），新疆生产建设兵团文化广播电视局，北京市、天津市、上海市、重庆市文化市场行政执法总队，西藏自治区文化市场综合行政执法总队：

近年来，我国演出市场规模稳步增长，演出产品日益丰富多样，在满足人民群众精神文化需求方面起到了重要作用。但是新的演出业态、组织形式和经营方式也对演出市场管理和执法工作提出了新的要求。为进一步完善和加强演出市场管理，促进演出市场的发展，现就有关问题通知如下：

一、规范音乐节等节庆类营业性演出活动的申报与运作

（一）音乐节等节庆类营业性演出活动（以下简称"节庆演出"），是指冠以"节、周、月、季"等字样，演出场次3场以上、持续时间1天以上的主题性演出活动。

节庆演出应当由符合《营业性演出管理条例》（以下简称《条例》）及《营业性演出管理条例实施细则》（以下简称《实施细

则》）规定的演出经营主体举办，政府或者政府部门不得主办或者承办节庆演出，不得直接参与投资节庆演出；节庆演出不得冠以中国、中华、全国、国家、国际等字样；举办节庆演出应当将整体方案报县级以上文化行政部门审核，未经审核的，不得以"节、周、月、季"等名义进行宣传。

（二）节庆演出过程中通过网络直播、转播等方式与观众互动的，应当由具有《网络文化经营许可证》的互联网文化经营单位负责提供网络服务；演出举办单位应当于演出活动举办3个工作日前，将演出现场播放的视频资料和网络互动方案报送演出地县级文化行政部门备案。

（三）演出举办单位应当严格按照文化行政部门核准的演出人员和演出内容组织演出；指定专人负责现场巡查，落实安全应急措施；积极配合文化行政部门、文化市场综合执法机构及其他相关部门的现场监管。

（四）演出举办单位要创新思路，丰富节庆演出内容与形式，完善演出活动市场运作方式。各级文化行政部门要促进节庆演出与当地文化、旅游资源的深度融合，加强区域内节庆演出的统筹协调，引导节庆演出特色化、品牌化发展。

二、严格演出票务经营单位的市场准入与监管

（一）演出票务经营是演出营销的重要环节，从事营业性演出活动票务代理、预订、销售业务的经营单位，应当按照《条例》及其实施细则关于设立演出经纪机构的规定，取得《营业性演出许可证》。未取得《营业性演出许可证》的，应当于2012年3月30日前到所在地省级文化行政部门办理相关手续。擅自从事营业性演出活动票务代理、预订、销售业务的，由文化行政部门、文化市场综合执法机构依照《条例》第四十三条规定予以处罚。

（二）演出票务经营单位应当核验演出活动的批准文件，不得擅自预订、销售未经审批的演出活动门票；应当与演出举办单位签订票务销售合同，公开不同票价的座位区域及可售数量；不得对演出活动进行虚假、夸大宣传。演出票务经营单位预订、销售未经审批的演出活动门票的，由文化行政部门、文化市场综合执法机构依照《实施细则》第五十五条规定予以处罚。

三、明确演出场所经营单位的义务与责任

（一）为营业性演出活动提供场所的，应当核验演出活动的批准文件，并建立现场演出日志。为未经批准的营业性演出活动提供场地的，由文化行政部门、文化市场综合执法机构依照《条例》第四十四条规定予以处罚。

（二）演出场所经营单位应当指定专人负责现场巡查，对演出活动中有《条例》第二十六条禁止情形的，主动采取措施予以制止，并及时报告所在地县级文化行政部门。未及时采取措施制止、未及时报告的，由文化行政部门、文化市场综合执法机构根据《条例》第四十六条规定，依照职权予以处罚。

（三）非演出场所经营单位擅自举办营业性演出的，由文化行政部门、文化市场综合执法机构依照《条例》第四十三条规定予以处罚；非演出场所经营单位为未经批准的营业性演出活动提供场地的，移送有关部门处理。

四、研究制定服务演出市场发展的政策与措施

（一）各级文化行政部门要积极支持各类演出区域联盟、演出企业联合体、演出院线等行业合作机制建设，充分发挥合作机制在资源共享、风险共担、降低演出成本、防范恶性竞争等方面的积极作用，推动形成高效的演出市场运作机制与合理的演出市场定价机制，扩大演出文化消费。统筹协调演出交易会、博览会等会展活动

的布局和时段，研究制定具体措施，以培育满足区域市场需求为核心，强化地方性会展活动的交易功能，以示范引导交流为核心，提升全国性会展活动的影响力。大力推进演出与网络、旅游等领域的深度融合，拓宽演出市场新空间。

（二）加强演出行业协会建设，指导行业协会推进演出市场规范化、标准化、专业化建设，制定行业自律规范，健全以演出经纪人为主体的演出从业人员资格认定和培训机制。

（三）文化行政部门要进一步转变职能，提升服务水平和效率，规范和简化行政审批程序。要通过举办演出法规培训、经营管理培训、演出市场案例研讨等活动，培养适应演出市场发展需求的复合型人才。营业性演出经营主体的法定代表人和主要负责人，应当参加所在地文化行政部门和行业协会组织的培训，提高法制意识和经营管理能力。

特此通知。

营业性演出审批规范

· 文化部办公厅 2011 年 9 月 5 日公布施行

一、营业性演出活动申报材料规范

（一）申请资料：规范填写《营业性演出申请登记表》和《演出活动承诺书》，加盖申报单位公章。

（二）文艺表演团体及演出人员资料：

1. 演员名单及有效身份证明复印件，演员名单应当列出姓名、性别、出生日期、国家或地区、有效身份证证件号码。有效身份证明指：中国内地演员为身份证、护照、军官证；外籍演员为护照；港澳地区演员为港澳居民来往内地通行证或中华人民共和国特别行政区护照；台湾地区为台胞证（不能是护照）；

2. 演出举办单位与文艺表演团体（演员）的演出协议或者文艺表演团体（演员）同意参加演出的书面函件；

3. 外国文艺表演团体名称中含有"国立"、"国家"、"皇家"等字样，应提供该国注册证明文件及中文译本；

4. 未成年人参加营业性演出，应当提供其监护人出具的书面同意材料或是监护人与文艺表演团体签署的书面同意函。

（三）演出节目内容及其视听资料：申报单位应当提交演出节目单以及与节目单内容对应的视听材料，其中歌曲类节目应当提交歌词文本，用外文演唱歌曲应提交中外文对照歌词；舞蹈杂技类节目应当提供视频资料；戏剧、曲艺等语言类节目应提交剧本；乐曲类节目应当提交音频资料。鉴于演出活动具有艺术二次创作的特点，对于临时组台演出，其所报视听资料可以是已经出版或者曾经演出过的录音录像资料，审批部门以此作为演出内容审核的参考性依据，重点加强演出现场监管。

（四）场地资料：演出举办单位与演出场所经营单位的协议或演出场所出具的场地证明；在歌舞娱乐场所、旅游景区、主题公园、游乐园、酒吧、饭店、餐饮场所等非演出场所举办的营业性演出，应提供消防部门同意开业的消防安全证明或者场所的《娱乐经营许可证》；举办临时搭建舞台、看台的营业性演出，还应提供安全、消防批准文件以及安全保卫工作方案和灭火、应急疏散预案。

（五）资金安排计划书和资金证明材料：资金安排计划书应当含有演出项目的总费用以及演出费、制作费、场租费、宣传费、往返旅费和食宿行接待费等内容；资金证明是指由申请单位开户银行出具的当月基本存款账户存款证明，或者银行等金融机构同意贷款的证明，或者其他单位同意借款、投资、担保、赞助的证明及该单位开户银行出具的当月基本存款账户存款证明。

二、营业性演出文书填写规范

（一）申请人：应当与工商部门名称预先核准通知书或工商执照登记的名称一致。

（二）法定代表人：属于法人单位的填写法定代表人姓名；合法成立的非法人单位，填写该负责人姓名；个体工商户填写经营者姓名。

（三）经济类型：按照国家统计局、国家工商总局《关于划分企业登记注册类型的规定》填写，如"国有企业"、"集体企业"、"有限责任公司"、"股份有限公司"、"合伙企业"、"个人独资企业"、"合资经营企业（台资）"、"港商独资经营企业"、"中外合作经营企业"和"个体工商户"等。

（四）经营范围：文艺表演团体及个体演员按照其表演的艺术种类填写，如"音乐表演"、"戏曲表演"、"歌舞表演"、"杂技表演"、"综合文艺表演"等；演出经纪机构填写"经营演出及经纪业务"；港澳演出经纪机构内地分支机构、个体演出经纪人填写"演出居间、代理业务"。

（五）住所/营业场所：属于法人单位的称"住所"，非法人的（如其他组织和个体工商户）称营业场所。填写与工商注册登记地址一致，综合性场所要写明实际使用的楼层及门牌号码，以区别于其它场所。个体演员或个体演出经纪人填写身份证（户籍）上的住址，实际常住地与身份证（户籍）住址与一致的须在括号内注明。

（六）从业人员：文艺表演团体是指演员，包括演奏人员；演出经纪机构是指具备演出经纪人资格的人员，没有经纪人资格的从业人员不用登记。

（七）注册资本和注册号：填写注册资本应当与工商注册资本一致，非独立核算、个人独资企业和个体工商户等法律规定不需要注册资金的不用填写。注册号填写工商行政管理部门核发的营业执照上的注册号。

（八）单位类别：根据经营内容不同分别填写文艺表演团体、演出经纪机构或者演出场所。

（九）核定人数：文艺表演团体是指演员，包括演奏人员；演出经纪机构是指具备演出经纪人资格的人员，没有经纪人资格的从业人员不计；演出场所是指能够对外售票的实有坐席数或经核准可容纳的观众人数。

三、营业性演出许可证及备案证明文件印制规范

（一）填写规范：填写内容应当与文化行政部门实际许可的情况一致，不一致的应当及时纠正或责令持证人限期变更。所有项目均应当用钢笔、毛笔等不褪色书写工具填写或用计算机打印，计算机打印字体为仿宋，不需要填写的打印6个"※"。

（二）编号规范：发证或者备案机关地区简称（省-市-县/区）加阿拉伯数字编号。正本、副本用同一编号，副本应在编号后用"-"加上副本序号。

（三）发证日期：加盖发证机关公章。公章以圆弧内下端空白处居中横套"年　月　日"，日期用中文书写。在许可证有效期内变更或遗失补证的在日期的下一行写上"变更"或"补证"两字以作注解。

（四）有效日期：填写从发证之日期顺推2年的日期。

文化和旅游部办公厅关于简化跨地区巡演审批程序的通知

- 2021年9月29日公布施行
- 办市场发〔2021〕181号

各省、自治区、直辖市文化和旅游厅（局），新疆生产建设兵团文化体育广电和旅游局：

为纵深推进"放管服"改革，进一步优化营商环境，激发市场主体活力，促进演出市场繁荣发展，现就简化跨地区巡演审批程序有关事项通知如下。

一、跨地区巡演适用范围

本通知所称跨地区巡演，是指在文化和旅游行政部门许可范围内的演出举办单位、参演文艺表演团体、演员、演出内容不变的前提下，在一年内跨县（市、区）举办两场及以上的营业性演出活动。

二、简化审批程序

（一）演出举办单位应当通过全国文化市场技术监管与服务平台提交跨地区巡演申请，由平台将相关信息同步推送给相应文化和旅游行政部门。首演地文化和旅游行政部门应当在规定审批时限内作出决定。同意的，出具批准文件，由平台将相关审批结果推送给巡演地相应文化和旅游行政部门，巡演地文化和旅游行政部门不再重复进行内容审核。演出举办单位应在巡演地举办演出活动前，向巡演地文化和旅游行政部门提供场地、安全、消防等证明材料，文化和旅游行政部门在3个工作日内完成审核。通过的，出具备案证明并及时公示。无法提供的，终止备案程序。

（二）演出活动经文化和旅游行政部门批准后，需要增加演出地的，演出举办单位应当通过全国文化市场技术监管与服务平台提交增加演出地备案申请，演出增加地文化和旅游行政部门应当自受理之日起3个工作日内完成审核，通过的，出具备案证明并及时公示。

三、压实工作责任

（一）厘清工作职责。对跨地区巡演实行首演地内容审核负责制，首演地文化和旅游行政部门要切实提高政治站位，认真履行工作职责，做好演出内容审核把关。对演出内容把握不准的，可以提请上级文化和旅游行政部门予以指导。对在巡演过程中发生突发情况的，演出举办单位应当积极配合文化和旅游行政部门做好应对处置。演出地文化市场综合执法机构要切实加强现场巡查，对擅自变更演出内容或参演文艺表演团体及演员的，依据《营业性演出管理条例》等予以处罚。

（二）加强业务沟通。各级文化和旅游行政部门要加强业务沟通，对行政审批事项已整体划出文化和旅游系统的，文化和旅游行政部门应当将相关审批政策及时通报相关部门。

（三）鼓励基层创新。支持各地文化和旅游行政部门在确保国家文化安全和意识形态安全的前提下，结合当地实际，探索营业性演出审批告知承诺、容缺受理等创新机制，进一步方便群众办事，优化营商环境。

特此通知。

文化部办公厅关于开展涉外营业性演出审批公示工作的通知

- 2014年12月15日公布施行
- 办市函〔2014〕544号

根据《国务院关于取消和下放一批行政审批项目等事项的决定》（国发〔2013〕19号），文化部于2013年6月印发了《文化部关于做好取消和下放营业性演出审批项目工作的通知》（文市发〔2013〕27号）（以下简称《通知》），将外国文艺表演团体、个人来华在非歌舞娱乐场所进行营业性演出的审批，下放至省级文化行政部门。2014年，人力资源社会保障部、外交部、公安部、文化部联合印发了《关于印发〈外国人入境完成短期工作任务的相关办理程序（试行）〉的通知》（人社部发〔2014〕78号），要求文化行政部门在审批涉外演出的同时，对于入境从事短期（不超过90日）营业性演出的外国文艺表演团体、个人开具短期工作证明。

为做好简政放权的工作衔接，解决各省级文化行政部门间获取其他地区审批信息困难的问题，履行文化行政部门行政审批公示职责，根据《中华人民共和国政府信息公开条例》，文化部拟对全国涉外营业性演出审批信息实行统一管理、统一公示，具体事宜通知如下：

一、公示方式

文化部门户网站专设文化部涉外营业性演出审批信息公示系统。

二、公示事项

（一）涉外营业性演出审批事项的设立依据、审批条件和程序；

（二）经文化行政部门许可的涉外营业性演出项目。包括涉外营业性演出许可的批复文号、批复标题、演出名称、演出举办单位、演出地、演出场所、演出日期、批复时间、审批监督电话。

三、公示信息采集

各省级文化行政部门应确定专人负责涉外营业性演出审批信息采集、上报和核对工作，请将人员名单于2014年12月20日前报文化部文化市场司。各省级文化行政部门应当采集但不限于以下内容的信息：

（一）审批项目基本信息

批复文号、批复标题、批复时间；演出举办单位、演出名称、演出日期、主要表演团体/个人的国家（地区）、演出剧（节）目名称、演出地、演出场所、演出场次；演出形式、项目负责人/联络人（姓名、联系方式、演出经纪人员资格证号）。

（二）参演人员主要信息

姓名、性别、出生日期、国家（地区）、入境证件类型、入境证件号码、入境证件有效期、短期工作证明编号、工作日期、工作期限。

四、公示信息上报

（一）上报系统

各省级文化行政部门通过文化部涉外营业性演出审批信息公示系统上报并公示信息。点击文化部门户网站（www.mcprc.gov.cn）首页在线办事栏目中"文化部涉外营业性演出审批信息公示系统"，或直接输入 http://114.255.59.60：8080/credit/admin.jsp 进入公示页面和登陆界面。系统为信息公示负责人员开通登陆账号。已依托全国文化市场技术监管与服务平台开展涉外营业性演出审批的省级文化行政部门，可通过平台直接将审批信息交换到公示系统。

（二）上报及公示时限。各省级文化行政部门应在审批完成后5日内上报文化部并公示信息，审批完成时间距离演出不足5日的，应在演出前及时上报并公示信息。

2014年度审批的涉外营业性演出信息，上报内容为本通知第二条"公示事项"第二款所列信息项。2015年的公示信息请列明审批项目基本信息和参演人员主要信息。

五、公示信息使用

（一）已经文化行政部门批准的涉外营业性演出活动，在演出举办单位、参演文艺表演团体及个人、演出内容不变的情况下，自批准演出活动举办日期起6个月内增加演出地的，实行事前备案管理。备案单位可在全国文化市场技术监管与服务平台中直接检索相关信息，重复事项可在线下载。

（二）各省级文化行政部门应当对其公示信息的真实性、及时性负责。发现所公示信息不准确的，应当及时更正。公民、法人或者其他组织有证据证明公示信息不准确的，有权要求文化行政部门予以更正。

（三）公示系统与人力资源社会保障部、外交部、公安部的外国人入境管理信息库对接，信息互联共享。

涉外营业性演出审批信息统一公示工作将于2015年1月1日起正式启动，请各省级文化行政部门自收到通知之日起，做好相关准备工作，确保公示工作顺利开展。

特此通知。

附件：1. 关于部分信息项的说明（略）

2. 涉外营业性演出审批信息公示负责人员报名表（略）

文化和旅游部办公厅关于进一步规范涉外营业性演出审批工作的通知

- 2019年3月7日公布施行
- 办市场发〔2019〕39号

各省、自治区、直辖市文化和旅游厅（局），新疆生产建设兵团文化体育新闻出版广电局（文物局）：

  涉外营业性演出审批工作事关国家文化安全和意识形态安全，政策性和专业性强，敏感度高。近期，部分省（区、市）将涉外营业性演出审批权限下放到基层文化和旅游行政部门或者调整到其他综合审批部门，出现审批把关不严、尺度不一等问题，有的地方甚至发生境外演出团体和个人违规入境演出。为进一步规范涉外营业性演出审批工作，现将有关事项通知如下：

  一、各省（区、市）（包括新疆生产建设兵团，下同）文化和旅游行政部门要按照《文化部关于落实"先照后证"改进文化市场行政审批工作的通知》（文市函〔2015〕627号）要求，不得再下放涉外营业性演出等审批权限，降低审批层级。确有特殊原因需要下放的，须事先请示文化和旅游部同意。

  二、已将涉外营业性演出审批权限下放的省份，要建立审批信息报备制度，受权审批部门收到涉外营业性演出许可申请后，应将初步审批意见报至省级文化和旅游行政部门，经省级文化和旅游行政部门同意后，受权审批部门方可出具批准文件。

三、各省（区、市）文化和旅游行政部门要严格落实《文化部办公厅关于印发〈外国人入境完成短期营业性演出活动的办理程序和工作指引〉的通知》（办市发〔2015〕1号）要求，统一使用审批文书格式，并做好审批文书归档，以随时备查。

四、涉外营业性演出审批工作应当在"全国文化市场技术监管与服务平台"上开展。目前仍在其他政务平台上办理的，要在2019年6月底前完成与"全国文化市场技术监管与服务平台"信息对接。文化和旅游部正在抓紧推进涉外营业性演出审批信息与外交部"来华签证邀请函管理信息系统"对接工作。届时，持营业性演出批准文书向驻外使馆、领馆或者外交部委托的其他驻外机构申请来华签证须通过"来华签证邀请函管理信息系统"进行核验，未能通过核验的，将不予签发签证。

特此通知。

文化部涉外文化艺术表演及展览管理规定

- 1997年6月27日文化部令第11号颁布
- 2004年7月1日文化部令第32号修订

第一章 总 则

第一条 为加强对涉外文化艺术表演及展览活动的管理，根据国家有关规定，制定本规定。

第二条 本规定所称涉外文化艺术表演活动，是指中国与外国间开展的各类音乐、舞蹈、戏剧、戏曲、曲艺、杂技、马戏、动物表演、魔术、木偶、皮影、民间文艺表演、服饰和时装表演、武术及气功演出等交流活动。

本规定所称涉外文化艺术展览活动，是指中国与外国间开展的各类美术、工艺美术、民间美术、摄影（图片）、书法碑贴、篆刻、古代和传统服饰、艺术收藏品以及专题性文化艺术展览等交流活动。

第三条 本规定适用于下列活动：

（一）我国与外国政府间文化协定和合作文件确定的文化艺术表演及展览；

（二）我国与外国通过民间渠道开展的非商业性文化艺术表演及展览；

（三）我国与外国间进行的商业和有偿文化艺术表演及展览（展销）；

(四) 属于文化交流范畴的其他涉外文化艺术表演及展览。

第四条 有关文物展览对外交流活动的管理办法，另行规定。

第五条 涉外文化艺术表演及展览活动，必须服从国家外交工作的大局，服从社会主义精神文明建设的大局。

第六条 文化部负责全国涉外文化艺术表演及展览活动的归口管理和宏观调控，行使下列职权：

(一) 统筹安排和组织实施国家级涉外文化艺术表演及展览活动计划；

(二) 协调、平衡全国各省、自治区、直辖市、中央和国家机关部委、解放军系统和全国性人民团体的涉外文化艺术表演及展览工作；

(三) 批准或不批准涉外文化艺术表演及展览活动的立项申请，本规定另有规定的除外；

(四) 认定中央和国家机关部委、解放军系统和全国性人民团体及所属机构涉外非商业性文化艺术表演及展览活动组织者的资格；

(五) 审核并认定全国从事涉外商业和有偿文化艺术表演及展览（展销）活动的经营机构的资格；

(六) 监督和检查涉外文化艺术表演及展览机构及活动情况；

(七) 查处有重大影响的涉外文化艺术表演及展览活动中的违法事件；

(八) 其他应由文化部行使的职权。

第七条 省、自治区、直辖市文化厅（局）是本地区涉外文化艺术表演及展览活动的主管部门，行使下列职权：

(一) 统筹安排和组织实施本省、自治区、直辖市涉外文化艺术表演及展览活动计划；

（二）协调、平衡本地区的涉外文化艺术表演及展览活动；

（三）负责本地区涉外文化艺术表演及展览项目、经营涉外商业和有偿文化艺术表演及展览（展销）活动机构资格认定的初审、报批、执行等事宜；

（四）批准或不批准已经文化部批准的本地区涉外非商业性文化艺术表演及展览项目 20 天以内的延期申请；

（五）批准或不批准本地区个人通过因私渠道出国进行文化艺术表演及展览活动的申请；

（六）认定本地区涉外非商业性文化艺术表演及展览活动组织者的资格；

（七）审核并认定本地区经营场所从事外国来华商业和有偿文化艺术表演及展览（展销）活动的资格；

（八）监督和检查本地区涉外文化艺术表演及展览机构及活动情况；

（九）协助上级领导机关或有关部门，查处本地区涉外文化艺术表演及展览活动中的违法事件；

（十）其他应由省、自治区、直辖市文化厅（局）行使的职权。

第八条 经批准的第七条第（四）、（五）和（七）项的项目，均须报文化部备案。

第二章 组织者的资格认定

第九条 文化部对从事涉外文化艺术表演及展览活动的组织者实行资格认定制度。

第十条 下列部门和机构有资格从事涉外非商业性文化艺术表演及展览活动：

（一）文化部、各省、自治区、直辖市人民政府及其文化厅

（局）；

（二）文化部认定的有对外文化交流任务的中央和国家机关部委、解放军系统和全国性人民团体；

（三）省、自治区、直辖市文化厅（局）认定的本地区有对外文化交流任务的部门和团体；

（四）文化部认定的有从事涉外商业和有偿文化艺术表演及展览（展销）资格的经营机构；

（五）省、自治区、直辖市文化厅（局）认定的有从事来华商业和有偿文化艺术表演及展览（展销）资格的经营场所（只限于来华项目）。

第十一条　文化部和各省、自治区、直辖市文化厅（局）按照本规定，在接受涉外非商业性文化艺术表演及展览立项申请的同时，根据申请单位的工作和任务性质、业务和组织能力对其进行资格认定。

第十二条　申请从事涉外商业和有偿文化艺术表演及展览（展销）活动资格的经营机构，须具备下列条件：

（一）有经文化部或省、自治区、直辖市文化厅（局）认定的对外文化交流业务和能力；

（二）有独立的法人资格和营业执照；

（三）有相应的从事对外文化活动必需的资金、设备及固定的办公地点；

（四）有相应的从事涉外文化艺术表演及展览活动的专业管理人员和组织能力；

（五）有健全的外汇财务管理制度和专职财会管理人员。

第十三条　申请从事外国来华商业和有偿文化艺术表演及展览（展销）活动资格的经营场所，必须具备下列条件：

（一）本规定第十二条第（二）、（三）、（四）、（五）项规定的条件；

（二）有与演出或展览相适应的固定营业场所和设备；

（三）有符合国家规定的安全、消防和卫生设施。

第十四条 涉外商业和有偿文化艺术表演及展览（展销）经营机构和经营场所的资格认定程序：

（一）具备本规定第十二条和第十三条规定条件的经营机构或经营场所，向所在省、自治区、直辖市文化厅（局）或有对外文化交流任务的中央和国家机关部委、解放军系统和全国性人民团体提出申请。

（二）经营机构的资格认定，由其所在地文化厅（局）、有隶属关系的中央或国家机关部委、解放军系统和全国性人民团体进行初审，通过后，出具有效证明，向文化部提出申请。

（三）经营场所的资格认定，由其所在省、自治区、直辖市文化厅（局）办理。

（四）经营机构申请时需提供营业执照、资信证明、资产使用证明、专业人员资历证明和财务制度文件。

（五）经营场所申请时除提供上述资料外，还须提供文化行政管理部门颁发的相应许可证和公安部门颁发的《安全合格证》。

（六）文化部及有关省、自治区、直辖市文化厅（局）在接到申请之日起60天内，根据国家有关规定予以审批，合格者发给从事涉外商业和有偿文化艺术表演及展览（展销）经营活动资格证明。

第十五条 对取得涉外商业和有偿文化艺术表演及展览（展销）活动资格的经营机构和经营场所，实行定期审验制度。

凡不再具备第十二条和第十三条规定条件的经营单位，资格认定部门有权取消或暂停其涉外商业和有偿文化艺术表演及展览（展销）活动的经营资格。

第三章　派出和引进项目的内容

第十六条　鼓励下列文化艺术表演及展览项目出国：
（一）弘扬中华民族优秀传统文化的；
（二）宣传我国现代化建设成就的；
（三）体现当今我国文化艺术水平的；
（四）维护国家统一和民族团结的；
（五）有利于促进中国同世界各国人民之间友谊的。

第十七条　禁止有下列内容的文化艺术表演及展览项目出国：
（一）损害国家利益和形象的；
（二）违背国家对外方针和政策的；
（三）不利于我国民族团结和国家统一的；
（四）宣扬封建迷信和愚昧习俗的；
（五）表演上有损国格、人格或艺术上粗俗、低劣的；
（六）违反前往国家或地区宗教信仰和风俗习惯的；
（七）有可能损害我国同其他国家关系的；
（八）法律和行政法规禁止的其他内容。

第十八条　鼓励下列文化艺术表演及展览项目来华：
（一）优秀的、具有世界水平的；
（二）内容健康、艺术上有借鉴作用的；
（三）传统文明、民族民间的；
（四）有利于提高公众艺术欣赏水平的；
（五）促进我国同其他国家间友谊的。

第十九条　禁止有下列内容的文化艺术表演及展览项目来华：

（一）反对我国国家制度和政策、诋毁我国国家形象的；

（二）影响我国社会稳定的；

（三）制造我国民族分裂，破坏国家统一的；

（四）干涉我国内政的；

（五）思想腐朽、颓废，表现形式庸俗、疯狂的；

（六）宣扬迷信、色情、暴力、恐怖、吸毒的；

（七）有损观众身心健康的；

（八）违反我国社会道德规范的；

（九）可能影响我国与其他国家友好关系的；

（十）法律和行政法规禁止的其他内容。

第二十条　文化部对国际上流行，艺术表现手法独特，但不符合我民族习俗或有较大社会争议的艺术品类的引进，进行限制。此类项目不得进行公开演出或展览，仅供国内专业人员借鉴和观摩。

第四章　项目的审批程序

第二十一条　项目报批程序：

（一）项目主办（承办）单位按照行政隶属关系，向其所在有对外文化交流任务的中央和国家机关部委、解放军系统和全国性人民团体、省、自治区、直辖市文化厅（局）等主管部门，提出立项申请，并附相关资料；

（二）上述主管部门对项目申请及相关资料进行审核，认为合格的，报文化部审批。

第二十二条　我国与外国政府间文化协定和合作文件确定的文化艺术表演及展览交流项目，由文化部下达任务通知，各地方、各单位应认真落实。

第二十三条　我国与外国通过民间渠道开展的非商业性文化艺

术表演及展览交流活动由文化部确定任务，通知有关部门或省、自治区、直辖市文化厅（局）具体实施；或由有对外文化交流资格的机构，通过规定程序，报文化部批准后实施。

第二十四条 我国与外国进行的商业和有偿文化艺术表演及展览（展销）活动，必须由经文化行政部门认定的有对外经营商业和有偿文化艺术表演及展览（展销）资格的机构、场所或团体提出申请，通过其所在地文化厅（局）、有隶属关系的中央或国家机关部委、解放军系统和全国性人民团体，报文化部审批。

项目经文化部批准后，方可与外方签订正式合同，并报文化部备案。

第二十五条 涉外非商业性艺术表演及展览项目的申请报告须包括下列资料：

（一）主办（承办）单位或个人的名称及背景资料；

（二）活动团组的名称、人员组成及名单等；

（三）活动内容、时间、地点、场次、经费来源及费用支付方式；

（四）全部节目录像带、展品照片及文字说明等；

（五）如出国项目，需附包括本条（二）、（三）项内容的外方邀请信或双方草签的意向书。

第二十六条 申报涉外商业和有偿文化艺术表演及展览（展销）项目须提供下列资料：

（一）中方在确定外方经纪机构资信情况可靠之后，与其草签的意向书。

意向书的内容包括：

1、活动的组织单位或个人的国别、名称及所在地；

2、活动的内容、时间、地点及参加团组的人员组成；

3、演出或展览场次；

4、往返国际旅费、运费、保险费、当地食宿交通费、医疗费、演出及展览场地费、劳务费、宣传费和生活零用费的负担责任；

5、价格、报酬、付款方式及收入分配办法；

6、违约索赔等条款。

（二）涉外商业和有偿艺术表演及展览（展销）活动资格证明；

（三）国外合作方的有关背景资料、资信证明等；

（四）全部节目录像带、展品照片及文字说明等；

（五）文化行政部门对节目或作品内容的鉴定意见（世界名剧和名作除外）；

（六）申报艺术团或展览团出国的项目，需提供中介机构与相关艺术团、展览（博物）馆或其它部门之间的协议书。

第二十七条　我国与外国友好省、州、市之间非商业性文化艺术表演（杂技或另有规定的除外）及展览交流项目，由有关省、自治区、直辖市文化厅（局）报同级人民政府审批，并报文化部备案。

第二十八条　我国与外国友好省、州、市之间商业和有偿文化艺术表演及展览、杂技出国演出和跨出友好省、州、市之间的文化艺术表演及展览交流项目，须按本规定的程序，报文化部审批。

第二十九条　杂技团携带熊猫出国演出，须经文化部会同外交部和林业部，报国务院审批。

第三十条　携带其他珍稀动物出国或来国内展演，须按规定报文化部审批，并办理有关动物检疫和进出境手续。

第三十一条　同未建交国家和地区进行文化艺术表演及展览交流活动，须按审批程序，经文化部会同外交部，报国务院审批。

第三十二条　组织跨部门或跨省、自治区、直辖市的涉外文化艺术表演及展览活动，须附所涉及部门或省、自治区、直辖市文化厅（局）的同意函，报文化部审批。

第三十三条　报文化部审批的涉外文化艺术表演及展览项目，须按审批程序，在项目实施前2个月报到文化部。

第五章　活动的管理

第三十四条　未经批准，任何机构或个人不得对外作出承诺或与外方签订有关文化艺术表演及展览（展销）活动的正式合同。

第三十五条　涉外文化艺术表演及展览项目的申报单位，必须是项目的主办或承办单位。严禁买卖或转让项目批件。

第三十六条　派出文化艺术表演及展览团组应遵守下列规定：

（一）出国艺术表演及展览团组，应以专业人员为主；

（二）在外期间必须加强内部管理，严格组织纪律；

（三）在外开展活动，须接受我驻有关国家使（领）馆的领导；

（四）禁止利用出国从事文化艺术表演及展览交流之机，进行旅游或变相旅游；经营未经批准的商业活动；从事有损国格、人格活动等行为。

第三十七条　禁止以劳务输出输入名义，或通过旅游、探亲和访友等渠道，从事文化艺术表演及展览的对外交流活动。

第三十八条　涉外文化艺术表演及展览活动的承办单位必须严格遵守国家有关规定，接受政府文化行政部门、海关、工商、财政、税务、物价、公安、卫生、检疫、审计及其它有关部门的管理、监督和检查。

第三十九条　主办单位如需变更已经文化部批准的涉外文化艺

术表演及展览项目内容，或在签订正式合同时变更已经批准的意向书内容，须在活动具体实施前30天另行报批。

第六章　罚　　则

第四十条　违反本规定，有下列行为之一的，由省级以上文化行政部门根据情节轻重，给予警告、罚款、暂停或取消对外文化活动资格的处罚；构成犯罪的，依法追究刑事责任：

（一）未经批准，派出或邀请文化艺术表演及展览团组的；

（二）未经批准，延长在国外或国内停留时间的；

（三）未经批准，与外方签定演出及展览合同或进行经营性活动的；

（四）倒卖项目批件的；

（五）在申报项目过程中弄虚作假的；

（六）从事有损国格人格演出或展览活动的；

（七）造成恶劣影响或引起外交事件的。

前款规定的处罚可以并处。

第四十一条　对发生第四十条情况的部门或地区，省级以上文化行政部门可以视情况，给予通报批评及暂停对外文化活动等处罚。

第四十二条　对违反本规定，给国家和集体造成经济损失的，责令赔偿损失，并追究当事人和有关领导者的责任。

第四十三条　对从事涉外文化艺术表演及展览活动行政管理工作中玩忽职守、徇私舞弊、滥用职权的工作人员，由主管部门视情节轻重，给予当事人和直接领导者以相应的行政处分；构成犯罪的，依法追究刑事责任。

第七章 附 则

第四十四条 涉外文化艺术表演及展览合同纠纷的解决适用中国法律。法律、法规另有规定的除外。

第四十五条 有关边境省、自治区同毗邻国家边境地区的文化艺术表演及展览交流活动，按文化部有关管理办法执行。

第四十六条 有关涉外文化艺术表演及展览活动的财务管理，按文化部、财政部和国家外汇管理局的有关规定执行。

第四十七条 文化部以前颁发的有关规定中，凡有与本规定相抵触的内容的，以本规定为准。

第四十八条 本规定由文化部负责解释。

第四十九条 本规定自 1997 年 8 月 1 日起施行。

文化和旅游部关于深化"放管服"改革促进演出市场繁荣发展的通知

- 2020年9月14日公布施行
- 文旅市场发〔2020〕62号

各省、自治区、直辖市文化和旅游厅（局），新疆生产建设兵团文化体育广电和旅游局：

为持续深化"放管服"改革，进一步优化营商环境，不断增强企业发展的内生动力，促进演出市场繁荣发展，更好地满足人民群众多样化、多层次的精神文化需求，助力加快形成新发展格局，现将有关事项通知如下。

一、提升审批效能

（一）持续推进一网通办。落实"放管服"和"证照分离"改革要求，全面应用全国文化市场技术监管与服务平台开展审批，实现演出市场主体设立以及营业性演出活动审批的一网通办，提高审批效率，优化市场准入服务。

（二）简化巡演审批程序。已经文化和旅游行政部门批准的营业性演出活动，在演出举办单位、参演文艺表演团体及个人、演出内容不变的情况下，自该演出活动首次举办日期起6个月内新增演出地的，文化和旅游行政部门不再重复审批，实行事前备案管理。

（三）落实外资准入政策。允许在全国范围内设立外商独资演出经纪机构、演出场所经营单位，申请材料报文化和旅游部。允许在自由贸易试验区设立中方控股的外资文艺表演团体，申请材料报自由贸易试验区所在地省级文化和旅游行政部门。文化和旅游行政部门依据《营业性演出管理条例》等有关规定审批。

（四）促进演出市场消费。推进演出票务监管服务平台建设，进一步强化票务信息监管，改善演出市场消费环境。支持举办音乐、戏剧、杂技、舞蹈等演出节（季）、赛事活动，发展具有地方文化特色的旅游演艺项目，推动文化和旅游融合发展。鼓励将优质演出产品和服务供给项目纳入政府资金扶持范围，通过购买服务、发放优惠券等方式，加大扶持力度，促进文化和旅游消费。

二、规范新业态发展

（一）坚持包容审慎监管。各地要密切关注演出新业态，及时分析研判演出市场新形势、新情况、新问题，在牢牢把住意识形态安全和生产安全底线的前提下，创新监管理念，建立适应新业态发展特点的监管机制，为演出市场新业态发展留足空间，充分激发市场活力。

（二）规范在线演出管理。以营利为目的，通过互联网为公众实时提供现场文艺表演活动的，应当按照《营业性演出管理条例》等有关规定办理报批手续，并由取得《网络文化经营许可证》的互联网文化单位提供在线传播服务。演出举办单位应当在申报时一并提交在线传播服务单位许可证件、观演网址和应急预案等材料。在线传播服务单位应当安排专人对演出内容、弹幕评论等进行实时审看，发现含有法规禁止内容立即采取删除、屏蔽、断开链接等必要措施并保留视频资料至少60日以上备查。通过个人直播频道提供的网络表演，按照《网络表演经营活动管理办法》进行管理。

（三）明确新业态监管规则。以营利为目的，在剧院等演出场所为公众提供现场文艺表演视频播放或在线观看服务的，应当按照《营业性演出管理条例》等有关规定办理报批手续；其中，对已经批复的营业性演出活动不再重复审批，实行事前备案管理。运用全息成像、人工智能、数字视觉设计、虚拟现实等技术展示虚拟形象进行营业性演出的，应当按照《营业性演出管理条例》等有关规定办理报批手续。

三、实施精细化管理

（一）加强重点演出题材审核。各级文化和旅游行政部门要重点加强对涉及重大革命和历史题材，涉及党和国家重大决策部署题材，涉及民族和宗教题材，以及涉及英雄烈士题材的演出剧（节）目的内容审核工作，加强与相关部门沟通，严把内容准入关。

（二）强化重点演出类型监管。对音乐节庆类演出活动，要重点对电音类、说唱类节目进行审核把关，加强对演出现场显示屏内容以及互动环节的监督检查。对沉浸式演出活动，要加强演出全流程审核，防止出现宣扬封建迷信、淫秽色情及渲染血腥暴力等内容。对小剧场演出活动，要重点加强脱口秀、相声以及先锋话剧、实验话剧等语言类节目的内容审核和现场监管。对旅游演艺以及在现场音乐厅（LiveHouse）举办的营业性演出活动，要督促相关经营主体依法办理报批手续，确保纳入监管视线。

（三）做好重点演出审批指导。文化和旅游部建立专家咨询制度，为营业性演出内容审核提供咨询服务。省级文化和旅游行政部门对重点营业性演出内容把握不准的，可提出初审意见，报文化和旅游部予以指导。

四、落实主体责任

（一）落实文艺表演团体和演员责任。文艺表演团体应当以演出为中心环节，努力创作生产更多思想精深、艺术精湛、制作精良的优秀演出剧（节）目。演员应自觉提升道德品质修养，讲品位，重艺德，自觉抵制低俗庸俗媚俗之风，努力培养高尚职业操守，树立良好社会形象。

（二）落实演出经纪机构主体责任。演出经纪机构应当重点加强演出节目把关及演职人员管理，对演员经纪、演出宣传、票务经营、现场管理等进行全流程把控，配合管理部门加强演出现场安全监管。每个演出项目应当至少安排1名专职演出经纪人员具体承担协调联络等服务工作。

（三）落实演出场所经营单位主体责任。为营业性演出活动提供场地的，应当核验相关批准文件，指定专人负责演出活动的现场巡查。应当建立健全安全工作责任制，落实安全生产主体责任，定期开展消防安全设施及舞台设备检查，排除安全隐患，推动场所安全防范工作常态化。

五、强化组织保障

（一）加强协同监管。各级文化和旅游行政部门要加强与宣传、公安、市场监管、应急管理等部门的沟通协调，建立信息共享机制，对重大敏感问题做好分析研判，加强协同监管。

（二）加强行业自律。充分发挥演出行业协会作用，出台演出行业执业标准和行为规范，加强正面引导。探索优化营业性演出投入成本结构，促进演出行业各环节风险共担、收益共享。

（三）加强组织宣传。各级文化和旅游行政部门要加强组织领导，压实工作责任，做好政策宣传，及时回应社会关切，合理引导社会预期，确保政策落实到位。

特此通知。

（三）不同类型演出活动

网络表演经营活动管理办法

- 2016年12月2日公布
- 文市发〔2016〕33号

第一条　为切实加强网络表演经营活动管理，规范网络表演市场秩序，促进行业健康有序发展，根据《互联网信息服务管理办法》、《互联网文化管理暂行规定》等有关法律法规，制定本办法。

第二条　本办法所称网络表演是指以现场进行的文艺表演活动等为主要内容，通过互联网、移动通讯网、移动互联网等信息网络，实时传播或者以音视频形式上载传播而形成的互联网文化产品。

网络表演经营活动是指通过用户收费、电子商务、广告、赞助等方式获取利益，向公众提供网络表演产品及服务的行为。

将网络游戏技法展示或解说的内容，通过互联网、移动通讯网、移动互联网等信息网络，实时传播或者以音视频形式上载传播的经营活动，参照本办法进行管理。

第三条　从事网络表演经营活动，应当遵守宪法和有关法律法规，坚持为人民服务、为社会主义服务的方向，坚持社会主义先进文化的前进方向，自觉弘扬社会主义核心价值观。

第四条　从事网络表演经营活动的网络表演经营单位，应当根据《互联网文化管理暂行规定》，向省级文化行政部门申请取得《网络文化经营许可证》，许可证的经营范围应当明确包括网络表演。网络表演经营单位应当在其网站主页的显著位置标明《网络文化经营许可证》编号。

第五条　网络表演经营单位对本单位开展的网络表演经营活动承担主体责任，应当按照《互联网文化管理暂行规定》和《网络文化经营单位内容自审管理办法》的有关要求，建立健全内容审核管理制度，配备满足自审需要并取得相应资质的审核人员，建立适应内容管理需要的技术监管措施。

不具备内容自审及实时监管能力的网络表演经营单位，不得开通表演频道。未采取监管措施或未通过内容自审的网络表演产品，不得向公众提供。

第六条　网络表演不得含有以下内容：

（一）含有《互联网文化管理暂行规定》第十六条规定的禁止内容的；

（二）表演方式恐怖、残忍、暴力、低俗，摧残表演者身心健康的；

（三）利用人体缺陷或者以展示人体变异等方式招徕用户的；

（四）以偷拍偷录等方式，侵害他人合法权益的；

（五）以虐待动物等方式进行表演的；

（六）使用未取得文化行政部门内容审查批准文号或备案编号的网络游戏产品，进行网络游戏技法展示或解说的。

第七条　网络表演经营单位应当加强对未成年人的保护，不得损害未成年人身心健康。有未成年人参与的网络表演，不得侵犯未成年人权益。

第八条　网络表演经营单位要加强对表演者的管理。为表演者开通表演频道的，应与表演者签订协议，约定双方权利义务，要求其承诺遵守法律法规和相关管理规定。

第九条　网络表演经营单位应当要求表演者使用有效身份证件进行实名注册，并采取面谈、录制通话视频等有效方式进行核实。网络表演经营单位应当依法保护表演者的身份信息。

第十条　网络表演经营单位为外国或者香港特别行政区、澳门特别行政区、台湾地区的表演者（以下简称境外表演者）开通表演频道并向公众提供网络表演产品的，应当于开通网络表演频道前，向文化部提出申请。未经批准，不得为境外表演者开通表演频道。为境内表演者开通表演频道的，应当于表演者开展表演活动之日起10日内，将表演频道信息向文化部备案。

第十一条　网络表演经营单位应当在表演频道内及表演音视频上，标注经营单位标识等信息。网络表演经营单位应当根据表演者信用等级、所提供的表演内容类型等，对表演频道采取针对性管理措施。

第十二条　网络表演经营单位应当完善用户注册系统，保存用户注册信息，积极采取措施保护用户信息安全。要依照法律法规规定或者服务协议，加强对用户行为的监督和约束，发现用户发布违法信息的，应当立即停止为其提供服务，保存有关记录并向有关部门报告。

第十三条　网络表演经营单位应当建立内部巡查监督管理制度，对网络表演进行实时监管。网络表演经营单位应当记录全部网络表演视频资料并妥善保存，资料保存时间不得少于60日，并在有关部门依法查询时予以提供。

网络表演经营单位向公众提供的非实时的网络表演音视频（包括用户上传的），应当严格实行先自审后上线。

第十四条　网络表演经营单位应当建立突发事件应急处置机制。发现本单位所提供的网络表演含有违法违规内容时，应当立即停止提供服务，保存有关记录，并立即向本单位注册地或者实际经营地省级文化行政部门或文化市场综合执法机构报告。

第十五条　网络表演经营单位应当在每季度第一个月月底前将本单位上季度的自审信息（包括实时监运情况、发现问题处置情况和提供违法违规内容的表演者信息等）报送文化部。

第十六条　网络表演经营单位应当建立健全举报系统，主动接受网民和社会监督。要配备专职人员负责举报受理，建立有效处理举报问题的内部联动机制。要在其网站主页及表演者表演频道页面的显著位置，设置"12318"全国文化市场举报网站链接按钮。

第十七条　文化部负责全国网络表演市场的监督管理，建立统一的网络表演警示名单、黑名单等信用监管制度，制定并发布网络表演审核工作指引等标准规范，组织实施全国网络表演市场随机抽查工作，对网络表演内容合法性进行最终认定。

第十八条　各级文化行政部门和文化市场综合执法机构要加强对网络表演市场的事中事后监管，重点实施"双随机、一公开"。要充分利用网络文化市场执法协作机制，加强对辖区内网络表演经营单位的指导、服务和日常监管，制定随机抽查工作实施方案和随机抽查事项清单。县级以上文化行政部门或文化市场综合执法机构，根据查处情况，实施警示名单和黑名单等信用管理制度。及时公布查处结果，主动接受社会监督。

第十九条　网络表演行业的协会、自律组织等要主动加强行业自律，制定行业标准和经营规范，开展行业培训，推动企业守法经营。

第二十条　网络表演经营单位违反本办法第四条有关规定，从事网络表演经营活动未申请许可证的，由县级以上文化行政部门或者文化市场综合执法机构按照《互联网文化管理暂行规定》第二十一条予以查处；未按照许可证业务范围从事网络表演活动的，按照《互联网文化管理暂行规定》第二十四条予以查处。

第二十一条　网络表演经营单位提供的表演内容违反本办法第六条有关规定的，由县级以上文化行政部门或者文化市场综合执法机构按照《互联网文化管理暂行规定》第二十八条予以查处。

第二十二条　网络表演经营单位违反本办法第十条有关规定，为未经批准的表演者开通表演频道的，由县级以上文化行政部门或者文化市场综合执法机构按照《互联网文化管理暂行规定》第二十八条予以查处；逾期未备案的，按照《互联网文化管理暂行规定》第二十七条予以查处。

网络表演经营单位自2017年3月15日起，按照本办法第十条有关规定，通过全国文化市场技术监管与服务平台向文化部提交申请或备案。

第二十三条　网络表演经营单位违反本办法第十三条有关规定，未按规定保存网络表演视频资料的，按照《互联网文化管理暂行规定》第三十一条予以查处。

第二十四条　网络表演经营单位违反本办法第十四条有关规定的，由县级以上文化行政部门或者文化市场综合执法机构按照《互联网文化管理暂行规定》第三十条予以查处。

第二十五条　网络表演经营单位违反本办法第五条、第八条、第九条、第十一条、第十二条、第十三条、第十五条有关规定，未能完全履行自审责任的，由县级以上文化行政部门或者文化市场综合执法机构按照《互联网文化管理暂行规定》第二十九条予以查处。

第二十六条　通过信息网络实时在线传播营业性演出活动的，应当遵守《互联网文化管理暂行规定》、《营业性演出管理条例》及《营业性演出管理条例实施细则》的有关规定。

第二十七条　本办法自 2017 年 1 月 1 日起施行。

网络主播行为规范

- 国家广播电视总局、文化和旅游部 2022 年 6 月 8 日发布
- 广电发〔2022〕36 号

网络主播在传播科学文化知识、丰富精神文化生活、促进经济社会发展等方面，肩负重要职责、发挥重要作用。为进一步加强网络主播职业道德建设，规范从业行为，强化社会责任，树立良好形象，共同营造积极向上、健康有序、和谐清朗的网络空间，制定本行为规范。

第一条 通过互联网提供网络表演、视听节目服务的主播人员，包括在网络平台直播、与用户进行实时交流互动、以上传音视频节目形式发声出镜的人员，应当遵照本行为规范。利用人工智能技术合成的虚拟主播及内容，参照本行为规范。

第二条 网络主播应当自觉遵守中华人民共和国宪法和法律法规规范，维护国家利益、公共利益和他人合法权益，自觉履行社会责任，自觉接受行业主管部门监管和社会监督。

第三条 网络主播应当遵守网络实名制注册账号的有关规定，配合平台提供真实有效的身份信息进行实名注册并规范使用账号名称。

第四条 网络主播应当坚持正确政治方向、舆论导向和价值取

向，树立正确的世界观、人生观、价值观，积极践行社会主义核心价值观，崇尚社会公德、恪守职业道德、修养个人品德。

第五条　网络主播应当坚持以人民为中心的创作导向，传播的网络表演、视听节目内容应当反映时代新气象、讴歌人民新创造，弘扬中华优秀传统文化，传播正能量，展现真善美，满足人民群众美好生活新需要。

第六条　网络主播应当坚持健康的格调品位，自觉摒弃低俗、庸俗、媚俗等低级趣味，自觉反对流量至上、畸形审美、"饭圈"乱象、拜金主义等不良现象，自觉抵制违反法律法规、有损网络文明、有悖网络道德、有害网络和谐的行为。

第七条　网络主播应当引导用户文明互动、理性表达、合理消费，共建文明健康的网络表演、网络视听生态环境。

第八条　网络主播应当保持良好声屏形象，表演、服饰、妆容、语言、行为、肢体动作及画面展示等要文明得体，符合大众审美情趣和欣赏习惯。

第九条　网络主播应当尊重公民和法人的名誉权、荣誉权，尊重个人隐私权、肖像权，尊重和保护未成年人、老年人、残疾人的合法权益。

第十条　网络主播应当遵守知识产权相关法律法规，自觉尊重他人知识产权。

第十一条　网络主播应当如实申报收入，依法履行纳税义务。

第十二条　网络主播应当按照规范写法和标准含义使用国家通用语言文字，增强语言文化素养，自觉遏阻庸俗暴戾网络语言传播，共建健康文明的网络语言环境。

第十三条　网络主播应当自觉加强学习，掌握从事主播工作所必需的知识和技能。

对于需要较高专业水平（如医疗卫生、财经金融、法律、教育）的直播内容，主播应取得相应执业资质，并向直播平台进行执业资质报备，直播平台应对主播进行资质审核及备案。

第十四条　网络主播在提供网络表演及视听节目服务过程中不得出现下列行为：

1. 发布违反宪法所确定的基本原则及违反国家法律法规的内容；

2. 发布颠覆国家政权，危害国家统一、主权和领土完整，危害国家安全，泄露国家秘密，损害国家尊严、荣誉和利益的内容；

3. 发布削弱、歪曲、否定中国共产党的领导、社会主义制度和改革开放的内容；

4. 发布诋毁民族优秀文化传统，煽动民族仇恨、民族歧视，歪曲民族历史或者民族历史人物，伤害民族感情、破坏民族团结，或者侵害民族风俗、习惯的内容；

5. 违反国家宗教政策，在非宗教场所开展宗教活动，宣扬宗教极端主义、邪教等内容；

6. 恶搞、诋毁、歪曲或者以不当方式展现中华优秀传统文化、革命文化、社会主义先进文化；

7. 恶搞、歪曲、丑化、亵渎、否定英雄烈士和模范人物的事迹和精神；

8. 使用换脸等深度伪造技术对党和国家领导人、英雄烈士、党史、历史等进行伪造、篡改；

9. 损害人民军队、警察、法官等特定职业、群体的公众形象；

10. 宣扬基于种族、国籍、地域、性别、职业、身心缺陷等理由的歧视；

11. 宣扬淫秽、赌博、吸毒，渲染暴力、血腥、恐怖、传销、诈骗，教唆犯罪或者传授犯罪方法，暴露侦查手段，展示枪支、管制刀具；

12. 编造、故意传播虚假恐怖信息、虚假险情、疫情、灾情、警情，扰乱社会治安和公共秩序，破坏社会稳定；

13. 展现过度的惊悚恐怖、生理痛苦、精神歇斯底里，造成强烈感官、精神刺激并可致人身心不适的画面、台词、音乐及音效等；

14. 侮辱、诽谤他人或者散布他人隐私，侵害他人合法权益；

15. 未经授权使用他人拥有著作权的作品；

16. 对社会热点和敏感问题进行炒作或者蓄意制造舆论"热点"；

17. 炒作绯闻、丑闻、劣迹，传播格调低下的内容，宣扬违背社会主义核心价值观、违反公序良俗的内容；

18. 服饰妆容、语言行为、直播间布景等展现带有性暗示、性挑逗的内容；

19. 介绍或者展示自杀、自残、暴力血腥、高危动作和其他易引发未成年人模仿的危险行为，表现吸烟、酗酒等诱导未成年人不良嗜好的内容；

20. 利用未成年人或未成年人角色进行非广告类的商业宣传、表演或作为噱头获取商业或不正当利益，指引错误价值观、人生观和道德观的内容；

21. 宣扬封建迷信文化习俗和思想、违反科学常识等内容；

22. 破坏生态环境，展示虐待动物，捕杀、食用国家保护类动物等内容；

23. 铺张浪费粮食，展示假吃、催吐、暴饮暴食等，或其他易造成不良饮食消费、食物浪费示范的内容；

24. 引导用户低俗互动，组织煽动粉丝互撕谩骂、拉踩引战、造谣攻击，实施网络暴力；

25. 营销假冒伪劣、侵犯知识产权或不符合保障人身、财产安全要求的商品，虚构或者篡改交易、关注度、浏览量、点赞量等数据流量造假；

26. 夸张宣传误导消费者，通过虚假承诺诱骗消费者，使用绝对化用语，未经许可直播销售专营、专卖物品等违反广告相关法律法规的；

27. 通过"弹幕"、直播间名称、公告、语音等传播虚假、骚扰广告；

28. 通过有组织炒作、雇佣水军刷礼物、宣传"刷礼物抽奖"等手段，暗示、诱惑、鼓励用户大额"打赏"，引诱未成年用户"打赏"或以虚假身份信息"打赏"；

29. 在涉及国家安全、公共安全，影响社会正常生产、生活秩序，影响他人正常生活、侵犯他人隐私等场所和其他法律法规禁止的场所拍摄或播出；

30. 展示或炒作大量奢侈品、珠宝、纸币等资产，展示无节制奢靡生活，贬低低收入群体的炫富行为；

31. 法律法规禁止的以及其他对网络表演、网络视听生态造成不良影响的行为。

第十五条　各级文化和旅游行政部门、广播电视行政部门要坚持以习近平新时代中国特色社会主义思想为指导，加强对网络表演、网络视听平台和经纪机构以及网络主播的监督管理，切实压紧压实主管主办责任和主体责任。发现网络主播违规行为，及时责成相关网络表演、网络视听平台予以处理。网络表演、网络视听平台和经纪机构规范网络主播情况及网络主播规范从业情况，纳入文化和旅游行政部门、广播电视行政部门许可管理、日常管理、安全检查、节目上线管理考察范围。

第十六条　各级文化和旅游行政部门、广播电视行政部门、文化市场综合执法机构要进一步加强对网络表演、网络视听平台和经纪机构的执法巡查，依法查处提供违法违规内容的网络表演和网络视听平台，并督促平台和经纪机构及时处置违法违规内容及相关网络主播。

第十七条　网络表演、网络视听平台和经纪机构要严格履行法定职责义务，落实主体责任。根据本行为规范，加强对网络主播的教育培训、日常管理和规范引导。建立健全网络主播入驻、培训、日常管理、业务评分档案和"红黄牌"管理等内部制度规范。对向上向善、模范遵守行为规范的网络主播进行正向激励；对出现违规行为的网络主播，要强化警示和约束；对问题性质严重、多次出现问题且屡教不改的网络主播，应当封禁账号，将相关网络主播纳入"黑名单"或"警示名单"，不允许以更换账号或更换平台等形式再度开播。对构成犯罪的网络主播，依法追究刑事责任。对违法失德艺人不得提供公开进行文艺表演、发声出镜机会，防止转移阵地复出。网络表演、网络视听经纪机构要加强对网络主播的管理和约束，依法合规提供经纪服务，维护网络主播合法权益。

第十八条　各有关行业协会要加强引导，根据本行为规范，建立健全网络主播信用评价体系，进一步完善行业规范和自律公约，探索建立平台与主播约束关系机制，积极开展道德评议，强化培训引导服务，维护良好网络生态，促进行业规范发展。对违法违规、失德失范、造成恶劣社会影响的网络主播要定期公布，引导各平台联合抵制、严肃惩戒。

网络直播营销管理办法(试行)

- 国家互联网信息办公室、公安部等 2021 年 4 月 16 日发布
- 国信办发文〔2021〕5 号

第一章 总 则

第一条 为加强网络直播营销管理,维护国家安全和公共利益,保护公民、法人和其他组织的合法权益,促进网络直播营销健康有序发展,根据《中华人民共和国网络安全法》《中华人民共和国电子商务法》《中华人民共和国广告法》《中华人民共和国反不正当竞争法》《网络信息内容生态治理规定》等法律、行政法规和国家有关规定,制定本办法。

第二条 在中华人民共和国境内,通过互联网站、应用程序、小程序等,以视频直播、音频直播、图文直播或多种直播相结合等形式开展营销的商业活动,适用本办法。

本办法所称直播营销平台,是指在网络直播营销中提供直播服务的各类平台,包括互联网直播服务平台、互联网音视频服务平台、电子商务平台等。

本办法所称直播间运营者,是指在直播营销平台上注册账号或者通过自建网站等其他网络服务,开设直播间从事网络直播营销活动的个人、法人和其他组织。

本办法所称直播营销人员,是指在网络直播营销中直接向社会

公众开展营销的个人。

本办法所称直播营销人员服务机构，是指为直播营销人员从事网络直播营销活动提供策划、运营、经纪、培训等的专门机构。

从事网络直播营销活动，属于《中华人民共和国电子商务法》规定的"电子商务平台经营者"或"平台内经营者"定义的市场主体，应当依法履行相应的责任和义务。

第三条　从事网络直播营销活动，应当遵守法律法规，遵循公序良俗，遵守商业道德，坚持正确导向，弘扬社会主义核心价值观，营造良好网络生态。

第四条　国家网信部门和国务院公安、商务、文化和旅游、税务、市场监督管理、广播电视等有关主管部门建立健全线索移交、信息共享、会商研判、教育培训等工作机制，依据各自职责做好网络直播营销相关监督管理工作。

县级以上地方人民政府有关主管部门依据各自职责做好本行政区域内网络直播营销相关监督管理工作。

第二章　直播营销平台

第五条　直播营销平台应当依法依规履行备案手续，并按照有关规定开展安全评估。

从事网络直播营销活动，依法需要取得相关行政许可的，应当依法取得行政许可。

第六条　直播营销平台应当建立健全账号及直播营销功能注册注销、信息安全管理、营销行为规范、未成年人保护、消费者权益保护、个人信息保护、网络和数据安全管理等机制、措施。

直播营销平台应当配备与服务规模相适应的直播内容管理专业

人员，具备维护互联网直播内容安全的技术能力，技术方案应符合国家相关标准。

第七条 直播营销平台应当依据相关法律法规和国家有关规定，制定并公开网络直播营销管理规则、平台公约。

直播营销平台应当与直播营销人员服务机构、直播间运营者签订协议，要求其规范直播营销人员招募、培训、管理流程，履行对直播营销内容、商品和服务的真实性、合法性审核义务。

直播营销平台应当制定直播营销商品和服务负面目录，列明法律法规规定的禁止生产销售、禁止网络交易、禁止商业推销宣传以及不适宜以直播形式营销的商品和服务类别。

第八条 直播营销平台应当对直播间运营者、直播营销人员进行基于身份证件信息、统一社会信用代码等真实身份信息认证，并依法依规向税务机关报送身份信息和其他涉税信息。直播营销平台应当采取必要措施保障处理的个人信息安全。

直播营销平台应当建立直播营销人员真实身份动态核验机制，在直播前核验所有直播营销人员身份信息，对与真实身份信息不符或按照国家有关规定不得从事网络直播发布的，不得为其提供直播发布服务。

第九条 直播营销平台应当加强网络直播营销信息内容管理，开展信息发布审核和实时巡查，发现违法和不良信息，应当立即采取处置措施，保存有关记录，并向有关主管部门报告。

直播营销平台应当加强直播间内链接、二维码等跳转服务的信息安全管理，防范信息安全风险。

第十条 直播营销平台应当建立健全风险识别模型，对涉嫌违法违规的高风险营销行为采取弹窗提示、违规警示、限制流量、暂停直播等措施。直播营销平台应当以显著方式警示用户平台外私下交易等行为的风险。

第十一条　直播营销平台提供付费导流等服务，对网络直播营销进行宣传、推广，构成商业广告的，应当履行广告发布者或者广告经营者的责任和义务。

直播营销平台不得为直播间运营者、直播营销人员虚假或者引人误解的商业宣传提供帮助、便利条件。

第十二条　直播营销平台应当建立健全未成年人保护机制，注重保护未成年人身心健康。网络直播营销中包含可能影响未成年人身心健康内容的，直播营销平台应当在信息展示前以显著方式作出提示。

第十三条　直播营销平台应当加强新技术新应用新功能上线和使用管理，对利用人工智能、数字视觉、虚拟现实、语音合成等技术展示的虚拟形象从事网络直播营销的，应当按照有关规定进行安全评估，并以显著方式予以标识。

第十四条　直播营销平台应当根据直播间运营者账号合规情况、关注和访问量、交易量和金额及其他指标维度，建立分级管理制度，根据级别确定服务范围及功能，对重点直播间运营者采取安排专人实时巡查、延长直播内容保存时间等措施。

直播营销平台应当对违反法律法规和服务协议的直播间运营者账号，视情采取警示提醒、限制功能、暂停发布、注销账号、禁止重新注册等处置措施，保存记录并向有关主管部门报告。

直播营销平台应当建立黑名单制度，将严重违法违规的直播营销人员及因违法失德造成恶劣社会影响的人员列入黑名单，并向有关主管部门报告。

第十五条　直播营销平台应当建立健全投诉、举报机制，明确处理流程和反馈期限，及时处理公众对于违法违规信息内容、营销行为投诉举报。

消费者通过直播间内链接、二维码等方式跳转到其他平台购买商品或者接受服务，发生争议时，相关直播营销平台应当积极协助消费者维护合法权益，提供必要的证据等支持。

第十六条　直播营销平台应当提示直播间运营者依法办理市场主体登记或税务登记，如实申报收入，依法履行纳税义务，并依法享受税收优惠。直播营销平台及直播营销人员服务机构应当依法履行代扣代缴义务。

第三章　直播间运营者和直播营销人员

第十七条　直播营销人员或者直播间运营者为自然人的，应当年满十六周岁；十六周岁以上的未成年人申请成为直播营销人员或者直播间运营者的，应当经监护人同意。

第十八条　直播间运营者、直播营销人员从事网络直播营销活动，应当遵守法律法规和国家有关规定，遵循社会公序良俗，真实、准确、全面地发布商品或服务信息，不得有下列行为：

（一）违反《网络信息内容生态治理规定》第六条、第七条规定的；

（二）发布虚假或者引人误解的信息，欺骗、误导用户；

（三）营销假冒伪劣、侵犯知识产权或不符合保障人身、财产安全要求的商品；

（四）虚构或者篡改交易、关注度、浏览量、点赞量等数据流量造假；

（五）知道或应当知道他人存在违法违规或高风险行为，仍为其推广、引流；

（六）骚扰、诋毁、谩骂及恐吓他人，侵害他人合法权益；

（七）传销、诈骗、赌博、贩卖违禁品及管制物品等；

（八）其他违反国家法律法规和有关规定的行为。

第十九条　直播间运营者、直播营销人员发布的直播内容构成商业广告的，应当履行广告发布者、广告经营者或者广告代言人的责任和义务。

第二十条　直播营销人员不得在涉及国家安全、公共安全、影响他人及社会正常生产生活秩序的场所从事网络直播营销活动。

直播间运营者、直播营销人员应当加强直播间管理，在下列重点环节的设置应当符合法律法规和国家有关规定，不得含有违法和不良信息，不得以暗示等方式误导用户：

（一）直播间运营者账号名称、头像、简介；

（二）直播间标题、封面；

（三）直播间布景、道具、商品展示；

（四）直播营销人员着装、形象；

（五）其他易引起用户关注的重点环节。

第二十一条　直播间运营者、直播营销人员应当依据平台服务协议做好语音和视频连线、评论、弹幕等互动内容的实时管理，不得以删除、屏蔽相关不利评价等方式欺骗、误导用户。

第二十二条　直播间运营者应当对商品和服务供应商的身份、地址、联系方式、行政许可、信用情况等信息进行核验，并留存相关记录备查。

第二十三条　直播间运营者、直播营销人员应当依法依规履行消费者权益保护责任和义务，不得故意拖延或者无正当理由拒绝消费者提出的合法合理要求。

第二十四条　直播间运营者、直播营销人员与直播营销人员服务机构合作开展商业合作的，应当与直播营销人员服务机构签订书面协议，明确信息安全管理、商品质量审核、消费者权益保护等义务并督促履行。

第二十五条　直播间运营者、直播营销人员使用其他人肖像作为虚拟形象从事网络直播营销活动的，应当征得肖像权人同意，不得利用信息技术手段伪造等方式侵害他人的肖像权。对自然人声音的保护，参照适用前述规定。

第四章　监督管理和法律责任

第二十六条　有关部门根据需要对直播营销平台履行主体责任情况开展监督检查，对存在问题的平台开展专项检查。

直播营销平台对有关部门依法实施的监督检查，应当予以配合，不得拒绝、阻挠。直播营销平台应当为有关部门依法调查、侦查活动提供技术支持和协助。

第二十七条　有关部门加强对行业协会商会的指导，鼓励建立完善行业标准，开展法律法规宣传，推动行业自律。

第二十八条　违反本办法，给他人造成损害的，依法承担民事责任；构成犯罪的，依法追究刑事责任；尚不构成犯罪的，由网信等有关主管部门依据各自职责依照有关法律法规予以处理。

第二十九条　有关部门对严重违反法律法规的直播营销市场主体名单实施信息共享，依法开展联合惩戒。

第五章　附　　则

第三十条　本办法自 2021 年 5 月 25 日起施行。

国家广播电视总局网络视听节目管理司、中共中央宣传部出版局关于加强网络视听节目平台游戏直播管理的通知

· 2022 年 4 月 12 日公布施行
· 网函〔2022〕27 号

北京、上海、广东、湖北省（市）新闻出版局、广播电视局：

　　一段时间以来，网络直播乱象、青少年沉迷游戏等问题引起社会广泛关注，亟需采取有力措施予以严格规范。根据《未成年人保护法》和网络直播、网络游戏等相关管理规定，现就有关工作通知如下：

　　1. 严禁网络视听平台传播违规游戏。网络影视剧、网络综艺、网络直播、短视频等各类网络视听节目均不得直播未经主管部门批准的网络游戏，不得通过直播间等形式为各类平台的违规游戏内容进行引流。

　　2. 加强游戏直播内容播出管理。各网络直播平台，特别是游戏直播平台应从内容设置、宣传互动等方面严格把关，加强对网络游戏直播节目的管理，切实把好导向关、内容关、宣传关，建立健全游戏直播节目相关的信息发布、跟帖评论、应急处置等管理制度，完善节目监看和舆情监测机制。

　　3. 加强游戏主播行为规范引导。各平台应引导主播与用户文明

互动、理性表达、合理消费，共同维护文明健康的网络视听生态环境。网络主播应坚持健康的格调品味，自觉摒弃低俗、庸俗、媚俗等低级趣味，自觉反对流量至上、畸形审美、"饭圈"乱象、拜金主义等不良现象，自觉抵制有损网络文明、有悖网络道德、有害网络和谐的行为。

4. 严禁违法失德人员利用直播发声出镜。网络直播平台在主播和嘉宾选用上要严格把关，坚持把政治素养、道德品行、艺术水准、社会评价作为选用标准。对政治立场不正确、违反法律法规、违背公序良俗的失德失范人员坚决不用。

5. 督促网络直播平台建立并实行未成年人保护机制。指导督促各游戏直播平台或开展游戏直播的网络平台设立未成年人防沉迷机制、采取有效手段确保"青少年模式"发挥实际效用，落实实名制要求，禁止未成年人充值打赏，并为未成年人打赏返还建立专门处置通道。

6. 严格履行分类报审报备制度。游戏直播节目上线、播出及版面设置应按直播节目相关要求报送广电行政管理部门。网络视听平台（包括在相关平台开设的各类境内外个人和机构账号）直播境外游戏节目或比赛应经批准后方可开展相关活动。

请各省局督导辖区内重点网络视听平台和相关游戏企业，聚焦突出问题，细化管理措施，加强联管联治，切实把有关要求落到实处。

文化和旅游部办公厅关于加强模仿秀营业性演出管理的通知

- 2018年4月27日公布施行
- 办市发〔2018〕2号

各省、自治区、直辖市文化厅（局），新疆生产建设兵团文化体育新闻出版广电局，西藏自治区、北京市、天津市、上海市、重庆市文化市场（综合）行政执法总队：

近年来，以模仿知名演员或者其他名人为主要表演形式的模仿秀营业性演出日益增多，在丰富人民群众文化消费选择的同时，也出现一些问题，个别人冒充知名演员参加营业性演出活动，欺骗观众，引发不良社会影响。为规范模仿秀营业性演出，引导其健康发展，现就有关事项通知如下：

一、加强审批管理

文化行政部门应当加强对模仿秀营业性演出的审批管理，对有模仿秀演员参加的营业性演出予以重点审查，加强对演员身份信息的鉴别，对假冒他人名义、侵犯他人著作权的营业性演出活动不予批准，对特型演员利用党和国家领导人形象牟利的不予批准，对演出含有低俗恶搞等违规内容的不予批准，并对上述演员和演出举办单位予以重点关注。

二、强化执法监管

各级文化行政部门、文化市场综合执法机构应当建立健全营业性演出信息通报机制,畅通 12318 举报机制,广辟线索来源,加强模仿秀营业性演出现场监管,重点查处擅自从事营业性演出、假冒他人名义、侵害他人合法权益、含有禁止内容等违法违规行为,坚决制止并从严处罚违规利用党和国家领导人形象牟利的营业性演出,并视情况将演出举办单位及其主要当事人列入文化市场黑名单管理。

三、建立名单管控机制

地方各级文化行政部门、文化市场综合执法机构应当将行政审批、执法监管过程中掌握的涉及违法违规模仿秀营业性演出的演员、演出举办单位等信息及时报送文化和旅游部。文化和旅游部将定期发布有关人员名单,指导地方加强模仿秀营业性演出管理。各级文化行政部门、文化市场综合执法机构应当对文化和旅游部发布的人员名单予以重点关注,纳入重点监管视线,发现违法违规行为的予以坚决查处。

四、加强价值引导和行业自律

各级文化行政部门、文化市场综合执法机构应当建立演出行业通气会制度,及时向本辖区演出主体宣介本通知的有关要求,将公开透明、不欺骗消费者作为底线要求,强化演出经营单位主体责任。充分发挥各级演出行业协会作用,加强价值引导和行业自律,积极弘扬社会主义核心价值观,引导演出经纪机构、演出场所经营单位以及其他相关企业共同抵制假冒他人名义等违规营业性演出。鼓励演出经纪机构和演员依法维权,保护合法权益。

文化行政部门、文化市场综合执法机构在模仿秀营业性演出管理中遇到的重要情况要及时向上级主管部门报告,遇到难以认定的,可以报上级主管部门复核。

特此通知。

第六章 演出经纪

演出经纪人员管理办法

- 文化和旅游部 2021 年 12 月 13 日公布
- 文旅市场发〔2021〕129 号

第一章 总 则

第一条 为加强演出经纪人员队伍建设和管理，明确演出经纪人员的权利和义务，规范演出经纪行为，促进演出市场繁荣健康有序发展，根据《营业性演出管理条例》《营业性演出管理条例实施细则》和国家职业资格有关规定，制定本办法。

第二条 本办法所称演出经纪人员，包括个体演出经纪人和演出经纪机构中的专职演出经纪人员。

第三条 本办法所称演出经纪活动，包括演出组织、制作、营销，演出居间、代理、行纪，演员签约、推广、代理等活动。

第四条 国家对演出经纪人员实行职业资格认定制度。在中华人民共和国境内从事演出经纪活动的人员，应当通过演出经纪人员资格认定考试，取得演出经纪人员资格证，持证上岗。

第五条 文化和旅游部对演出经纪人员的资格认定、执业活动实施监督管理。

县级以上地方文化和旅游行政部门对本行政区域内演出经纪人

员的执业活动实施监督管理。

第六条　演出经纪机构应当加强对演出经纪人员的管理和培训，提升其综合素质和专业能力。

第七条　演出经纪人员应当严格遵守法律法规，自觉践行社会主义核心价值观，不断提高思想品德修养和职业能力水平，自觉维护演出行业形象。

第八条　演出行业组织应当依法维护演出经纪人员合法权益，制定自律规范，加强行业自律。

第二章　资格认定

第九条　演出经纪人员资格认定考试全国统一实施，每年举行一次。

文化和旅游部组织拟定考试大纲、考试科目、考试试题，组织实施考试，并确定考试合格标准。县级以上地方文化和旅游行政部门负责保障本辖区考试工作的有序实施。

第十条　符合以下条件的人员，可以报名参加演出经纪人员资格认定考试：

（一）具有中华人民共和国国籍；

（二）拥护中华人民共和国宪法，具有良好的政治素质、业务水平和道德品行；

（三）具有高级中学、中等专业学校以上学历；

（四）年满18周岁，具有完全民事行为能力的自然人。

第十一条　有下列情形之一的，不得参加演出经纪人员资格认定考试：

（一）因违反考试纪律、扰乱考试秩序等原因被取消考试资格未满2年的；

（二）因违反《营业性演出管理条例》及其实施细则等规定，被认定为文化市场严重失信主体的。

第十二条　文化和旅游部于演出经纪人员资格认定考试结束后20个工作日内公布合格分数线。

第十三条　演出经纪人员资格证由文化和旅游部核发，全国统一样式，统一编号。

第十四条　文化和旅游部建立演出经纪人员资格证管理库。通过演出经纪人员资格认定考试的人员，应当自合格分数线公布之日起30日内通过全国文化市场技术监管与服务平台领取演出经纪人员资格证。如个人信息发生变更，应当自变更后3个月内通过平台进行信息更新。

第三章　执业规范

第十五条　演出经纪人员应当根据《营业性演出管理条例》《营业性演出管理条例实施细则》以及相关法律法规的规定提供服务。

第十六条　演出经纪人员不得有下列行为：

（一）在两家以上演出经纪机构从业；

（二）出租、出借演出经纪人员资格证；

（三）为含有《营业性演出管理条例》第二十五条禁止内容的演出提供服务；

（四）隐瞒、伪造与演出经纪业务有关的重要事项；

（五）对演出活动进行虚假宣传；

（六）为演员假唱、假演奏提供条件；

（七）其他扰乱演出市场秩序的行为。

第十七条　演出经纪人员应当在演出经纪活动中依法维护演员合法权益，提醒和督促演员严守法律法规，恪守职业道德，树立良好社会形象。

第十八条　演出经纪人员应当定期完成相应的继续教育，继续教育的内容和规定由文化和旅游部另行制定。

第四章　监督管理

第十九条　演出经纪人员在从业活动中有违反本办法第十六条有关规定的，由县级以上文化和旅游行政部门责令改正；情节严重的，依法认定为文化市场失信主体，实施联合惩戒。

第二十条　文化和旅游部应当结合演出经纪活动特点，制定演出经纪人员分级、分类管理细则，促进行业规范发展。

第二十一条　县级以上文化和旅游行政部门应当加强演出经纪人员队伍建设，开展教育培训，加强信用监管。

第五章　附　　则

第二十二条　香港特别行政区、澳门特别行政区永久性居民中的中国公民和台湾地区居民参加演出经纪人员资格认定考试，适用本办法。

第二十三条　本办法由文化和旅游部负责解释。

第二十四条　本办法自2022年3月1日起施行，《文化部关于印发〈演出经纪人员管理办法〉的通知》（文市发〔2012〕48号）同时废止。

演出经纪人员资格证管理规定（试行）

- 文化和旅游部办公厅2022年9月16日公布
- 办市场发〔2022〕151号

第一条　为规范演出经纪人员资格证管理，根据《中华人民共和国行政许可法》《营业性演出管理条例》《营业性演出管理条例实施细则》等要求，结合演出经纪人员管理工作实际，制定本规定。

第二条　演出经纪人员资格证的申领、变更、补发和注销等适用本规定。

演出经纪人员资格证（以下简称"资格证"）是通过全国演出经纪人员资格认定考试，具有从事演出经纪活动资格的凭证。

第三条　文化和旅游部负责制定资格证样式和证书编号规则，统一制作、颁发和管理资格证。

第四条　申请人可通过全国文化市场技术监管与服务平台，办理资格证的申领、变更、补发和注销等业务。

第五条　申请人初次申领资格证时，个人信息与报考信息不一致的，应当按照变更事项办理。

第六条　演出经纪人员身份信息、从业单位等发生变更的，应当自变更后3个月内提交信息变更申请，并提交相关证明材料。

第七条　演出经纪人员申请变更身份信息的，应当提交公安部门出具的证明材料，包括但不限于户口本变更页复印件、变更后的身份证复印件等；申请变更从业单位的，应当提交所申请变更单位的劳动合同、社保缴纳证明等材料。

第八条 申请人应当对提交材料的真实性负责。

第九条 演出经纪人员资格证遗失的，应当通过全国文化市场技术监管与服务平台提交遗失声明，遗失声明公示满 30 日方可申请补发资格证。遗失声明应当载明证件类型、演出经纪人员姓名、证件编号等。

第十条 申请人证件毁损影响使用的，可将原件寄回，申请更换新证件。

第十一条 有下列情形之一的，文化和旅游部应当依法办理资格证注销手续：

（一）演出经纪人员提出注销申请；

（二）演出经纪人员死亡或者丧失行为能力；

（三）演出经纪人员资格证依法被撤销、撤回；

（四）法律、法规规定的应当注销的其他情形。

第十二条 演出经纪人员申请注销资格证的，应当通过全国文化市场技术监管与服务平台提交申请。其他应当注销资格证的情形，根据情况核实后予以注销。

第十三条 对申请人的资格证申领、变更、补发和注销等申请事项，材料齐全的予以受理，材料不齐的不予受理并一次性告知申请人补正要求。文化和旅游部应当于受理后 10 个工作日内完成审核。符合规定的，依法办理；不符合规定的，依法不予办理，并说明理由。

第十四条 演出经纪人员应当依法使用并妥善保管资格证，不得变造、涂改、抵押、出租、出借和故意毁损。

第十五条 本规定由文化和旅游部负责解释。

第十六条 本规定自发布之日起施行。

演出经纪人员继续教育实施意见

- 文化和旅游部办公厅 2022 年 9 月 16 日公布
- 办市场发〔2022〕148 号

演出经纪人员是促进演出市场高质量发展的重要人才支撑，建立与资格考试相配套的演出经纪人员继续教育制度，是持续提升演出经纪人员政治素质和专业能力、不断适应演出市场发展的现实需要。为全面加强演出经纪人员继续教育，根据《营业性演出管理条例》《营业性演出管理条例实施细则》《专业技术人员继续教育规定》等有关要求，提出以下实施意见。

一、总体要求

（一）指导思想。以习近平新时代中国特色社会主义思想为指导，深入践行社会主义核心价值观，始终坚持正确的政治方向，以提高演出经纪人员政治素质和业务能力为核心，坚持分类指导、统筹推进、按需施教，突出针对性、实用性和前瞻性，持续规范演出经纪人员继续教育工作。

（二）工作目标。演出经纪人员每年通过全国文化市场技术监管与服务平台完成不少于 20 个学时的在线继续教育，每学时不少于 45 分钟，推动演出经纪人员适应岗位需要和职业发展要求，进一步完善知识结构，切实提高政治素质和专业水平，为推动演出市场健康繁荣发展奠定坚实基础。

二、强化组织管理，压实工作责任

（三）明确部门责任分工。文化和旅游部对演出经纪人员继续教育工作实行统一规划和监督管理，制定演出经纪人员继续教育管理制度，组织开展继续教育，建立演出经纪人员继续教育档案，承担演出经纪人员继续教育组织管理的其他职责。县级以上地方文化和旅游行政部门可以根据本意见，开展多种形式的继续教育，出具演出经纪人员参加继续教育的证明，并不得收取费用。

（四）鼓励社会广泛参与。鼓励行业协会、高等院校、科研院所在自愿、公开、透明的前提下，面向演出经纪人员开展继续教育，并向社会公开继续教育的范围、内容、收费项目及标准等情况，出具演出经纪人员参加继续教育的证明。鼓励行业协会、高等院校、科研院所开展公益性继续教育。

（五）压实用人单位责任。用人单位应当保障演出经纪人员参加继续教育的权利，为演出经纪人员参加继续教育提供必要的学习条件。鼓励用人单位结合实际对本单位演出经纪人员开展多种形式的继续教育。

三、丰富教育内容，做好记录应用

（六）明确继续教育内容。演出经纪人员继续教育内容应当包括职业道德素养、法律法规基础、演出市场政策、演出经纪实务等，继续教育可根据需要采取线上线下多种形式。

（七）建立学时记录制度。演出经纪人员继续教育实行学时记录制度，记录演出经纪人员参加各类继续教育情况。每年为一个记录周期，从当年1月1日起至12月31日止。

（八）做好学时记录上传。演出经纪人员参加各级文化和旅游行政部门、行业协会、高等院校、科研院所和用人单位组织的其他继续教育的，应当于每年12月31日前通过全国文化市场技术监管与服务平台填写继续教育记录，并提交相关证明文件。

四、强化继续教育监管，推进工作落实

（九）健全工作机制。演出经纪人员继续教育实行统筹规划、分级管理的工作机制。文化和旅游部负责对全国演出经纪人员继续教育工作进行监督管理。县级以上地方文化和旅游行政部门负责对本地区演出经纪人员继续教育工作进行监督管理。充分发挥行业协会、高等院校、科研院所及用人单位在继续教育中的作用。

（十）严肃工作纪律。演出经纪人员不得提供虚假证明材料骗取继续教育学时，不得由他人代替参加继续教育，不得有其他违反继续教育制度的情形。如发现上述情形，文化和旅游部将取消其相应的继续教育学时。

（十一）加强成果应用。鼓励各级文化和旅游行政部门把参加继续教育情况作为对演出经纪人员实施分级分类管理、信用评价、奖励优秀、表彰先进等的重要参考。鼓励用人单位建立本单位演出经纪人员继续教育与使用、晋升相衔接的激励机制，把参加继续教育情况作为考核评价、岗位聘用的重要依据。

网络表演经纪机构管理办法

- 文化和旅游部 2021 年 8 月 30 日公布
- 文旅市场发〔2021〕91 号

第一条 为规范网络表演经纪机构的经营行为，加强网络表演内容管理，促进网络表演行业健康有序发展，根据《营业性演出管理条例》《营业性演出管理条例实施细则》《互联网文化管理暂行规定》等有关规定，制定本办法。

第二条 本办法所称网络表演经纪机构，是指依法从事下列活动的经营单位：

（一）网络表演的组织、制作、营销等经营活动；

（二）网络表演者的签约、推广、代理等经纪活动。

第三条 网络表演经纪机构应当遵守宪法和有关法律、法规，坚持为人民服务、为社会主义服务的方向，以社会主义核心价值观为引领，不断丰富人民群众的文化生活。

第四条 网络表演经纪机构从事演出经纪活动，应当依法取得营业性演出许可证。

网络表演经纪机构申请办理营业性演出许可证，应当依照《营业性演出管理条例》第六条、第十条、第十一条，以及《营业性演出管理条例实施细则》第八条、第十条、第十三条、第十五条关于营业性演出许可证的申请条件、申请材料和外商投资等有关规定执行。

第五条　网络表演经营单位应当依法对本单位开展的网络表演经营活动承担主体责任，核验平台内网络表演经纪机构资质。

第六条　网络表演经纪机构为网络表演者提供网络表演经纪服务，应当通过面谈、视频通话等有效方式对网络表演者进行身份核实。网络表演经纪机构不得在明知网络表演者提供的身份信息与其真实身份不一致的情况下，为其提供网络表演经纪服务。

网络表演经纪机构为网络表演者提供网络表演经纪服务，应当签订协议，约定双方权利义务，维护网络表演者的合法权益。

第七条　网络表演经纪机构不得为未满十六周岁的未成年人提供网络表演经纪服务；为十六周岁以上的未成年人提供网络表演经纪服务的，应当对其身份信息进行认证，并经其监护人书面同意。在征询监护人意见时，应当向监护人解释有关网络表演者权利、义务、责任和违约条款并留存相关交流记录。

网络表演经纪机构提供网络表演经纪服务，不得损害未成年人身心健康，不得侵犯未成年人权益。

第八条　网络表演经纪机构应当加强对签约网络表演者的管理，定期开展政策法规和职业道德培训，讲解网络表演相关法律法规，明确禁止内容和行为，增强网络表演者守法意识，引导网络表演者形成良好的职业道德。

第九条　网络表演经纪机构不得组织、制作、营销含有《营业性演出管理条例》第二十五条、《网络表演经营活动管理办法》第六条禁止内容的网络表演。

第十条　网络表演经纪机构发现签约网络表演者所提供的网络表演含有违法违规内容，应当立即要求网络表演者停止网络表演活动，并及时通知相关网络表演经营单位。

第十一条 网络表演经纪机构不得以虚假消费、带头打赏等方式诱导用户在网络表演直播平台消费，不得以打赏排名、虚假宣传等方式进行炒作。

网络表演经纪机构应当加强对签约网络表演者的约束，要求其不得以语言刺激、不合理特殊对待、承诺返利、线下接触或交往，或者赠送包含违法内容的图片或视频等方式诱导用户在网络表演直播平台消费。

第十二条 网络表演经纪机构应当对签约网络表演者的违法违规处理结果、投诉举报处置情况等信息进行记录、保存，并根据不同情形，采取限制服务、停止合作、提请行业协会进行联合抵制等措施。

网络表演者借用、冒用他人身份证件签约的，网络表演经纪机构可提请行业协会进行联合抵制；情节严重的，由相关部门依法追究其法律责任。

第十三条 网络表演经纪机构应当配合文化和旅游行政部门进行监督检查，提供真实、准确、完整的网络表演经纪活动信息数据。

第十四条 网络表演经纪机构应当配备满足业务需要的网络表演经纪人员。网络表演经纪人员与所签约网络表演者人数比例原则上不低于1∶100。

网络表演经纪人员从事演出经纪活动，应当依法取得相应的资格证书。

第十五条 网络表演行业组织应当加强行业自律，制定行业标准和经营规范，开展行业培训，强化诚信教育，对列入失信名单的会员可采取公开谴责、取消会员资格、进行联合抵制等措施。

第十六条　网络表演经纪机构违反本办法第四条有关规定，由文化和旅游主管部门依照《营业性演出管理条例》第四十三条予以查处。

第十七条　网络表演经纪机构从事网络表演经纪活动以外的经纪活动，依照相关规定管理。

第十八条　本办法自发布之日起施行。

文化和旅游部关于规范演出经纪行为加强演员管理促进演出市场健康有序发展的通知

- 2021 年 9 月 29 日公布施行
- 文旅市场发〔2021〕101 号

各省、自治区、直辖市文化和旅游厅（局），新疆生产建设兵团文化体育广电和旅游局：

演出经纪机构是演出市场重要主体，对优化演出资源配置、丰富演出产品供给、促进演出市场繁荣发展发挥了重要作用。但也要看到，一段时间以来文娱领域出现的艺人违法失德、"饭圈"乱象等问题，败坏行业形象，损害社会风气，对演出市场造成较大冲击，扰乱了市场秩序，人民群众反映强烈。为进一步规范演出经纪行为，切实加强演员管理，促进演出市场健康有序发展，现就有关事项通知如下。

一、严格演出资质管理

（一）从事演员签约、推广、代理等演出经纪活动的演员经纪公司、工作室，应当严格按照《营业性演出管理条例》及其实施细则关于设立演出经纪机构的规定，向文化和旅游行政部门申请取得营业性演出许可证。

（二）严格执行演出经纪人员资格认定制度，从事演员签约、推广、代理等演出经纪活动的从业人员，应当通过演出经纪人员资格认定考试，取得演出经纪人员资格证书，持证上岗。

（三）未经批准擅自从事演员签约、推广、代理等业务的经营单位，由文化和旅游行政部门依照《营业性演出管理条例》第四十三条的规定予以处罚。

（四）演出经纪人员在从业活动中为含有《营业性演出管理条例》第二十五条禁止内容的演出提供经纪服务，或者纵容所经纪演员违法失德行为并造成恶劣社会影响的，由文化和旅游行政部门撤销其资格证书并予以公告。

二、规范演员从业行为

（五）演员应当自觉践行社会主义核心价值观，主动承担起举旗帜、聚民心、育新人、兴文化、展形象的使命任务，讲品位、讲格调、讲责任，不断提高思想品德修养、职业道德素养和人文艺术涵养，争做德艺双馨的文艺工作者。

（六）演员经纪公司、工作室应当维护演员合法权益，承担演员管理责任，将政治素养、道德品行作为演员选用和培养的重要标准，定期组织教育培训，增强演员守法意识和道德修养。建立演员自律自查工作制度，查找演员从业行为存在的问题及风险点，督促演员及时改正。

（七）演员经纪从业人员应当加强对演员的教育、提醒，积极引导演员时刻敬畏法律红线，严守道德底线，提升职业操守，积极营造崇德尚艺、见贤思齐的良好风气。

（八）从事未成年人签约、推广、代理等演出经纪活动的演员经纪公司、工作室，应当按照《中华人民共和国未成年人保护法》《中华人民共和国教育法》《中华人民共和国义务教育法》《中华人民共和国劳动法》有关规定，依法保障其接受并完成规定年限的义务教育的权利。严禁以招募"演艺练习生"等名义，向未成年人灌输所谓"出名要趁早"等错误观念，误导未成年人价值观，侵害未成年人合法权益。

三、加强演出活动监管

（九）各级文化和旅游行政部门应当依照《营业性演出管理条例》等法规规定，切实加强演出活动的内容管理，坚决抵制违背社会主义核心价值观、危害社会公德或者民族优秀文化传统、违反公序良俗、畸形审美等行为，树立正确审美导向。

（十）演出经纪机构举办营业性演出活动，应当安排专职演出经纪人员承担演出活动的协调联络等工作，配合文化和旅游行政部门做好行业监管，履行依法纳税以及代扣代缴有关税费义务。举办涉外营业性演出活动，还应配合外事、公安等部门落实外籍人员日常管理工作。

（十一）演出活动不得使用造成恶劣社会影响的违法失德演员；不得使用含有《营业性演出管理条例》第二十五条禁止内容的图形、画面、音视频和文字等进行演出宣传、售票和演出场地布置等活动；不得组织演员假唱，不得为假唱提供条件。有未成年人参与的演出，应当经过未成年人父母或者其他监护人同意。

（十二）演员擅自变更演出内容或所表演内容、表演行为违反《营业性演出管理条例》第二十五条规定的，由文化和旅游行政部门依照《营业性演出管理条例》第四十四条、第四十六条规定，对演出举办单位以及该演员所签约演出经纪机构予以处罚。使用含有《营业性演出管理条例》第二十五条禁止内容的图形、画面、音视频和文字等进行演出宣传、售票和演出场地布置等活动的，由文化和旅游行政部门依照《营业性演出管理条例》第四十六条的规定，对演出举办单位予以处罚。以假唱欺骗观众或者为演员假唱提供条件的，由文化和旅游行政部门依照《营业性演出管理条例》第四十七条规定，对演出举办单位和演员予以处罚。

四、做好粉丝正面引导

（十三）演员经纪公司、工作室应当加强对粉丝应援行为的正面引导，做好对授权粉丝团、后援会网络账号的内容监督。对扰乱网络公共秩序和社会秩序的粉丝群体，应当督促演员主动发声，积极引导。

（十四）演出举办单位应当做好演出现场管理，维护演出现场秩序，不得设置场外应援、礼物应援、打榜投票等诱导粉丝消费的营销活动。不得组织未成年人参与应援集会等活动，不得组织未成年人进行正常观看演出之外的应援消费。

五、共建良好演出生态

（十五）对体现民族特色和国家水准的优质演出产品和服务，各地文化和旅游行政部门应当按照《营业性演出管理条例实施细则》有关规定，给予补助和支持，培育更多思想精深、艺术精湛、制作精良的精品剧（节）目。

（十六）各级文化和旅游行政部门应当加强信用监管，依法依规将符合条件的营业性演出市场主体及从业人员列入文化市场失信名单，实施信用惩戒。

（十七）文化市场综合执法机构应当加强对演员经纪公司、工作室的执法检查，做好营业性演出的日常巡查，对违法违规行为依法予以查处。

（十八）行业协会应当完善演出经纪机构及从业人员自律规范，建立风险监测研判机制和管控机制，对违法失德演员进行评议，对造成恶劣社会影响的演员经纪公司、工作室及演员实施自律惩戒和行业抵制。

（十九）各级文化和旅游行政部门、行业协会应当建立常态化培训机制，全面加强对从业人员思想政治、法律法规、职业道德等方面的教育培训，提高从业人员综合素质，构建积极向上、繁荣有序的演出生态。

特此通知。

文化部关于规范营业性演出票务市场经营秩序的通知

- 2017年7月6日公布施行
- 文市发〔2017〕15号

各省、自治区、直辖市文化厅（局），新疆生产建设兵团文化广播电视局，西藏自治区、北京市、天津市、上海市、重庆市文化市场（综合）行政执法总队：

近年来，随着演出市场进一步繁荣，互联网技术加快普及应用，演出票务经营模式更加多样、渠道手段更加便捷，有效促进了演出市场消费和行业发展。同时也要看到，囤票捂票炒票、虚假宣传、交易不透明等违法违规演出票务经营行为仍时有发生，严重损害了消费者权益，扰乱了演出市场正常秩序。为规范营业性演出票务市场，促进行业健康有序发展，现就有关事项通知如下。

一、严格资质管理，强化演出经营单位主体责任

（一）从事营业性演出票务经营活动的单位，应当依照《营业性演出管理条例》及其实施细则关于演出经纪机构的有关规定，按照《文化部关于加强演出市场有关问题管理的通知》（文市发〔2011〕56号）有关要求，向文化行政部门申请取得营业性演出许可证。利用信息网络从事营业性演出票务经营活动的互联网平台企业属于演出票务经营单位，应当按上述规定办理营业性演出许可

证。文化行政部门向演出票务经营单位颁发营业性演出许可证时，应当在经营范围中载明"演出票务"。

（二）演出举办单位除自行经营演出票务外，应当委托具有资质的演出票务经营单位经营本单位营业性演出门票。演出票务经营单位经营营业性演出门票，应当取得演出举办单位授权。取得授权的演出票务经营单位，可以委托其他具有演出票务经营资质的机构代售演出门票。未经委托或授权，演出票务经营单位不得经营营业性演出门票。举办大型演唱会的，应当按照公安部门的要求，在提交大型群众性活动申请时，向公安部门一并提交演出票务销售方案。文化行政部门应当联合公安部门督促演出举办单位按照票务销售方案进行售票。

（三）为营业性演出票务经营活动提供宣传推广、信息发布等服务的互联网平台企业，应当核验在其平台上从事营业性演出票务经营活动的票务经营单位资质及相关营业性演出的批准文件，不得为未取得营业性演出许可证的经营主体提供服务，不得为未取得营业性演出批准文件的营业性演出票务经营提供服务，不得为机构和个人倒卖门票、买卖演出工作票或者赠票提供服务。

二、规范经营活动，保障消费者合法权益

（四）演出票务经营单位预售或者销售演出门票前，应当核验演出举办单位的营业性演出批准文件，不得预售或销售未取得营业性演出批准文件的演出门票。演出举办单位、演出票务经营单位应当按规定明码标价，不得在标价之外加价销售，不得捂票囤票炒票，不得对演出内容和票务销售情况进行虚假宣传。

（五）演出举办单位、演出票务经营单位面向市场公开销售的营业性演出门票数量，不得低于公安部门核准观众数量的70%。经公安部门批准，全场可售门票数量确需调整的，应当及时明示相应区域并予以说明。

（六）演出举办单位、演出票务经营单位在销售演出门票时，应当明示演出最低时长、文艺表演团体或者主要演员信息，涉及举办演唱会的，还应当明示主要演员或团体及相应最低曲目数量；应当公布全场可售门票总张数、不同座位区域票价，实时公示已售、待售区域，保障消费者知情权和监督权，促进公平交易。演出举办单位或演出票务经营单位应当留存演出门票销售记录（包括销售时间、购买账号等信息）及相关合同6个月备查。

三、加强重点演出监管，维护市场正常经营秩序

（七）文化行政部门要将社会关注度高、票务供需紧张的营业性演出作为重点监管对象，提前进行研判，对有炒票等潜在问题的，及时采取相应措施，防止问题发生。发现在票务经营中有违规苗头或可能造成不良影响的，应当及时约谈演出举办单位和演出票务经营单位，督促整改；对拒不整改的，要及时依法处置，并视情将演出举办单位或演出票务经营单位列入文化市场警示名单或黑名单予以信用警示或惩戒。

（八）鼓励各地探索对重点营业性演出门票销售实行实名制管理。支持有条件的地区建设演出票务管理平台，与演出票务经营单位的票务系统进行对接，实施实时在线监管。支持行业协会发出行业倡议，共同抵制高票价、豪华消费等行为。加强舆论正面引导，对虚抬票价、恶意炒作的行为予以揭露。

四、加大执法处罚，严厉打击违法违规经营活动

（九）各级文化市场综合执法机构要加强对违法违规演出票务经营活动的执法力度。对擅自从事营业性演出票务代理、预售、销售业务的，依照《营业性演出管理条例》第四十三条的规定给予处罚；对预售、销售未经批准的营业性演出门票，或者未经演出举办

单位授权，擅自预售、销售营业性演出门票的，依照《营业性演出管理条例实施细则》第五十五条的规定给予处罚；对不明示信息、不落实平台责任的，应当依照《营业性演出管理条例实施细则》第二十八条第（四）项、第（七）项、第五十四条的规定给予处罚。

（十）各级文化市场综合执法机构要加强与相关部门的执法协作，有条件的地方可建立由文化部门牵头，公安、物价、工商等部门参加的演出票务执法协作机制。对有捂票囤票、炒作票价、虚假宣传、倒票等违规行为的演出举办单位或演出票务经营单位，文化市场综合执法机构应当及时将有关信息抄告当地公安、工商等部门，配合有关部门依法处置。

地方文化行政部门可以根据本通知精神，结合地方实际制定营业性演出票务市场管理的具体办法。

特此通知。

第七章 安全保障

（一）安　全

中华人民共和国安全生产法（节录）

·2002年6月29日第九届全国人民代表大会常务委员会第二十八次会议通过

·根据2009年8月27日第十一届全国人民代表大会常务委员会第十次会议《关于修改部分法律的决定》第一次修正

·根据2014年8月31日第十二届全国人民代表大会常务委员会第十次会议《关于修改〈中华人民共和国安全生产法〉的决定》第二次修正

·根据2021年6月10日第十三届全国人民代表大会常务委员会第二十九次会议《关于修改〈中华人民共和国安全生产法〉的决定》第三次修正

第二十五条　生产经营单位的安全生产管理机构以及安全生产管理人员履行下列职责：

（一）组织或者参与拟订本单位安全生产规章制度、操作规程和生产安全事故应急救援预案；

（二）组织或者参与本单位安全生产教育和培训，如实记录安全生产教育和培训情况；

（三）组织开展危险源辨识和评估，督促落实本单位重大危险源的安全管理措施；

（四）组织或者参与本单位应急救援演练；

（五）检查本单位的安全生产状况，及时排查生产安全事故隐患，提出改进安全生产管理的建议；

（六）制止和纠正违章指挥、强令冒险作业、违反操作规程的行为；

（七）督促落实本单位安全生产整改措施。

生产经营单位可以设置专职安全生产分管负责人，协助本单位主要负责人履行安全生产管理职责。

……

第四十八条　两个以上生产经营单位在同一作业区域内进行生产经营活动，可能危及对方生产安全的，应当签订安全生产管理协议，明确各自的安全生产管理职责和应当采取的安全措施，并指定专职安全生产管理人员进行安全检查与协调。

第四十九条　生产经营单位不得将生产经营项目、场所、设备发包或者出租给不具备安全生产条件或者相应资质的单位或者个人。

生产经营项目、场所发包或者出租给其他单位的，生产经营单位应当与承包单位、承租单位签订专门的安全生产管理协议，或者在承包合同、租赁合同中约定各自的安全生产管理职责；生产经营单位对承包单位、承租单位的安全生产工作统一协调、管理，定期进行安全检查，发现安全问题的，应当及时督促整改。

矿山、金属冶炼建设项目和用于生产、储存、装卸危险物品的建设项目的施工单位应当加强对施工项目的安全管理，不得倒卖、出租、出借、挂靠或者以其他形式非法转让施工资质，不得将其承包的全部建设工程转包给第三人或者将其承包的全部建设工程支解以后以分包的名义分别转包给第三人，不得将工程分包给不具备相应资质条件的单位。

……

第一百零四条 两个以上生产经营单位在同一作业区域内进行可能危及对方安全生产的生产经营活动，未签订安全生产管理协议或者未指定专职安全生产管理人员进行安全检查与协调的，责令限期改正，处五万元以下的罚款，对其直接负责的主管人员和其他直接责任人员处一万元以下的罚款；逾期未改正的，责令停产停业。

中华人民共和国消防法（节录）

·1998年4月29日第九届全国人民代表大会常务委员会第二次会议通过

·2008年10月28日第十一届全国人民代表大会常务委员会第五次会议修订

·根据2019年4月23日第十三届全国人民代表大会常务委员会第十次会议《关于修改〈中华人民共和国建筑法〉等八部法律的决定》第一次修正

·根据2021年4月29日第十三届全国人民代表大会常务委员会第二十八次会议《关于修改〈中华人民共和国道路交通安全法〉等八部法律的决定》第二次修正

第十五条　公众聚集场所投入使用、营业前消防安全检查实行告知承诺管理。公众聚集场所在投入使用、营业前，建设单位或者使用单位应当向场所所在地的县级以上地方人民政府消防救援机构申请消防安全检查，作出场所符合消防技术标准和管理规定的承诺，提交规定的材料，并对其承诺和材料的真实性负责。

消防救援机构对申请人提交的材料进行审查；申请材料齐全、符合法定形式的，应当予以许可。消防救援机构应当根据消防技术标准和管理规定，及时对作出承诺的公众聚集场所进行核查。

申请人选择不采用告知承诺方式办理的，消防救援机构应当自受理申请之日起十个工作日内，根据消防技术标准和管理规定，对该场所进行检查。经检查符合消防安全要求的，应当予以许可。

公众聚集场所未经消防救援机构许可的，不得投入使用、营业。消防安全检查的具体办法，由国务院应急管理部门制定。

第十六条 机关、团体、企业、事业等单位应当履行下列消防安全职责：

（一）落实消防安全责任制，制定本单位的消防安全制度、消防安全操作规程，制定灭火和应急疏散预案；

（二）按照国家标准、行业标准配置消防设施、器材，设置消防安全标志，并定期组织检验、维修，确保完好有效；

（三）对建筑消防设施每年至少进行一次全面检测，确保完好有效，检测记录应当完整准确，存档备查；

（四）保障疏散通道、安全出口、消防车通道畅通，保证防火防烟分区、防火间距符合消防技术标准；

（五）组织防火检查，及时消除火灾隐患；

（六）组织进行有针对性的消防演练；

（七）法律、法规规定的其他消防安全职责。

单位的主要负责人是本单位的消防安全责任人。

大型群众性活动安全管理条例

- 2007年8月29日国务院第190次常务会议通过
- 2007年9月14日中华人民共和国国务院令第505号公布
- 自2007年10月1日起施行

第一章 总 则

第一条 为了加强对大型群众性活动的安全管理，保护公民生命和财产安全，维护社会治安秩序和公共安全，制定本条例。

第二条 本条例所称大型群众性活动，是指法人或者其他组织面向社会公众举办的每场次预计参加人数达到1000人以上的下列活动：

（一）体育比赛活动；
（二）演唱会、音乐会等文艺演出活动；
（三）展览、展销等活动；
（四）游园、灯会、庙会、花会、焰火晚会等活动；
（五）人才招聘会、现场开奖的彩票销售等活动。

影剧院、音乐厅、公园、娱乐场所等在其日常业务范围内举办的活动，不适用本条例的规定。

第三条 大型群众性活动的安全管理应当遵循安全第一、预防为主的方针，坚持承办者负责、政府监管的原则。

第四条 县级以上人民政府公安机关负责大型群众性活动的安

全管理工作。

县级以上人民政府其他有关主管部门按照各自的职责，负责大型群众性活动的有关安全工作。

第二章 安 全 责 任

第五条 大型群众性活动的承办者（以下简称承办者）对其承办活动的安全负责，承办者的主要负责人为大型群众性活动的安全责任人。

第六条 举办大型群众性活动，承办者应当制订大型群众性活动安全工作方案。

大型群众性活动安全工作方案包括下列内容：

（一）活动的时间、地点、内容及组织方式；

（二）安全工作人员的数量、任务分配和识别标志；

（三）活动场所消防安全措施；

（四）活动场所可容纳的人员数量以及活动预计参加人数；

（五）治安缓冲区域的设定及其标识；

（六）入场人员的票证查验和安全检查措施；

（七）车辆停放、疏导措施；

（八）现场秩序维护、人员疏导措施；

（九）应急救援预案。

第七条 承办者具体负责下列安全事项：

（一）落实大型群众性活动安全工作方案和安全责任制度，明确安全措施、安全工作人员岗位职责，开展大型群众性活动安全宣传教育；

（二）保障临时搭建的设施、建筑物的安全，消除安全隐患；

（三）按照负责许可的公安机关的要求，配备必要的安全检查设备，对参加大型群众性活动的人员进行安全检查，对拒不接受安全检查的，承办者有权拒绝其进入；

（四）按照核准的活动场所容纳人员数量、划定的区域发放或者出售门票；

（五）落实医疗救护、灭火、应急疏散等应急救援措施并组织演练；

（六）对妨碍大型群众性活动安全的行为及时予以制止，发现违法犯罪行为及时向公安机关报告；

（七）配备与大型群众性活动安全工作需要相适应的专业保安人员以及其他安全工作人员；

（八）为大型群众性活动的安全工作提供必要的保障。

第八条 大型群众性活动的场所管理者具体负责下列安全事项：

（一）保障活动场所、设施符合国家安全标准和安全规定；

（二）保障疏散通道、安全出口、消防车通道、应急广播、应急照明、疏散指示标志符合法律、法规、技术标准的规定；

（三）保障监控设备和消防设施、器材配置齐全、完好有效；

（四）提供必要的停车场地，并维护安全秩序。

第九条 参加大型群众性活动的人员应当遵守下列规定：

（一）遵守法律、法规和社会公德，不得妨碍社会治安、影响社会秩序；

（二）遵守大型群众性活动场所治安、消防等管理制度，接受安全检查，不得携带爆炸性、易燃性、放射性、毒害性、腐蚀性等危险物质或者非法携带枪支、弹药、管制器具；

（三）服从安全管理，不得展示侮辱性标语、条幅等物品，不得围攻裁判员、运动员或者其他工作人员，不得投掷杂物。

第十条 公安机关应当履行下列职责：

（一）审核承办者提交的大型群众性活动申请材料，实施安全许可；

（二）制订大型群众性活动安全监督方案和突发事件处置预案；

（三）指导对安全工作人员的教育培训；

（四）在大型群众性活动举办前，对活动场所组织安全检查，发现安全隐患及时责令改正；

（五）在大型群众性活动举办过程中，对安全工作的落实情况实施监督检查，发现安全隐患及时责令改正；

（六）依法查处大型群众性活动中的违法犯罪行为，处置危害公共安全的突发事件。

第三章 安全管理

第十一条 公安机关对大型群众性活动实行安全许可制度。《营业性演出管理条例》对演出活动的安全管理另有规定的，从其规定。

举办大型群众性活动应当符合下列条件：

（一）承办者是依照法定程序成立的法人或者其他组织；

（二）大型群众性活动的内容不得违反宪法、法律、法规的规定，不得违反社会公德；

（三）具有符合本条例规定的安全工作方案，安全责任明确、措施有效；

（四）活动场所、设施符合安全要求。

第十二条 大型群众性活动的预计参加人数在1000人以上5000人以下的，由活动所在地县级人民政府公安机关实施安全许可；预计参加人数在5000人以上的，由活动所在地设区的市级人民政府公安机关或者直辖市人民政府公安机关实施安全许可；跨省、自治区、直辖市举办大型群众性活动的，由国务院公安部门实施安全许可。

第十三条　承办者应当在活动举办日的20日前提出安全许可申请，申请时，应当提交下列材料：

（一）承办者合法成立的证明以及安全责任人的身份证明；

（二）大型群众性活动方案及其说明，2个或者2个以上承办者共同承办大型群众性活动的，还应当提交联合承办的协议；

（三）大型群众性活动安全工作方案；

（四）活动场所管理者同意提供活动场所的证明。

依照法律、行政法规的规定，有关主管部门对大型群众性活动的承办者有资质、资格要求的，还应当提交有关资质、资格证明。

第十四条　公安机关收到申请材料应当依法做出受理或者不予受理的决定。对受理的申请，应当自受理之日起7日内进行审查，对活动场所进行查验，对符合安全条件的，做出许可的决定；对不符合安全条件的，做出不予许可的决定，并书面说明理由。

第十五条　对经安全许可的大型群众性活动，承办者不得擅自变更活动的时间、地点、内容或者扩大大型群众性活动的举办规模。

承办者变更大型群众性活动时间的，应当在原定举办活动时间之前向做出许可决定的公安机关申请变更，经公安机关同意方可变更。

承办者变更大型群众性活动地点、内容以及扩大大型群众性活动举办规模的，应当依照本条例的规定重新申请安全许可。

承办者取消举办大型群众性活动的，应当在原定举办活动时间之前书面告知做出安全许可决定的公安机关，并交回公安机关颁发的准予举办大型群众性活动的安全许可证件。

第十六条　对经安全许可的大型群众性活动,公安机关根据安全需要组织相应警力,维持活动现场周边的治安、交通秩序,预防和处置突发治安事件,查处违法犯罪活动。

第十七条　在大型群众性活动现场负责执行安全管理任务的公安机关工作人员,凭值勤证件进入大型群众性活动现场,依法履行安全管理职责。

公安机关和其他有关主管部门及其工作人员不得向承办者索取门票。

第十八条　承办者发现进入活动场所的人员达到核准数量时,应当立即停止验票;发现持有划定区域以外的门票或者持假票的人员,应当拒绝其入场并向活动现场的公安机关工作人员报告。

第十九条　在大型群众性活动举办过程中发生公共安全事故、治安案件的,安全责任人应当立即启动应急救援预案,并立即报告公安机关。

第四章　法律责任

第二十条　承办者擅自变更大型群众性活动的时间、地点、内容或者擅自扩大大型群众性活动的举办规模的,由公安机关处1万元以上5万元以下罚款;有违法所得的,没收违法所得。

未经公安机关安全许可的大型群众性活动由公安机关予以取缔,对承办者处10万元以上30万元以下罚款。

第二十一条　承办者或者大型群众性活动场所管理者违反本条例规定致使发生重大伤亡事故、治安案件或者造成其他严重后果构成犯罪的,依法追究刑事责任;尚不构成犯罪的,对安全责任人和其他直接责任人员依法给予处分、治安管理处罚，对单位处1万元以上5万元以下罚款。

第二十二条 在大型群众性活动举办过程中发生公共安全事故，安全责任人不立即启动应急救援预案或者不立即向公安机关报告的，由公安机关对安全责任人和其他直接责任人员处5000元以上5万元以下罚款。

第二十三条 参加大型群众性活动的人员有违反本条例第九条规定行为的，由公安机关给予批评教育；有危害社会治安秩序、威胁公共安全行为的，公安机关可以将其强行带离现场，依法给予治安管理处罚；构成犯罪的，依法追究刑事责任。

第二十四条 有关主管部门的工作人员和直接负责的主管人员在履行大型群众性活动安全管理职责中，有滥用职权、玩忽职守、徇私舞弊行为的，依法给予处分；构成犯罪的，依法追究刑事责任。

第五章 附 则

第二十五条 县级以上各级人民政府、国务院部门直接举办的大型群众性活动的安全保卫工作，由举办活动的人民政府、国务院部门负责，不实行安全许可制度，但应当按照本条例的有关规定，责成或者会同有关公安机关制订更加严格的安全保卫工作方案，并组织实施。

第二十六条 本条例自2007年10月1日起施行。

（二）应　急

中华人民共和国突发事件应对法（节录）

·2007年8月30日第十届全国人民代表大会常务委员会第二十九次会议通过
·2007年8月30日中华人民共和国主席令第69号公布
·自2007年11月1日起施行

第二十二条　所有单位应当建立健全安全管理制度，定期检查本单位各项安全防范措施的落实情况，及时消除事故隐患；掌握并及时处理本单位存在的可能引发社会安全事件的问题，防止矛盾激化和事态扩大；对本单位可能发生的突发事件和采取安全防范措施的情况，应当按照规定及时向所在地人民政府或者人民政府有关部门报告。

……

第二十四条　公共交通工具、公共场所和其他人员密集场所的经营单位或者管理单位应当制定具体应急预案，为交通工具和有关场所配备报警装置和必要的应急救援设备、设施，注明其使用方法，并显著标明安全撤离的通道、路线，保证安全通道、出口的畅通。

有关单位应当定期检测、维护其报警装置和应急救援设备、设施，使其处于良好状态，确保正常使用。

……

第三十八条 县级以上人民政府及其有关部门、专业机构应当通过多种途径收集突发事件信息。

县级人民政府应当在居民委员会、村民委员会和有关单位建立专职或者兼职信息报告员制度。

获悉突发事件信息的公民、法人或者其他组织，应当立即向所在地人民政府、有关主管部门或者指定的专业机构报告。

第三十九条 地方各级人民政府应当按照国家有关规定向上级人民政府报送突发事件信息。县级以上人民政府有关主管部门应当向本级人民政府相关部门通报突发事件信息。专业机构、监测网点和信息报告员应当及时向所在地人民政府及其有关主管部门报告突发事件信息。

有关单位和人员报送、报告突发事件信息，应当做到及时、客观、真实，不得迟报、谎报、瞒报、漏报。

……

第五十四条 任何单位和个人不得编造、传播有关突发事件事态发展或者应急处置工作的虚假信息。

……

第五十六条 受到自然灾害危害或者发生事故灾难、公共卫生事件的单位，应当立即组织本单位应急救援队伍和工作人员营救受害人员，疏散、撤离、安置受到威胁的人员，控制危险源，标明危险区域，封锁危险场所，并采取其他防止危害扩大的必要措施，同时向所在地县级人民政府报告；对因本单位的问题引发的或者主体是本单位人员的社会安全事件,有关单位应当按照规定上报情况,并迅速派出负责人赶赴现场开展劝解、疏导工作。

突发事件发生地的其他单位应当服从人民政府发布的决定、命令,配合人民政府采取的应急处置措施,做好本单位的应急救援工作,并积极组织人员参加所在地的应急救援和处置工作。

文化市场突发事件应急管理办法（试行）

- 文化部 2012 年 8 月 14 日公布施行
- 文市发〔2012〕27 号

第一章 总 则

第一条 为加强文化市场突发事件应急管理，有效预防和妥善处置文化市场突发事件，最大限度地减少危害和负面影响，根据《突发事件应对法》等有关法律、法规和规章的规定，制定本办法。

第二条 本办法所称文化市场突发事件是指在文化市场经营场所、经营活动、行政管理或者综合行政执法工作中发生的，造成或者可能造成重大社会影响或者严重社会危害，需要采取应急处置措施予以应对的事件。

第三条 文化市场突发事件包括下列情形：

（一）文化市场经营场所、经营活动中发生火灾、爆炸、坍塌、踩踏等安全事故或者重大治安事件的；

（二）文化产品或者服务含有国家法律法规禁止内容，造成严重社会影响的；

（三）文化市场经营、行政管理或者综合行政执法信息通过互联网等途径传播，引起社会公众广泛关注，造成严重负面影响的；

（四）以暴力、恐吓、胁迫等方式阻挠文化市场行政管理和综合行政执法工作，造成人员伤亡的；

（五）因不服从文化市场行政管理或者综合行政执法行为，造成群体性事件的；

（六）其他需要采取应急处置措施予以应对的突发事件。

第四条　文化市场突发事件应急管理应当遵循统一领导、综合协调，分类管理、分级负责，预防为主、以人为本，属地管理、协同配合的原则。

第五条　县级以上文化行政部门和文化市场综合行政执法机构（以下合并简称执法部门）按照法定职责对本行政区域内突发事件的应对工作负责；涉及两个以上行政区域的，由有关行政区域共同的上级执法部门负责，或者由各有关行政区域的上级执法部门共同负责。

法律、行政法规规定由国务院有关部门对突发事件的应对工作负责的，从其规定。

第六条　各级执法部门应当单独或者联合成立文化市场突发事件应急工作领导小组，统一指挥文化市场突发事件应急管理工作。

文化市场突发事件应急工作领导小组应当建立信息、设备、人员、运输及通信等方面的应急工作保障机制。

文化市场突发事件应急工作领导小组组长由各级执法部门负责人担任。

文化市场突发事件应急工作领导小组下设办公室，具体负责日常工作。

第七条　各级执法部门应当根据本办法制定文化市场突发事件应急预案，明确文化市场突发事件应急处置的机构、人员、职责和分工等内容。

第八条　各级执法部门应当加强文化市场日常检查，对突发事件隐患和预警信息进行风险评估和预测，认为可能发生突发事件的，应当采取预防措施或者通报相关部门。

第九条　各级执法部门应当对负有突发事件应急责任的经营管理人员开展必要的应急培训和演练。

第二章　突发事件分级

第十条　根据造成或者可能造成的影响范围和社会危害程度等情况，将文化市场突发事件划分为特大突发事件（Ⅰ级）、重大突发事件（Ⅱ级）、较大突发事件（Ⅲ级）、一般突发事件（Ⅳ级）四个等级。

第十一条　具有下列情形之一的，属于文化市场特大突发事件（Ⅰ级）：

（一）在文化市场经营场所或者经营活动中发生特大安全事故，导致或者可能导致30人以上死亡（含失踪），或者100人以上重伤，或者1000万元以上直接经济损失的；

（二）因不服从文化市场行政管理或者综合行政执法行为而造成群体性事件，一次参与人数达到300人以上，严重影响社会稳定的。

第十二条　具有下列情形之一的，属于文化市场重大突发事件（Ⅱ级）：

（一）在文化市场经营场所或者经营活动中发生重大安全事故，导致或者可能导致10人以上死亡（含失踪），或者50人以上重伤，或者500万元以上直接经济损失的；

（二）因不服从文化市场行政管理或者综合行政执法行为而造成群体性事件，一次参与人数在100人以上，严重影响社会稳定的；

（三）以暴力、恐吓、胁迫等方式阻挠文化市场行政管理或者综合行政执法工作，造成3人以上死亡或者10人以上重伤的。

第十三条　具有下列情形之一的，属于较大突发事件（Ⅲ级）：

（一）在文化市场经营场所或者经营活动中发生重大安全事故，导致或者可能导致3人以上死亡（含失踪），或者10人以上重伤，或者100万元以上直接经济损失的；

（二）因不服从文化市场行政管理或者综合行政执法行为而造成群体性事件，一次参与人数在50人以上，严重影响社会稳定的；

（三）以暴力、恐吓、胁迫等方式阻挠文化市场行政管理或者综合行政执法工作，造成1人以上死亡或者3人以上重伤的；

（四）文化市场经营、行政管理或者综合行政执法信息通过互联网等途径传播，引起公众广泛关注，在全国范围内造成严重负面影响的。

第十四条　具有下列情形之一的，属于一般突发事件（Ⅳ级）：

（一）在文化市场经营场所或者经营活动中发生重大安全事故，导致或者可能导致1人以上死亡（含失踪），或者3人以上重伤，或者50万元以上直接经济损失的；

（二）因不服从文化市场行政管理或者综合行政执法行为而造成群体性事件，一次参与人数在3人以上，严重影响社会稳定的；

（三）以暴力、恐吓、胁迫等方式阻挠文化市场行政管理或者综合行政执法工作，导致1人以上重伤或者3人以上轻伤的；

（四）文化产品或者服务含有国家法律法规禁止内容，造成恶劣社会影响的；

（五）文化市场经营、行政管理或者综合行政执法信息通过互联网等途径传播，引起公众广泛关注，在本辖区内造成严重负面影响的；

（六）其他需要采取应急处置措施予以应对的突发事件。

第三章 信息报告与发布

第十五条 文化市场突发事件信息报告与发布应当做到统一、准确、及时。

第十六条 文化市场突发事件信息一般情况下实行分级报送，确有必要时可以越级上报。

文化市场突发事件发生后，事发地文化市场突发事件应急工作领导小组应当在2小时内向同级人民政府和上级文化市场突发事件应急工作领导小组报告，并通知相关部门协同处理。

事发地文化市场突发事件应急工作领导小组在采取应急处置措施4小时内，应当向同级人民政府和上级文化市场突发事件应急工作领导小组提交书面报告。

第十七条 Ⅰ级突发事件发生后，应当逐级报告至文化部文化市场突发事件应急工作领导小组。

Ⅱ级突发事件发生后，应当逐级报告至省级文化市场突发事件应急工作领导小组。

Ⅲ级、Ⅳ级突发事件发生后，应当报告至地市级文化市场突发事件应急工作领导小组。

第十八条 文化市场突发事件信息报告应当包含突发事件发生的时间、地点、现场情况、伤亡人数、财产损失、发生原因、应对措施等内容。

报告内容涉及国家秘密的，应当依照国家有关保密法律法规办理。

第十九条 各级文化市场突发事件应急工作领导小组应当建立新闻发言人制度,确定一名工作人员,统一发布突发事件信息。

第四章 应 急 处 置

第二十条 文化市场突发事件发生后,事发地文化市场突发事件应急工作领导小组应当立即启动应急预案,采取应急处置措施。

事发地人民政府或者上级文化市场突发事件应急工作领导小组已经开展应急处置工作的,事发地文化市场突发事件应急工作领导小组应当在其领导下,按照职责分工参与应急处置工作。

第二十一条 文化市场突发事件应急处置中,涉及其他部门权限的,事发地文化市场突发事件应急工作领导小组应当通报其他部门,并报告本级人民政府。

文化市场突发事件中的当事人涉嫌违反文化市场管理法规的,应当依法处理。

第二十二条 Ⅰ级突发事件发生后,文化部文化市场突发事件应急工作领导小组应当派出工作组赶赴事发地协调、指导、监督应急处置工作。

Ⅱ级突发事件发生后,省级文化市场突发事件应急工作领导小组应当派出工作组赶赴事发地协调、指导、监督应急处置工作。

Ⅲ级突发事件发生后,地市级文化市场突发事件应急工作领导小组应当派出工作组赶赴事发地协调、指导、监督应急处置工作。

Ⅳ级突发事件发生后,县级文化市场突发事件应急工作领导小组负责人应当赶赴事发地协调、指导、监督应急处置工作。

第二十三条 文化市场突发事件引起的威胁或者危害得到控制或者消除后,事发地文化市场突发事件应急工作领导小组应当采取或者继续实施必要措施，防止发生次生、衍生事件或者重新引发突发事件。

第五章　事后评估与奖惩

第二十四条　文化市场突发事件应急处置工作结束后，事发地文化市场突发事件应急工作领导小组应当对突发事件及应急处置工作进行总结评估，制定改进措施。

第二十五条　对文化市场突发事件应急处置工作表现突出的集体或者个人，应当给予表彰奖励。

第二十六条　在文化市场突发事件应急处置过程中，有下列情形之一的，应当对负有直接责任的负责人或者工作人员依法给予处分；构成犯罪的，依法追究刑事责任：

（一）未按照规定采取预防措施导致发生突发事件，或者未采取必要防范措施导致发生次生、衍生事件的；

（二）迟报、谎报、瞒报、漏报突发事件信息，或者通报、报告、公布虚假突发事件信息，造成严重后果的；

（三）未按照规定及时采取预警措施，导致损害发生的；

（四）未按照规定及时采取应急处置措施或者应急处置措施不当，造成严重后果的；

（五）不服从上级文化市场突发事件应急工作领导小组对突发事件应急处置工作的统一领导、协调、指导和监督的。

第六章　附　　则

第二十七条　本办法所称"以上"包括本数。

第二十八条　本办法由文化部负责解释。

第二十九条　本办法自发布之日起实施。

文化市场重大案件管理办法

- 文化部 2012 年 7 月 30 日公布施行
- 文市发〔2012〕23 号

第一条 为加强文化市场重大案件管理，规范文化市场重大案件报告、督办和查处等工作，落实行政执法责任，强化行政执法监督，根据《行政处罚法》、《文化市场综合行政执法管理办法》等有关法律、法规和规章的规定，制定本办法。

第二条 本办法所称文化市场重大案件是指文化市场经营活动中发生的违法情节严重、社会影响恶劣、涉案财物数额较大、涉案人员或者地区较多，依法应当给予行政处罚或者刑事处罚的案件。

具有下列情形之一的，属文化市场重大案件：

（一）文化产品或者服务含有国家法律法规禁止内容，造成严重社会影响的；

（二）未经批准擅自从事文化市场经营活动，造成恶劣社会影响的；

（三）违法向未成年人提供文化产品或者服务，或者向未成年人提供违法文化产品或者服务，严重损害未成年人身心健康，造成恶劣社会影响的；

（四）非法经营数额在 50 万元以上或者违法所得数额在 10 万元以上的；

（五）依法移送司法机关，当事人被追究刑事责任的；

（六）其他社会广泛关注、影响特别恶劣的案件。

第三条 文化部负责全国文化市场重大案件的指导、监督和协调工作。

地市级以上文化行政部门或文化市场综合行政执法机构（以下合并简称执法部门）负责本辖区内文化市场重大案件的指导、监督、协调和查处工作。

第四条 文化市场重大案件报告、督办和查处工作应当坚持属地管理、分级负责、及时高效、客观公正的原则。

第五条 下级执法部门应当将本辖区内发生的文化市场重大案件向上级执法部门报告。

第六条 案件发生后，经初步调查核实，符合本办法第二条所列情形，属文化市场重大案件的，案发地执法部门应当在案发后12小时内向上级执法部门报告；符合本办法第二条第二款（一）项的文化市场重大案件，应当在案发后12小时内逐级报告至文化部。

案件调查处理取得重大进展或者办理终结的，下级执法部门应当及时向上级执法部门报告。

第七条 文化市场重大案件报告应当采取书面形式，并包括以下内容：

（一）案件名称、案件来源、案发时间、案发地点、涉案人员、涉案金额等基本情况；

（二）案件调查处理情况；

（三）其他需要报告的事项。

紧急情况下，可以首先采取电话、传真或者互联网等方式报告，并及时补交书面报告。

第八条　省级执法部门应当在每年 12 月 15 日之前向文化部报告本年度本辖区文化市场重大案件查处情况，具体包括下列内容：

（一）辖区内文化市场重大案件的总体分析报告，包括数量类别、基本特点和典型意义；

（二）各门类文化市场重大案件的规范名称、办案单位、办案人员、基本案情、处理结果或者进展情况；

（三）其他需要报告的内容。

第九条　文化市场重大案件涉及国家秘密的，应当按照国家有关保密法律法规规定的形式报告。

第十条　上级执法部门可以根据案件性质、涉案金额、复杂程度、查处难度以及社会影响等情况，对辖区内发生的文化市场重大案件进行督办。

对于涉案财物数额较大、涉案人员或者地区较多，案情特别复杂，查处确有难度的文化市场重大案件，下级执法部门可以报请上级执法部门进行督办。

第十一条　文化部对下列文化市场重大案件进行督办：

（一）党中央、国务院等上级部门交办的案件；

（二）文化部领导交办的案件；

（三）在全国或者省、自治区、直辖市范围内有重大影响的案件；

（四）违法情节特别严重、社会影响特别恶劣的案件；

（五）具有典型性、示范性的案件；

（六）文化部认为确有必要督办的其他案件。

各省、自治区、直辖市文化市场重大案件督办的范围和标准，由省级执法部门根据本地实际情况确定。

第十二条 对需要督办的文化市场重大案件，执法人员应当填写《文化市场重大案件督办立项审批表》，提出拟督办意见，经执法部门主要负责人或者指定的执法机构负责人审核同意后，向下级执法部门发出《文化市场重大案件督办通知书》，要求其在规定的期限内查清事实，并作出处理决定。

《文化市场重大案件督办通知书》应当包括督办案件的名称、来源、基本情况及督办部门、承办部门、督办要求等内容。

第十三条 督办案件涉及多个地区的，上级执法部门应当明确主办执法部门和协办执法部门，并按照各自管辖职责分别确定案件查处任务。

主办执法部门和协办执法部门应当密切协作，及时沟通。对主办单位请求协助的事项，协办执法部门应当依法开展调查取证，及时准确反馈情况，并提供相关证据材料。

第十四条 下级执法部门应当在收到《文化市场重大案件督办通知书》后5个工作日内制定案件查处方案，组织调查处理。

案件查处方案应当报送上级执法部门备案；上级执法部门要求下级执法部门在调查处理前报告查处方案的，下级执法部门应当按照要求报告，并在上级执法部门同意后执行。

案件督办前已经立案的，下级执法部门不得停止调查处理，但应当将案件查处方案及相关情况报告上级执法部门；上级执法部门发现其中存在问题要求改正或者调整的，下级执法部门应当及时改正或者调整。

第十五条 未经上级执法部门批准，下级执法部门不得将督办的文化市场重大案件转交其下级执法部门或者移送相关部门查处。

第十六条 对督办的文化市场重大案件，下级执法部门应当成立专案组或者指定专人办理，并在收到《文化市场重大案件督办通知书》后 60 日内依法作出处理决定。

案情特别复杂，无法在规定时间内作出处理决定的，下级执法部门在以书面形式请示上级执法部门同意后，可以适当延长案件查处时间。

第十七条　上级执法部门依法履行下列督办职责：

（一）对督办的文化市场重大案件查处工作进行指导、协调和监督；

（二）对落实督办要求不力或者案件查处进度不符合要求的进行催办；

（三）对督办的文化市场重大案件查处过程中发生的不当行为及时进行纠正；

（四）其他需要承担的督办职责。

第十八条　上级执法部门应当确定专门机构或者人员及时跟踪了解督办案件查处情况，加强对案件查处工作的指导、协调和监督，必要时可以派出专门人员前往案发地督促检查或者直接参与案件查处工作。

第十九条　下级执法部门未按照督办要求组织案件查处工作的，上级执法部门应当及时进行催办。

第二十条　督办的文化市场重大案件情况发生重大变化，确实不需要继续督办的，上级执法部门可以撤销督办，并说明理由。

第二十一条　除涉及国家秘密或者其他不应当公开的情形外，上级执法部门应当及时公布督办案件信息及查处情况。

第二十二条　对违反本办法的规定，有下列情形之一的，予以通报批评；情节严重的，依法追究主要负责人及直接责任人的责任。

（一）未按照规定时限报告的；

（二）故意推诿、拖延、瞒报、谎报的；

（三）案件久拖不决或者拒不落实督办要求的；

（四）违反相关保密规定的；

（五）其他造成严重后果的情形。

第二十三条　对在文化市场重大案件查处或者指导、协调、监督文化市场重大案件查处过程中表现突出的集体或者个人，上级执法部门应当依照相关规定给予表彰奖励。

第二十四条　上级执法部门对督办的文化市场重大案件，依照相关规定补助案件办理经费。

第二十五条　本办法由文化部负责解释。

第二十六条　本办法发布之日起实施，2008 年 8 月 22 日发布的《文化市场重大案件管理办法》同时废止。

附录 行业自律规范

中国演出行业协会关于加强演艺人员经纪机构自律管理的公告

· 2021 年 9 月 2 日发布

为进一步落实主管部门对协会加强行业自律的工作要求，维护行业健康发展，中国演出行业协会特此面向涉及演艺人员经纪业务的从业单位发布以下公告：

一、从事演员签约、代理、推广和网络表演等业务的演出经纪机构，应承担其签约演艺人员管理责任，通过培训教育和引导，提高其法律意识和是非辨别能力，提高其文化素养、业务素养、道德素养。

二、演艺人员经纪机构应积极开展自查自律工作，对缺乏道德自律意识、法律观念淡薄，且不服从教育和管理的签约演艺人员，应及时终止为其提供经纪服务并向行业协会报备，对演艺人员出现的违法失德行为不得包庇、纵容。

三、演艺人员经纪机构应加强自身专职经纪人员职业道德和业务能力建设，完善监督管理制度，建立职业化、专业化经纪团队。

中国演出行业协会将在主管部门指导下制定演艺人员经纪机构自律规范，对规范运营的机构持续给予支持和服务，而对因严重失职造成恶劣影响的经纪机构将依据自律规范实施行业惩戒。

演出行业演艺人员从业自律管理办法（试行）

· 中国演出行业协会 2021 年 2 月 5 日发布

第一章　总　　则

第一条　为不断提高演出行业演艺人员（以下简称"演艺人员"）职业素质，规范演艺人员从业行为，加强演艺人员从业自律管理，树立演艺人员良好职业形象，促进演出行业健康发展，中国演出行业协会根据《营业性演出管理条例》《营业性演出管理条例实施细则》等有关法规规定，制定本办法。

第二条　本办法所称演艺人员是指在中国境内从事音乐、戏剧、舞蹈、曲艺、杂技以及其他形式的现场文艺演出活动的表演者。

第三条　演艺人员应当自觉遵守本办法第二章所规定的从业规范相关条款（以下简称"从业规范"）。

从业规范由中国演出行业协会根据国家有关法律、法规，结合演艺人员为维护行业和个人形象应当遵从的社会公德、职业道德、家庭美德、个人品德等职业要求制定，并在行业范围内监督实施。

第四条　本办法所称从业范围包括但不限于：

（一）演出场所经营单位、文艺表演团体、演出经纪机构等中国演出行业协会会员策划、组织、参与的各类演出活动，以及与之相关的宣传、推介、营销、赞助、表彰、奖励等活动；

（二）网络表演经营单位等中国演出行业协会会员所属平台、媒体等策划、组织、开展的直播、录播活动，以及与之相关的宣传、推介、营销、赞助、表彰、奖励等活动；

（三）其他与中国演出行业协会密切相关的行业组织、社会机构组织开展的各类活动。

第五条　演艺人员违反从业规范，由中国演出行业协会根据本办法，在其从业范围内实施自律惩戒措施。

第六条　对演艺人员违反从业规范实施自律惩戒措施，应当遵循客观公正、公开透明、公平审慎的原则，坚持教育与惩戒相结合，违规情节与惩戒措施相适应，以事实为依据，依法依规开展工作。

第二章　从业规范

第七条　演艺人员应当具备从事文艺表演工作所必需的文化修养、专业知识与职业技能，并遵守以下要求：

（一）热爱祖国，拥护党的路线方针政策，自觉遵守国家法律法规，遵守文化、演出行业有关规定，自觉接受政府相关管理部门监管和社会监督；

（二）坚持文艺为人民服务、为社会主义服务的方向，自觉践行社会主义核心价值观，弘扬主旋律，壮大正能量，做有信仰、有情怀、有担当的新时代文艺工作者；

（三）热爱文艺事业，恪守艺术品格，维护中华文化立场，弘扬中华美学精神，坚守文艺审美理想，严肃认真对待创作表演，努力提升艺术质量，拒绝用是非不辩、低级庸俗、粗制滥造的作品或宣传误导观众；

（四）遵守社会公德，言语文明，礼貌待人，立正守身，以身作则，注重陶冶品德，加强道德修养，珍视和维护个人职业声誉，积极树立正面形象；

（五）坚守契约精神，依法依约履行经纪合同、代言合同、演出合同等各类合同；

（六）尊重合作团队与合作对象，尊重编剧、导演、舞美、服化道等各部门的艺术创作，尊重全体演职人员的共同劳动，积极配合合作团队合理的工作需求；

（七）遵守与著作权相关的法律法规，树立和强化著作权保护意识，维护著作权人合法权益；

（八）积极参与社会公益活动，助力公益事业发展，自觉践行社会责任；

（九）配合社会各界共同引导未成年人树立正确的价值观念，自觉抵制扰乱社会秩序、恶意攻击他人等不文明行为；

（十）依法依规应当遵守的其他要求。

第八条　演艺人员不得出现以下行为：

（一）违反宪法确定的基本原则，危害国家统一、主权和领土完整，危害国家安全，或者损害国家荣誉和利益；

（二）煽动民族仇恨、民族歧视，侵害民族风俗习惯，伤害民族感情，破坏民族团结；

（三）违反国家宗教政策，宣扬邪教、迷信；

（四）组织、参与、宣扬涉及淫秽、色情、赌博、毒品、暴力、恐怖或者黑恶势力等非法活动；

（五）因酒驾、无证驾驶、肇事逃逸、恶意滋事等扰乱公共秩序，造成恶劣社会影响；

（六）危害社会公德或者损害民族优秀文化传统；

（七）在营业性演出中以假唱、假演奏等手段欺骗观众，或者以违背伦理道德、违反公序良俗的方式进行演出吸引观众；

（八）表演方式恐怖、残忍，利用人体缺陷、或者以展示人体变异等方式招徕观众；

（九）以欺骗、隐瞒等方式恶意违反或不履行合同，非因不可抗力原因取消演出、不履行合同，或者擅自变更已经审核批准的演出内容；

（十）发表违反法律法规、违背社会公序良俗、歪曲历史事实、侮辱、诽谤英雄烈士等不当言论，或者发布不实信息，煽动他人扰乱公共秩序，影响社会稳定；

（十一）以侮辱、诽谤等方式损害他人名誉等合法权益；

（十二）违反广告代言相关法律法规，或以虚假宣传、引人误解的方式欺骗、误导消费者；

（十三）通过违反保密协议、伪造变造材料等不正当手段谋取利益，或者利用职业之便谋取不正当利益；

（十四）其他违背伦理道德或者社会公序良俗造成严重不良社会影响的情形；

（十五）法律、行政法规明文禁止的其他情形。

第九条　演出场所经营单位、文艺表演团体、演出经纪机构或者演出经纪人员应当积极引导所属演艺人员遵守从业规范，依法依规从业。

第三章　办事机构

第十条　中国演出行业协会设立道德建设委员会，具体承担演艺人员道德建设和从业自律等相关工作。

道德建设委员会为非法人分支机构，在中国演出行业协会领导下开展工作。

第十一条　道德建设委员会委员由下列人员构成：

（一）演出场所经营单位、文艺表演团体、演出经纪机构等的管理人员代表；

（二）演艺人员代表；

（三）网络表演（直播）经营单位管理人员代表；

（四）共青团中央、全国妇女联合会、中国关心下一代工作委员会等群团组织代表或者其推荐的专家代表；

（五）新闻媒体代表；

（六）从事演艺行业法律事务的律师代表；

（七）其他相关行业的代表。

根据工作需要，道德建设委员会可以聘请相关领域专家担任顾问。

第十二条　道德建设委员会委员由中国演出行业协会驻会机构提名或者相关组织推荐，征询本人意见后，形成委员候选人名单，经常务理事会表决决定，由中国演出行业协会聘任。

第十三条　道德建设委员会委员应当履行以下义务：

（一）遵守道德建设委员会章程；

（二）履行委员职责，完成分配或指定的工作；

（三）遵纪守法，公正廉洁，不得徇私舞弊、玩忽职守、索贿受贿等；

（四）严守工作纪律，不得泄露或擅自披露履行职责过程中了解的信息；

（五）遵守其他相关规定。

第十四条　道德建设委员会设立秘书处作为日常办事机构。秘书处设在中国演出行业协会驻会机构内，负责材料收集、会议组织及联络协调等相关工作。

第四章 办事程序

第十五条 对违反从业规范的演艺人员,中国演出行业协会根据道德建设委员会评议结果,监督引导会员单位在行业范围内实施以下自律惩戒措施:

(一) 进行批评教育;

(二) 取消参与行业各类相关评比、表彰、奖励、资助等资格;

(三) 根据演艺人员违反从业规范情节轻重及危害程度,分别实施1年、3年、5年和永久等不同程度的行业联合抵制;

(四) 协同其他行业组织实施跨行业联合惩戒。

以上措施可以单独实施,也可以合并实施。

第十六条 中国演出行业协会各会员单位或者个人不得邀请、组织处于联合抵制期内的演艺人员参与演出行业各类活动,也不得为其提供其他宣传、推介等便利。

第十七条 道德建设委员会发现演艺人员涉嫌违反从业规范的,应当从行政管理部门、行业组织、成员单位及其他第三方渠道收集信息,并对演艺人员及其所属单位提供的申辩材料进行评估后,提出具体处理意见,经中国演出行业协会审议通过后报送文化和旅游部,并以书面通知向相关单位及个人通报。

第十八条 受到联合抵制的演艺人员需要继续从事演出活动的,本人或者其所属单位应当在联合抵制期限届满前3个月内向道德建设委员会提出申请,经道德建设委员会综合评议后,给予是否同意复出的意见。

对符合复出条件的演艺人员,由中国演出行业协会向会员单位和个人通报,取消联合抵制措施,并监督引导其参与行业培训、职业教育、公益项目等活动,改善社会形象。

第十九条　道德建设委员会委员有下列情形之一的，应当自行回避，当事人有权用口头或者书面方式申请回避：

（一）系被调查演艺人员近亲属；

（二）与被调查演艺人员存在利害关系；

（三）其他可能影响公正履行职责的情形。

第二十条　道德建设委员会委员违反本办法第六条、第十三条、第十九条规定的，由中国演出行业协会取消其委员资格。

第五章　附　　则

第二十一条　道德建设委员会依据本办法制定工作章程，并报中国演出行业协会备案。

第二十二条　本办法由中国演出行业协会负责解释，自2021年3月1日起试行。

中国文艺工作者职业道德公约

·2022年3月29日中国文学艺术界联合会第十一届全国委员会第二次全体会议修订

为进一步加强文艺工作者职业道德建设和文艺行风建设，大力弘扬社会主义核心价值观，积极践行爱国、为民、崇德、尚艺的文艺界核心价值观，争做有信仰、有情怀、有担当的新时代文艺工作者，共同营造山清水秀的文艺生态，为建成社会主义文化强国、实现中华民族伟大复兴中国梦贡献力量，特制定本公约。

一、坚持爱国为民。忠于祖国，忠于人民，拥护中国共产党的领导和中国特色社会主义制度，坚持为人民服务、为社会主义服务，胸怀"国之大者"，心系民族复兴伟业，自觉承担举旗帜、聚民心、育新人、兴文化、展形象的使命任务，弘扬主旋律，传播正能量。坚决抵制一切分裂祖国、破坏民族团结、危害社会和谐稳定和损害人民利益的言行。

二、坚定文化自信。坚持走中国特色社会主义文艺发展道路，坚持守正创新，坚守中华文化立场，弘扬以爱国主义为核心的民族精神和以改革创新为核心的时代精神，推动中华优秀传统文化创造性转化、创新性发展，吸收和借鉴人类文明有益成果，歌颂真善美，针砭假恶丑，讲好中国故事，弘扬中国精神，传播中国价值。坚决抵制调侃崇高、扭曲经典、颠覆历史，丑化人民群众和英雄人物，反对唯洋是从、历史虚无主义和文化虚无主义。

三、潜心创作耕耘。坚守人民立场，始终坚持以人民为中心的创作导向，树立精品意识，深入生活、扎根人民，增强脚力、眼力、脑力、笔力，坚持思想精深、艺术精湛、制作精良相统一，积极投身现实题材创作，讴歌党、讴歌祖国、讴歌人民、讴歌英雄，创作满足人民文化需求和增强人民精神力量的精品力作，书写生生不息的人民史诗，勇攀艺术高峰。坚决抵制粗制滥造、抄袭跟风，反对唯票房、唯流量、唯收视率。

四、追求德艺双馨。坚守艺术理想和艺术良知，保持对艺术的敬畏之心和对专业的赤诚之心，守正道、走大道，加强思想积累、知识储备、文化修养、艺术训练，讲品位、讲格调、讲责任，把个人的道德修养、社会形象与作品的社会效果统一起来，做到襟怀学识贯通、道德才情交融、人品艺品统一，为历史存正气、为世人弘美德、为自身留清名。坚决抵制庸俗、低俗、媚俗，反对拜金主义、享乐主义和极端个人主义。

五、倡导团结向上。坚持百花齐放、百家争鸣，尊重艺术规律，发扬学术民主、艺术民主，开展专业、权威、健康的文艺批评，增强朝气锐气，褒优贬劣、激浊扬清，见贤思齐、取长补短，团结和谐、共同进步，弘扬行风艺德，树立文艺界良好社会形象，积极营造自尊自爱、互学互鉴、天朗气清的行业风气。坚决抵制造谣诽谤、网络暴力，决不做不良风气的制造者、跟风者、鼓吹者。

六、引领社会风尚。坚持从严律己，模范遵纪守法，遵守公序良俗，恪守行业规范，尊崇职业道德，弘扬社会正义，践行法治精神，热心公益、乐于奉献，珍惜党和人民赋予的庄严使命，认真履行人类灵魂工程师的神圣职责，堂堂正正做人、清清白白做事，成为真善美的传播者、先进文化的践行者、时代风尚的引领者、社会形象的塑造者。坚决抵制偷逃税、涉"黄赌毒"等违法违规、失德失范行为，反对炫富竞奢、见利忘义，摒弃畸形审美。

全国各级文联组织及所属文艺家协会要广泛宣传和推动本公约的施行。全国广大文艺工作者要自觉遵守本公约，主动接受监督。

图书在版编目（CIP）数据

演艺行业常用法律法规汇编／电影频道节目中心编. —北京：中国法制出版社，2022.10
（法律法规汇编系列）
ISBN 978-7-5216-2902-6

Ⅰ.①演… Ⅱ.①电… Ⅲ.①文艺管理法-中国-汇编 Ⅳ.①922.169

中国版本图书馆 CIP 数据核字（2022）第 173571 号

| 策划编辑：戴蕊 | 责任编辑：程思 | 封面设计：李宁 |

演艺行业常用法律法规汇编
YANYI HANGYE CHANGYONG FALÜ FAGUI HUIBIAN

编者／电影频道节目中心
经销／新华书店
印刷／河北华商印刷有限公司
开本／710 毫米×1000 毫米 16 开　　　　　　　　印张／23　字数／220 千
版次／2022 年 10 月第 1 版　　　　　　　　　　　2022 年 10 月第 1 次印刷

中国法制出版社出版
书号 ISBN 978-7-5216-2902-6　　　　　　　　　　　定价：78.00 元

北京市西城区西便门西里甲 16 号西便门办公区
邮政编码：100053　　　　　　　　　　　　　　　传真：010-63141600
网址：http://www.zgfzs.com　　　　　　　　　编辑部电话：010-63141806
市场营销部电话：010-63141612　　　　　　　　印务部电话：010-63141606

（如有印装质量问题，请与本社印务部联系。）